능소화
부럽구나

일러두기

시 작품의 마지막에 실은 노정(魯亭) 윤두식 선생의 서예 작품은 한 페이지 안에서는 위에서 아래, 오른쪽에서 왼쪽 순서로 읽는다.

능소화 부럽구나

목영만 글·엮음 | 윤두식 필취(筆趣)

BM 책문

들어가며

중국 고대의 사서삼경(四書三經) 중 하나인 『시경(詩經)』은 크게 보면 세 가지 체제로 구성되어 있다. 주나라 시대 15개 나라에서 수집한 민요 160편을 엮은 '풍(風)', 잔치나 조회 때 쓰이던 음악 105편을 엮은 '아(雅)', 그리고 제사를 지낼 때 신이나 조상에게 송축하는 노래인 40편의 '송(頌)'으로 이루어져 있다. 특히 '풍'은 주나라 시절인 기원전 11세기부터 기원전 6세기까지 500여 년간, 각 지역의 민요를 수집하여 정리한 것이므로, 이를 이해한다는 것은 민요가 만들어지고 유통되는 전 과정을 이해하여야만 가능한 일이다. 실제로는 불가능에 가깝다. 우리는 단지 누군가가 각 지역에 흩어져서 구전되던 민요를 수집하여 이를 집대성한 것을 수천 년간 해석해 온 대로 이해하려고 노력할 뿐이다.

어떤 대상을 정확히 이해한다고 확신하는 것만큼 어리석은 일은 없다. 독자들이 활자 속에 숨어 있는 그들이 노래로 불렀을 당시 상황을 오늘날의 독자들이 그 나름의 기준으로 이해한다면 오히려 충분할지 모른다. 인간의 감정이나 사상은 일단 활자로 옮겨지고 나면 창작 당시 저자의 의도와는 달리 그것을 읽는 자의 세계관이나 가치관, 그리고 그들의 삶의 호흡에 맞추어서 소비되는 속성을 지니고 있는지도 모른다. 이처럼 일단 활자가 된 글의 해석은 저자가 통제할 수 있는 권한 밖의 일이 되어 버린다.

이런 의미에서 『시경』은 저자와 독자 간의 괴리감이 가장 큰 경우에 해당된다고 할 수 있다. 백성들의 입으로 전해져 오는 민요는 당시 그것을 창작했을 누군가의 의도가 이미 사라진 채 민요를 부르는 자의 해석으로만 살아남아 있다고 보는 것이 보다 사실에 가까울 것이다.

『시경』은 총 311편이다. 그중 제목만 있는 생시 6편을 제외하면 305편이 전해져 지금 우리 시대에 읽히고 있다. 그동안 수많은 전문가들이 『시경』을 해설해 왔지만, 실제 민요를 부르던 백성들의 호흡과 눈으로 해석하는 데 부족함이 많았다. 백성들이 부르던 노래를 수집하고 엮어 내고 재해석하는 과정에서, 지은 자의 의도는 물론 부른 자들의 마음도 왜곡되는 현상이 일어난다. 결국 그 시들의 본의는 누구도 정확하게 정의할 수 없다는 것이 진실이 되어 버렸다. 이 상황에서 시를 해석하려면 문자를 통해 추론하는 방법 이외에는 달리 뾰족한 수가 없다. 말이 문자로 변환되는 과정에서도 왜곡 현상은 일어날 수 있지만, 그것까지 우리가 어찌할 수 있으랴. 따라서 여기에서는 노래로 불렀을 그 당시 백성들의 심정으로 『시경』을 재해석하는 데 주안점을 두고자 한다.

우선 시 305편 가운데 민중의 눈으로 바라본 위정자들에 대한 풍자와 해학, 그리고 그들에게 허리가 휠 정도로 부과된 세금과 노역으로 인한 고통, 아울러 그런 고단한 삶의 무게를 견디는 와중에도 잊지 않은 풋풋한 사랑에 대한 찬가들을 선별하여 50수를 골랐다. 제1장은 위정자를 바라보는 민중의 풍자와 해학을, 제2장에서는 전쟁과 노역에 관련된 민중의 고통을, 제3장에서는 관리의 탐욕에 대한 풍자와 하급 관리들의 애환을, 제4장에서는 그들이 살아가고 있던 시대에 대한 한탄과 삶의 고단함을, 마지막 제5장에서는 그럼에도 삶의 한 켠을 채워 주는 애틋한 사랑을 노래한 것으로 구분하여 정리하였다.

각각의 시에서 읽어 낼 수 있는 백성들의 감정을 되짚어 보는 데 중점을 두고 정리, 재해석하였음을 밝혀 둔다. 현대를 살아가는 우리들이 3,000년도 더 지난 과거에 살았던 민중의 삶을 이해하는 지점에서 우리 삶의 현주소를 다시 생각해 보고자 함이다. 결론부터 말하자면 그들의 삶도 우리와 크게 다를 바 없었다. 『시경』을 통해 이를 다시 확인하는 것은 결코 유쾌한 일이 아니다. 과거와 현재의 삶이 큰 차이가 없다면 '과연 인류란 진보하는 존재인가.'라는 근본적 질문을 던질 수도 있으리라. 하지만 그들 삶의 고단함이 대부분 국가라는 권력과 그 권력을 향유하는 소수의 위정자들에게서 비롯된다면, 분명 국가의 권력을 제한하고 위정자의 힘을 최소한으로 약화시키는 것이야말로 민중의 고단함을 근원적으로 덜어 줄 하나의 방책이 아닐까 한다.

§ 『시경』, 노래하는 이가 바라보는 풍경화

『시경』에 실린 시들은 눈에 보이는 현실 세계를 통해 자기의 속마음을 노래하고 있다. 그러므로 『시경』을 이해하기 위해서는 풍경 속에 등장하는 꽃과 나무, 동식물 등 온갖 사물을 이해하여야 한다. 활자가 아니라 활자로 그려 낸 그림, 즉 이미지를 떠올려야 한다. 따라서 이 책은 『시경』을 노래하는 이가 바라보는 풍경화로 재현해 내는 데서부터 출발한다.

§ 『시경』에 실린 시들의 이미지화를 시도한 책

시는 노래하는 자의 마음을 전달하는 창구이다. 그 마음의 창에는 현실 세계의 그림이 서로 연관성을 가지고 존재한다. 현실의 눈에 비친 이미지 속에서 노래하는 자의 마음의 창이 열리는 것이다. 마음의 창이 열리는 관건은 바로 현실 세계에서 눈앞에 보이는 나무요, 꽃이요, 동물이요, 식물이요, 새이다. 보이는 사물의 행태와 속성, 그리고 그렇다고 믿는 특성 속에서 노래하는 이의 마음이 드러난다. 따라서 시를 이미지로 바꾸지 않으면 노래하는 자의 마음을 읽을 수 없다. 그래서 시의 이미지화를 시도하고, 그 이미지를 노래하는 자의 마음으로 묘사한 것이다.

이 책에서 나는 시 속 상징과 암시를 찾아내어 현대적 시각으로 『시경』을 이야기 형식으로 풀어 가고자 한다.

그림의 수수께끼를 풀려면 먼저 시의 언어로부터 그림을 그려 내야 한다. 그리고 앞 구절의 상징과 암시의 열쇠인 동물과 식물, 바람, 물, 하늘, 땅, 별 등의 도구를 사용하여 그 비밀의 문을 활짝 열어젖힐 것이다. 그 도구들은 노래하는 이의 마음을 해석해 주는 암호이기 때문이다. 암호로 그려진 그림을 깊이 들여다보는 일이야말로 『시경』을 해석하는 가장 즐거운 과정이요, 노래하는 이를 이해하고 공감하는 접속사라고 할 수 있다. 나의 『시경』 해석은 그래서 활자라는 암호로의 여행이다. 이미지를 그리고, 이를 깊이 들여다보는 묵상의 순례길이다.

또 하나 숨길 수 없는 일을 고백한다. 나는 한문을 전문적으로 연구하는 학자가 아니다. 그러나 『시경』을 즐겨 읽는 독자이자 공직자의 입장에서 국민들의 고단한 삶을 조금이라도 이해하지 못하였다는 안타까운 마음과, 3,000여 년 전의 삶도 지금과 크게 다르지 않다는 공감을 주체할 수 없었기에 용기를 내어 『시경』의 재해석을 시도할 수 있었다.

아울러, 시 작품의 마지막에 한학자이자 서예가인 노정(魯亭) 윤두식(尹斗植) 선생의 작품을 함께 실었다. 전서, 예서, 해서, 행서, 초서 등 모든 서체로 집대성한, 선생의 혼이 담긴 작품이다. 이 귀한 작품들을 실을 수 있도록 흔쾌히 허락해 주신 선생께 감사드린다. 독자 여러분도 이 작품들을 감상하시면서, 활자가 이야기가 되고 그것이 밖으로 툭 튀어나와 우리들에게 말을 거는 즐거운 경험을 함께하시기를 기대해 본다.

목영만

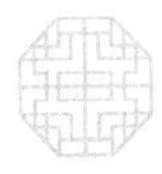

이강(尼剛) 대아(大雅)의 『시경(詩經)』 해(解)를 대하며

윤두식(尹斗植)

나는 이강 대아(저자 목영만)와의 친분을 지음인(知音人)이라 말하고 싶다.

이강이 귀한 큰일을 했다고 사료된다. 『시경』 중에 50수를 선택하여 해설을 붙인 바, 그 해설을 높이 평가하고 싶다.

여기에 나의 작품을 등재하고자 제안하여 참으로 영광으로 생각한다.

이에 많은 이들이 감동이 되어 동지(同志)라고 하는 선비들이 널리 퍼져 호응해 주기를 바라며, 이들의 후원이 이 사회에 광명이 되어 공헌하기를 소원하는 바이다.

을해년(己亥年)

무위재(無爲齋)의 난창(蘭窓) 아래에서

차 례

제3장 관리를 보는 국민의 눈

1. 탐욕에 대한 풍자

2. 관리에 대한 칭찬과 하급 관리의 애환

제4장 시대에 대한 한탄과 고단한 삶

제5장 고난 속에 그래도 피어나는 사랑

[illegible]

[illegible]

[illegible]

[illegible]

[illegible]

제1장

국민이 나라를 걱정하는 시대

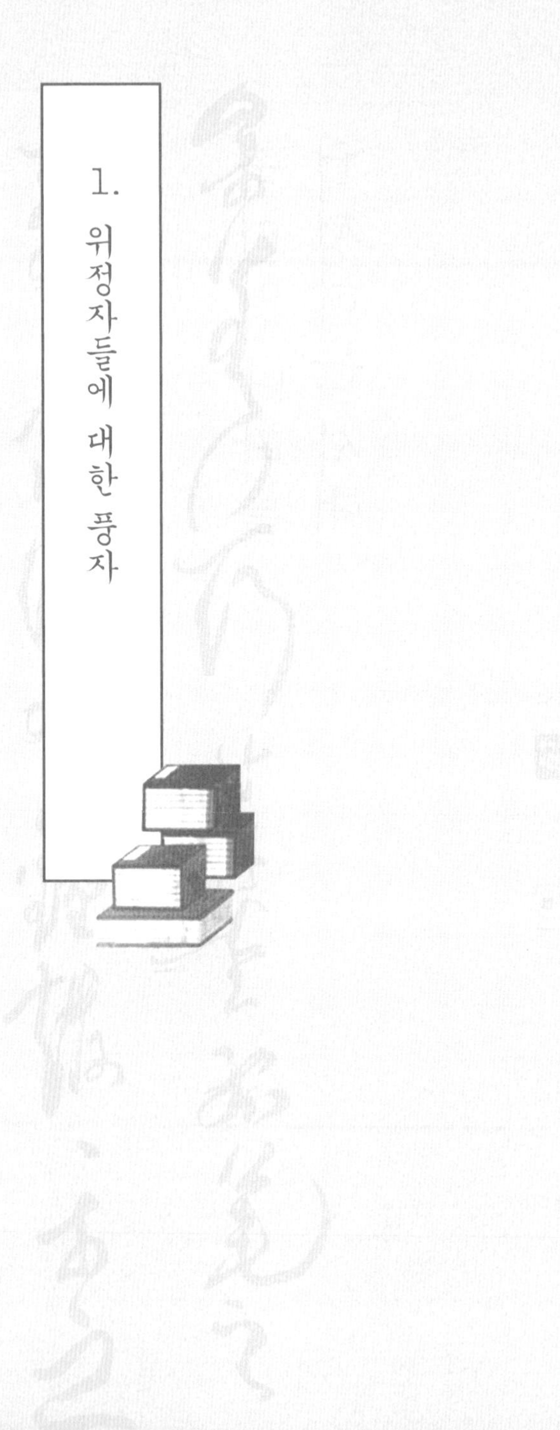

1. 위정자들에 대한 풍자

새 누각은 불륜의 현장

〈새로 지은 누각(新臺, 신대)〉(「패풍(邶風)」 수록)

위(衛)나라 선공(宣公)을 중심으로 한 가계도를 그리다 보면 실로 어지럽다. 3대에 걸친 가계는 한 사람과 배우자, 그 두 사람 사이에서 낳은 자녀들, 그리고 그 자녀의 배우자, 자녀 부부의 자녀들로 이루어지는 것이 일반적이다. 하지만 선공의 가계도는 어머니가 아내가 되고, 며느리가 아내가 되는 문란함의 극치를 보여 준다. 선공은 아버지 장공의 첩인 이강(夷姜)을 부인으로 취해 아들 급(伋)을 낳고, 이후 급의 아내 선강(宣姜)을 빼앗아 수(壽)와 삭(朔) 두 아들을 낳는다.

선공이 며느리 선강을 취하는 과정은 극적이다. 세자 급이 장성하자 선공은 이웃 제(齊)나라 땅에서 며느리를 구했다. 며느리 선강이 시집오는 첫날, 그는 그 미모에 반하여 그날로 자기의 첩으로 삼아 버린다. 선공은 선강을 위해 강가에 호화로운 별장을 짓고 그곳에서 그녀와 즐기는 패륜을 저지른 것이다. 그 행위들이 그 당시 지도층에서는 용인되는 일이었을지 몰라도 일반 백성들의 눈에는 그렇지 않았으리라.

위나라 백성들은 선공의 행위를 못마땅하게 여겨, 도저히 용서할 수 없는 패륜으로 인식했을 것이다. 시아버지가 며느리를 취하는 것은 문란하기 짝이 없는 패륜일 뿐만 아니라 도저히 묵과할 수 없는 행위이다. 하지만 힘없는 백성으로서는 그저 이를 〈새로 지은 누각(新臺, 신대)〉이라는 노래로 불러 풍자하는 수밖에 없었다.

선공은 며느리를 첩으로 맞이하기 위해 경치가 아름다운 황허 강가에 새로운 누각(新臺, 신대)을 지었다. 누각은 화려한 정도가 아니라 맑도록(泚, 체) 눈부시다. 크고 화려할 뿐만 아니라 황금색으로 칠한 누각은 저 멀리 백성들이 사는 민가에서도 선명하게 보였을 것이다. 그 아래로 황허는 주변을 모두 삼켜 버릴 듯이 넘실대며(瀰, 미) 흐른다. 또한 패륜을 저지른 선공의 마음처럼 왜 이리도 흐리기 짝이 없는지! 황허의 넘실거리는 물결은 넘쳐흐르는 불륜의 욕망처럼 굽이치고 있다.

선공의 아들인 급의 신부로 시집오는 선강의 마음은 어떨까? 젊고 잘생긴 신랑의 모습을 기대하지 않았겠는가? 젊은이의 모습은 그 젊음만으로도 아름답다. 젊고 잘생긴 남편감을 기대하고 왔건만(燕婉之求, 연완지구), 아니 이게 어찌된 일인가? 막상 그의 배필이 될 사람은 늙고 추악한 꼽추(籧篨, 거저) 같은 늙은이 아닌가? 늙은 선공의 첩이 될 운명이 자기에게 닥칠 줄은 꿈에도 생각지 못했으리라. 늙고 병들고 허리가 굽은 선공이 기다리고 있는 상황을 마주한 선강은 황당할 뿐이다. 아름답지(鮮, 선) 않은 것이다. 늙음과 추한 것은 아름답지 않다. 더군다나 젊은 배필을 생각하고 시집왔지만 기다리는 것은 추한 얼굴에 등까지 굽은 노인이라니, 젊은 여인의 심정은 어떠했겠는가?

그녀의 가슴은 실망으로 무너져 내린다.

누각은 높다(崔=酒, 최). 우뚝 솟아서 십 리 밖에서도 보인다. 누각 밑으로는 황허가 편편이(浼, 매) 흐른다. 가득 차서 제방에 찰랑거리듯이 출렁이며 흐르는 황허에 비친 누각은 그 끝이 보이지 않을 만큼 높고 높다. 잘생긴 젊은 배필을 꿈꾸며 왔건만, 그녀를 맞이하는 것은 허리가 굽은 노인이다. 그 늙은이는 죽지도(殄, 진) 않는다. 이 모진 인생이여, 그녀는 한탄한다.

물고기를 잡으려 어망(魚網)을 설치했건만(設) 걸리는 것은 물고기가 아니고 기러기(鴻, 홍)이다. 물고기는 선공의 아들 급이요, 기러기는 늙은 선공 주우(州吁)다. 두꺼비(戚)같이 못생긴 데다, 허리까지 굽은 노인이었다. 기대와 전혀 다른, 실망스럽기 그지없는 상황이다.

이럴 경우 대개는 다른 방향으로 관심을 돌린다. 돈이나 권력인 것이다. 선강은 권력을 선택했다. 자기가 낳은 아들을 왕으로 삼는 것으로 목표를 정한 것이다. 자기 아들 수나 삭이 왕위를 물려받을 수 있도록 세자인 급을 제거하기 위해 작전을 짠다. 남편 선공을 속여 세자인 급과 이간질을 통해 사이를 벌려놓은 다음 급을 죽일 계략을 꾸민다. 급을 제나라에 사신으로 보내고, 가는 도중에 자객을 시켜 죽이기로 한 것이다.

그러나 일은 항상 자기와 가장 가까운 사람으로 인하여 어긋나는 법이다. 급과 이복 형제간인 자기가 낳은 아들 수가 이 사실을 급에게 알리고 자기가 급인 척 꾸며 대신 죽는다. 형제애는 모자간의 정보다 진한 것인지, 아니면 정의가 불의를 이기는 것인지 모를 일이다. 하지만 수와 같이 형제애를 발휘한 급 또한 자기 자신이 세자 급임을 밝히고 죽음을 택한다. 욕심은 불행을 가져오는 단초다. 선강의 욕심은 아들을 죽음으로 이끌었다. 그럼에도 결국은 그녀의 바람대로 둘째 아들 삭이 나중에 왕위를 이어받아 혜공(惠公)이 된다. 한 아들의 죽음으로 다른 아들이 왕이 되었음은 권력의 비정함을 말해 주는 아이러니이다. 권력은 피를 대가로 얻어지는 냉혹한 것인지도 모른다.

이러한 비정함과 황당함을 담아 이 노래를 감상하여 보자.

새로 지은 누각

새로 지은 누각은 눈부시게 아름답네. 누각 아래 황허는 넘칠 듯 출렁이네.
아름답고 고운 임 찾아왔건만, 내 눈앞에 나타난 건 늙은 꼽추라네.

새로 지은 누각은 높고 높은데, 황허의 물결은 넘칠 듯 일렁이네.
아름답고 고운 임 찾아왔건만, 저 늙은 꼽추는 죽지도 않네.

고기를 잡으려 어망을 두었건만, 걸리는 건 오로지 기러기뿐이네.
아름답고 고운 임 찾아왔건만, 늙고 병든 꼽추만 얻고 말았네.

新臺(신대)

新臺有泚 河水瀰瀰 燕婉之求 籧篨不鮮
신대유체 하수미미 연완지구 거저불선

新臺有洒 河水浼浼 燕婉之求 籧篨不殄
신대유최 하수매매 연완지구 거저불진

魚網之設 鴻則離之 燕婉之求 得此戚施
어망지설 홍즉리지 연완지구 득차척이

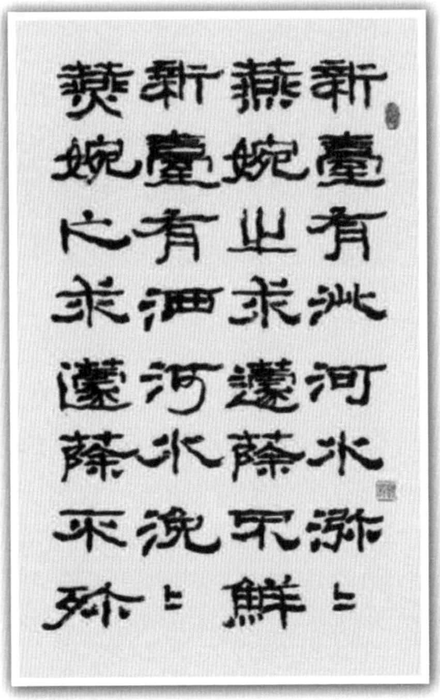

▲ 新臺有泚河水瀰瀰
燕婉之求籧篨不鮮
新臺有酒河水浼浼
燕婉之求籧篨不殄

▲ 魚網之設鴻則離之
燕婉之求得此戚施

욕심의 종말

〈두 아들이 탄 배(二子乘舟, 이자승주)〉(「패풍(邶風)」 수록)

급과 수 형제의 죽음은 그 당시 백성들의 심금을 울리기에 충분한 일이었다. 선공의 패륜과 선강의 욕심과 대비되는 안타까운 사건은 백성들의 마음에 큰 울림으로 다가왔으리라. 아버지와 어머니는 불륜을 넘어 패륜이었고, 그 결과로 태어난 급과 수는 배다른 형제이자 아버지와 아들이 되기도 했다. 급의 부인(선공의 며느리)이 되기 위해 제나라에서 시집온 선강을 선공이 가로챘기 때문이다. 말하자면 수(동생)의 어머니는 급(형)의 부인이기도 하기 때문이다.

어찌되었든 선강의 입장에서야 자기 배에서 난 수나 삭이 왕위를 잇기를 바랐고, 그 욕심으로 선공을 급과 이간질하여 죽이기로 작정하고 계략을 꾸몄다. 그러나 실패로 돌아가고 만다. 다른 사람 때문이 아니고 바로 왕위를 계승하기를 그토록 갈망했던 자기 아들의 형제애 때문이었다. 형을 대신하여 본인이 희생을 감수한 것이다. 자기 어머니의 비인간성을 대신 속죄하려는 마음의 발로요, 배다른 형인 급의 억울한 죽음을 방관하지 못하는 양심의 목소리에 따랐던 것이다. 수의 양심의 목소리에 급도 죽음으로 응답한 것은 아버지 선공의 명령을 지킨다는 효성의 발로라기보다는, 잘못된 아버지의 명령을 따름으로서 아버지 선공의 잘못된 판단을 깨우쳐 주려는 불가피한 선택이요 소극적인 일종의 복수라고 보아야 할 것이다. 아버지를 훈계할 자식이 어디 있겠는가? 다만 아버지가 아끼는 수와 함께 죽음으로써 아버지 선공이나 어머니 선강의 뜻을 와해시키려는 복수인 것이다.

이러한 사정을 일반 백성들이 모를 리가 없다. 알지만 잘못을 피력할 수도 어찌 항거할 수도 없는 시대의 민중들은 수와 삭의 억울한 죽음을 두 사람이 탄 배가 위험하다는 것을 빗대어 풍자하는 방법으로 소극적인 복수를 한다. 복수의 가장 소극적 방법인 혼잣말인 것이다. 혼자 하는 말은 누가 듣지는 않지만 속에 담아 두는 것보다는 훨씬 답답함을 누그러뜨리는 효과가 있다.

수와 삭을 태운 배(二子乘舟, 이자승주)는 저 넓은 강을 따라 두둥실(汎汎, 범범) 흘러가고 있다. 두 사람은 어떤 일이 일어날지 아무런 영문도 모른 채 배에 타고 가고 있는 것이다. 도도히 흐르는 물결에 배 그림자만이 비치고 있다. 배 그림자(景, 영)만이 앞으로 무슨 일이 일어날지 알고 있는 듯 검은 그림자로 물결 위에 이지러져 흩어진다. 이를 바라보는 사람들은 무슨 일이 일어날지 알고 있다. 오직 두 사람만 모를 뿐이다. 그들을 생각하며(思子, 사자) 그들이 닥칠 딱한 사정을 말하려 하니 마음속(中心, 중심)이 울렁거리고 답답해 온다. 당사자는 모르지만 백성들은 진실을 알고 있다. 그러나 그 진실을 말하려니 가슴이 울렁거리고(養養, 양양) 뛰기 시작한다. 진실을 말하는 것은 두려운 일이기 때문이다. 그들이 곧 닥칠 위험으로 해를 입을 것(有害, 유해)이 분명한데 이 진실을 말하는 것이 두려운 것이다.

이런 상황을 생각하며 다시 이 노래를 읊어 보자.

두 아들이 탄 배

두 아들이 탄 배 두둥실 흘러 배 그림자만 비추고
그들을 생각하여 진실을 말하려니 가슴만 울렁이네.

두 아들이 탄 배는 강물 따라 흘러가고
그들을 생각하며 진실을 말하노니 어찌 해를 입지 않겠는가!

二子乘舟(이자승주)

二子乘舟 汎汎其景 願言思子 中心養養
이자승주 범범기경 원언사자 중심양양

二子乘舟 汎汎其逝 願言思子 不瑕有害
이자승주 범범기서 원언사자 불하유해

▲
二子乘舟汎汎其景
願言思子中心養養
二子乘舟汎汎其逝
願言思子不瑕有害

숨길 수 없는 진실

〈담장의 가시나무 풀(牆有茨, 장유자)〉(「용풍(鄘風)」 수록)

진실은 아무리 덮으려 해도 숨길 수 없다. 담장을 뒤덮고 있는 가시나무가 제아무리 무성하다 해도 담장이 그곳에 있다는 사실을 숨길 수는 없다. 가시열매나무는 뾰족한 가시를 가진 열매를 맺는 약초의 일종이다. 지금도 강이나 바닷가 모래밭 등에 널리 퍼져 자라고 있지만, 당시에는 산과 들이 온통 가시열매나무 천지였을 것이다. 메마른 땅이나 습기가 적은 곳에서도 잘 자라기 때문이다. 이 약초는 열매가 마름쇠처럼 가시가 돋아 있어서 납가새 또는 남가새(가새는 가시의 옛말임.)로, 한자어로는 질려(蒺藜)로 불린다. 사실 마름쇠는 전쟁에서 적군의 침입을 저지하기 위해 침입로 등에 남가새 열매 모양을 본떠서 만든 쇠붙이를 가리킨다. 선후를 따지자면 남가새 열매가 먼저이므로, 마름쇠로 불린 시기는 이 전쟁 도구가 발명되고 난 이후일 것이다. 고서에 따르면, 이 열매는 당시에도 잘 말려서 여러 용도로 사용했다고 한다. 그러니 민가는 물론 대부분 가정의 담장에서 가을에 열매를 거두어 말려 약재로 쓰거나, 장터에 내다팔아 물물교환을 하였으리라. 흔히 볼 수 있다는 것은 당시 사람들이 여러 용도로 사용했다는 징표이고, 흔한 풀이니 풍자에 적합한 소재로 활용했을 것이다.

〈담장의 가시나무 풀(牆有茨, 장유자)〉은 용(鄘)나라에서 수집되었다. 하지만 사실상 위나라 선공의 부인인 선강의 행실을 풍자한 노래라는 것이 일반적인 해석이다. 앞의 시들에서 언급한 것처럼, 제나라 사람인 선강은 위나라 선공의 아들 급에게 시집왔다가 선공의 흑심으로 그의 부인이 되었다. 담장은 진실이고 진실을 덮고 있는 것은 뾰족한 가시가 달린 마름쇠 풀이다. 담장 안에는 호화스러운 집들이 있고, 온갖 보화들이 가득한 화려한 방(冓, 구)들이 있을 것이다. 궁 안 여성들이 거처하는 은밀한 곳이다. 그 비밀스러운 방에서 일어나는 온갖 추악한 일들을 담장을 뒤덮고 있는 남가새인들 가려 줄 수 있으랴. 그 비밀들은 담장을 넘어 민가의 백성들에게 퍼지고 이웃 용나라 땅에까지 퍼져 사람들에게 회자되었을 것이다.

한번 잘못 꿰어진 단추는 처음 단추를 다시 꿰기 전까지는 바로잡을 수 없다. 그렇듯이 선강의 비행은 두 아들을 죽게 만들었을 뿐만 아니라 남편 선공이 죽은 뒤에도 계속된다. 자기 남편이 다른 여자에게서 낳은 서자인 소백(昭伯)과 정을 통한 것이다. 남편의 아들이 다시 남편이 되는 불륜의 덫은 인간의 근원적 욕망의 끝이 어디까지인가를 시험하는 리트머스 지와도 같다. 그런 비행이 한 번이 아니고 지속적으로 이루어져 그 비밀이 담장을 타고 넘어 흐른 것이다. 적군이 침입하지 못하도록 뿌려 놓는 마름쇠를 닮은 남가새 풀이 담장을 덮고 있지만, 비밀스러운 추문은 마름쇠의 뾰족한 장애를 뚫고 사방으로 퍼져 나간 것이다. 이 노래는 그 추문이 널리 드러나는 도구요 수단이다. 마름쇠의 장애물을 단숨에 넘어 버리는 비밀 병기이다.

그 비밀의 방(冓, 구)에서 이루어진 일들은 말할 수도 없고 말하더라도 추(醜)할 뿐이요, 자세히(詳, 상) 말을 할라치면 사연이 길어서(長, 장) 짧게 할 수 없을 뿐만 아니라, 외워서(讀, 독) 말을 할라치면 욕(辱)이 될 수치스러운 이야기들이다.

한마디로 더럽고 추하고 욕이 나올 만큼 지저분한 것이다. 이 노래는 왕과 왕비, 그리고 그 통치자들을 둘러싸고 있는 인륜에 어긋나는 사생활을 통렬히 비웃고 조롱하고 있다.

이런 배경을 염두에 두고 이 노래를 감상해 보자.

담장의 가시나무 풀

담장 뒤덮은 남가새, 없앨 수가 없네.
담장 안에서 일어난 일 말할 수 없다네.
말할 수 있다 해도 추할 뿐이라네.

담장 뒤덮은 남가새, 지울 수가 없네.
담장 안에서 일어난 일 자세히 말할 수 없다네.
자세히 말할 수 있다 해도 말만 길어질 뿐이라네.

담장 뒤덮은 남가새, 묶을 수가 없네.
담장 안에서 일어난 일 외워 말할 수 없다네.
외워 말할 수 있다 해도 욕이 될 뿐이라네.

牆有茨(장유자)

牆有茨 不可埽也 中冓之言 不可道也 所可道也 言之醜也
장유자 불가소야 중구지언 불가도야 소가도야 언지추야

牆有茨 不可襄也 中冓之言 不可詳也 所可詳也 言之長也
장유자 불가양야 중구지언 불가상야 소가상야 언지장야

牆有茨 不可束也 中冓之言 不可讀也 所可讀也 言之辱也
장유자 불가속야 중구지언 불가독야 소가독야 언지욕야

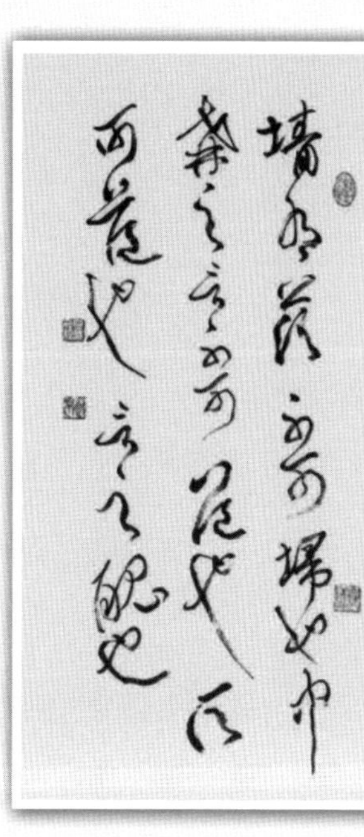

牆有茨不可掃也中
冓之言不可道也所
可道也言之醜也

牆有茨不可襄也
中冓之言不可詳也
所可詳也言之長也
牆有茨不可束也
中冓之言不可讀也
所可讀也言之辱也

세상에 드러난 근친상간

〈남산은 높고 깊은데(南山, 남산)〉(「제풍(齊風)」 수록)

제(齊)나라는 주(周)나라 무왕(武王)이 은(殷)나라를 멸망시키고 그 땅을 선대인 문왕(文王) 때부터 공신인 태공망(太公望) 여상(呂尙)으로 하여금 다스리게 한 나라이다. 태공망은 우리가 익히 들어 온 강태공을 말한다. 초창기에 번성하던 나라도 통치자가 정치를 어떻게 하느냐에 따라 그 명운이 갈리게 마련이다. 이 세상에 영원한 것은 없지만 나라의 운명이 통치자의 개인적 능력이나 품성에 따라 크게 좌우된다는 점은 우리들이 풀기 힘든 영원한 숙제이기도 하다. 제도로 이러한 운명을 바꿔 보려 하지만 행태는 또한 이를 무력화하게 만든다. 제도와 행태 간의 영원한 싸움이다.

제나라도 초창기에 주나라 무왕에게 봉토를 물려받을 당시만 해도 강태공이 나라를 다스려 태평성대가 영원할 것 같았다. 하지만 그것도 잠시, 5대 애공(哀公) 이후 부침을 거듭하며 겨우 명맥을 유지하는 나라로 전락하고 만다. 어려움이 닥친 후에 기회가 오는 것인지, 허물어져 가던 제나라가 가장 혼란한 시절을 겪은 후에 가장 번성하는 시기를 맞은 것은 역사의 아이러니이다. 양공(襄公)과 그 뒤를 이은 환공(桓公)이 극적으로 대비되는 것은 그 때문이다.

〈남산은 높고 깊은데(南山, 남산)〉는 제나라 양공의 이야기이다. 양공은 14대 임금으로, 기원전 697년부터 기원전 685년까지 12년간 제나라를 다스렸다. 양공의 아버지는 희공(僖公)이다. 희공은 세 아들 제아(諸兒), 규(糾), 소백(小伯)을 두었는데 큰아들 제아가 바로 양공이다. 희공 사후에 왕위를 물려받은 양공은 처음에는 정사를 잘 보살피는 듯하였지만 점차 시간이 흐르면서 권력의 단맛에 빠져들고 만다. 급기야는 이웃 노(魯)나라 환공에게 시집을 간 이복 누이 문강(文姜)과 음탕한 관계를 지속하는 패륜을 저지른다. 『논어(論語)』의 「헌문(憲文)」 편(編)에도 이 이야기가 등장한다. 결국 양공은 사촌인 공손무지의 손에 죽고, 뒤를 이어 왕위를 차지한 환공은 스승인 포숙(鮑淑)과 그의 친구인 관중(管仲)의 도움으로 전국 시대의 패권을 쥐게 된다. 양공과 환공의 대비는 그들 행실의 옳고 그름이 구분이 된 것이다. 문란한 양공 주변에 어진 신하가 있을 리 없기 때문이다.

양공과 문강은 문강이 노나라 환공에게 시집가기 전에도 음탕한 관계를 유지하고 있었다. 문제는 문강이 혼인한 이후에도 서로 만나는 구실을 만들어 패륜 관계를 지속했다는 데 있다. 그들의 관계는 처음엔 소수의 사람들만 아는 비밀이었으리라. 하지만 점차 사람들의 입을 타고 흘러 당연히 일반 백성들의 귀에도 들어갔을 것이고, 백성들은 이를 노래로 불러 풍자하게 되는 상황까지 이른 것이다. 이 노래에서 그들은 양공을 '깊은 산에서 어슬렁거리는(綏綏, 수수) 여우(狐,호)'에, 문강을 '제나라 사람(齊子, 제자)'에 빗대었다. 제나라와 노나라는 바로 이웃해 있어 제나라에서 노나라로 가는 길은 평탄한(蕩, 탕) 대로가 뚫려 있었다. 그 활짝 열린 길을 통로 삼아 그들은 스스럼없이 불륜을 저질렀고, 사람들은 이를 대놓고 비웃었다. 시집을 갔으면(由歸, 유귀) 그녀를 잊고 관계를 청산할 일이지, 왜 양공은 아직도 문강을 그리워하느냐(懷, 회)고 꾸짖는다. 남녀 관계가 사람 마음대로 되는 것은 아니지만 한번 패륜의 길에 올라타면 쉽게 내릴 수 없다는 것을 그들은 깨우치지 못한 것이다. 더군다나 그 길은 나라를 통치하는 통치자가 가야 할 길이 아닐 뿐만 아니라 본인은 물론 나라까지 패망하는 길임을 어찌 깨우치지 못했을까? 나라의 운명을 건 유혹의 길이라니, 제나라 백성의 한숨이 들리는 듯하다. 문강이 양공과 정을 통하고 있다는 사실을 알아차린 노나라 환공은 제나라 양공을 찾아간다. 그러나 환공은 양공 부하의 손에 의해 죽고, 결국 양공도 사촌의 손에 죽임을 당한다. 패륜의 결과는 패망이요 죽음이다. 제나라 양공이 저지른 패륜의 대가는 사람 좋기로 소문난 노나라 환공과 본인의 목숨이었고, 이는 열심히 살아가려는 백성들의 한숨을 낳았다.

본인의 죽음이야 자업자득이지만, 어처구니없는 통치자와 동시대를 산 백성들은 무슨 죄가 있는가? 통치자의 인격과 인성이 백성들의 삶을 결정하는 절대적 변수가 되었던 시절은 비록 3,000년 전의 이야기만은 아닐 것이다. 물론 지금은 통치자를 우리 손으로 뽑는다는 점이 다르다. 하지만 뽑은 후 국민들의 삶의 질이 그 뽑힌 자의 인성과 품성과 생각에 의해 큰 영향을 받을 수밖에 없다는 사실은 우리들을 혼란스럽게 한다. 이러한 모순은 제도로써 치유할 수 있는 것인가? 철저한 권력 분산과 견제 장치로써 충분히 제어할 수 있는가? 이는 영원히 풀지 못할 수수께끼이다. 그러나 그 실패 가능성을 최대한 줄이기 위해 제도를 가다듬고, 우리의 권한을 대신하여 사용할 자들을 현명하게 선택할 방법을 지속적으로 개선해야 할 일이다.

다시 본론으로 돌아오자. 백성들은 본인들에게 익숙한 소재들을 활용하여 비유하며 조롱한다. 항상 신고 다니는 칡덩굴(葛, 갈)로 만든 신발(屨, 루)과 제사나 집안 행사 때 어쩌다 한 번 쓰는 갓의 끈(冠緌, 관유), 그리고 그들이 일구는 밭이랑(畝, 무)과 힘들여 날마다 준비하지 않으면 밥을 해먹을 수 없는 장작(薪, 신) 패기(析, 석) 행위 등을 동원하여 제나라 양공을 풍자한다. 신발은 한 켤레가 두 개의 짝으로 이루어져 있다. 갓끈도 왼쪽과 오른쪽 이렇게 두 쪽이 맺어져 매듭이 된다. 이처럼 물건도 짝으로 이루어져 한번 짝이 되면 수명이 다할 때까지 한 짝으로 존재하는데, 남녀는 더 말할 필요도 없다. 남녀가 한 쌍이 되어 결합하면 죽을 때까지 그 상태를 지속하는 것이 인륜이고 천륜이다. 그런데 어찌 노나라로 시집간 이복 누이를 잊지 못해 또 그녀를 좇아가는지(從, 종) 모를 일이다. 삼(麻, 마)을 심을(蓺, 예) 때에도 가로(從, 종)와 세로, 줄과 열을 잘 맞추어서(衡, 형) 이랑(畝, 무)을 일군다. 질서가 있다는 뜻이다. 밭일을 하는데도 질서정연하게 따르거늘, 하물며 남녀 간의 일에 있어서는 더 말할 나위가 없다.

또 다른 비유이다. 장작을 팰 때는 반드시 도끼(斧, 부)를 사용한다. 도끼 아닌 다른 도구로는 장작 나무를 쪼갤 수 없다. 일에서 순리가 중요하다는 말이다. 순리를 따르지 아니하면 반드시 탈이 날 수밖에 없음을 비유하는 것이다. 남녀 간에 짝을 구하여 결혼할 때에도 먼저 부모(父母)에게 알리고(告, 고) 일을 추진한다. 또한 중매(媒, 매)라는 절차를 거쳐서 혼인을 성사시킨다. 그런데 어찌 그런 절차를 다 거치고 시집간 여인을 잊지 못해 일을 어렵게(鞠, 국) 만드는 것인지 이를 조롱하고 비웃는다. 순리에 따르지 않아서 어찌 또 여러 사람을 곤란하게(極, 극)하는지를 꾸짖는다.

개인적인 일에서 순리와 절차를 따르지 않는데, 어찌 나랏일이라고 제대로 할 리가 있겠는가? 본처 아닌 다른 여자, 그것도 이복 누이와 정을 통하는 데에 혈안이 되어 있으니, 정상적인 국사(國事) 처리에서는 더 말해 무엇 하랴! 아첨하고 좋은 말로 현혹하는 간신배들이 국정 운영을 좌지우지하지 않겠는가? 이는 지금도 다를 바가 없다. 국가 일을 맡은 관리나 위정자가 다른 사적인 일에 몰두해 있으면 당연히 공적인 일을 그르치고, 그로 인해 국민들만 고통 속에서 힘든 나날을 보낼 수밖에 없지 않겠는가? 3,000년 전의 노래는 현재 우리들에게 동일한 교훈으로 살아서 움직이는 교과서이다.

이런 교훈을 되새기며 이 노래를 음미해 보자.

남산은 높고 깊은데

남산은 높고 깊은데 숫여우 한 마리 어슬렁거리네.
노나라 가는 길이 평탄도 하구나, 제나라 아가씨 시집을 갔네.
시집간 여인을 어찌 또 잊지 못하는가.

칡 신은 다섯 켤레, 갓끈도 한 짝이라네.

노나라 가는 길 평탄도 하구나, 제나라 아가씨 이 길 따라갔네.
길 따라 가 버린 여인을 어찌 또 뒤따라가는가.

삼나무 심을 땐 어떻게 하나, 가로세로로 열 맞추어 이랑을 내지.
아내를 얻을 땐 어떻게 하나, 반드시 부모에게 알려야 하지.
이미 부모에게 알리고 얻었거늘, 어찌 또 어렵게 만드는가.

장작을 팰 때 어떻게 하는가, 도끼가 아니면 쪼갤 수 없네.
아내를 얻을 땐 어떻게 하나, 반드시 중매를 거쳐야 하지.
이미 중매를 거쳐 얻었거늘, 어찌 또 곤란하게 만드는가.

南山(남산)

南山崔崔 雄狐綏綏 魯道有蕩 齊子由歸 既曰歸止 曷又懷之
남산최최 웅호수수 노도유탕 제자유귀 기왈귀지 갈우회지

葛屨五兩 冠緌雙止 魯道有蕩 齊子庸止 既曰庸止 曷又從之
갈루오량 관유쌍지 노도유탕 제자용지 기왈용지 갈우종지

蓺麻如之何 衡從其畝 取妻如之何 必告父母 既曰告止 曷又鞠之
예마여지하 형종기무 취처여지하 필고부모 기왈고지 갈우국지

析薪如之何 匪斧不克 取妻如之何 匪媒不得 既曰得止 曷又極之
석신여지하 비부불극 취처여지하 비매부득 기왈득지 갈우극지

▲ 南山崔崔雄狐綏綏魯道有蕩齊子由歸既曰歸止曷又懷之

▲ 葛屨五兩冠緌雙止魯道有蕩齊子庸止既曰庸止曷又從之

▲ 蓺麻如之何衡從其畝取妻如之何必告父母既曰告止曷又鞠之

▲ 析薪如之何匪斧不克取妻如之何匪媒不得既曰得止曷又極之

바람기는 누구도 못 말려

〈해진 통발에 물고기는 드나들고(敝笱, 폐구)〉(「제풍(齊風)」 수록)

착한 남편들이 더 큰 수난을 겪는다는 말에 지금 시대의 남자들 상당수가 공감할는지도 모른다. 3,000여 년 전에도 착한 남편의 속 쓰림이 있었다. 노(魯)나라 환공(桓公)이 그 주인공이다. 그는 부인 문강(文姜)의 바람기에 혼자 애태우다가 결국 이를 참지 못한 나머지, 불륜 상대인 처남이자 전 남편인 제(齊)나라 양공(襄公)에게 대들었다. 결론은 비참한 죽음이었다. 양공의 신하에게 목 졸려 살해당한 것이다. 시집간 자신의 이복 누이와 계속 정을 통하기 위해 매제이자 옛 부인의 남편을 죽인 것이다. 불륜을 따지러 온 환공이 노나라로 돌아가는 길에, 처남으로서 매제에게 환영 연회를 베푼 자리에서 신하를 시켜 죽인 것이다.

불륜에 한번 불이 붙으면 세상에 보이는 것이 없다. 걸림돌이 되는 상대방은 제거하고야 마는 것이다. 수단과 방법을 가리지 않고 세상 사람들이 뭐라 하든 개의치 않는다. 비극을 잉태하고 있는 불륜은 그것을 저지를 당시에 양심과 이성의 눈을 멀게 하는 마약과도 같다.

제나라와 노나라는 이웃해 있어서 그 당시에도 마음만 먹으면 언제라도 수레를 타고 손쉽게 오갈 수 있었다. 그 또한 비극의 통로였다. 환공의 부인이 된 문강은 불륜의 쾌감을 잊지 못하고, 기회만 있으면 제나라로 수레를 달려 이복 오빠의 품에 안겼다. 한번 빠진 불륜의 길은 제나라와 노나라를 이어 주는 대로처럼 활짝 열려 있었고, 이는 이를 지켜보는 사람들의 시선 또한 많았음을 의미한다. 기회 있을 때마다 제나라를 드나들던 부인의 일탈은 남편 환공의 귀에도 들어간다. 마음 여린 환공은 부인이 마차를 타고 불륜의 현장으로 달려갔던 길을 처연히 바라보며 버림을 받은 자의 노래 〈해진 통발에 물고기는 드나들고(敝笱, 폐구)〉를 읊는다.

낡은 통발이 물가에 놓여 있다. 고기 잡는 어항 같은 도구이다. 통발(笱, 구)은 대나무로 만든다. 시간이 흐르면 통발의 대나무는 해진다(敝, 폐). 낡아서 군데군데 구멍이 뚫리고 얽은 이음매도 느슨해진다. 고기 잡는 통발은 그것을 통과하는 물고기가 쉽게 걸릴 수 있도록 보통 물가의 물살이 빠른 곳(梁, 양)에 설치된다. 그런데 통발이 해졌으니, 방어(魴, 방)와 환어(鰥, 환), 그리고 서어(鱮, 서)가 자유롭게 드나든다.

방어는 평상시에는 속이 빨갛지만 겉은 검푸르다. 그러나 스트레스를 받아 흥분하면 겉도 속처럼 빨갛게 변한다. 환어를 뜻하는 '환' 자는 홀아비라는 뜻도 함께 지니고 있다. 서어는 장성하면 자기가 태어난 곳으로 다시 찾아온다는 연어를 가리킨다. 방어나 환어, 서어는 불륜에 빠진 제나라 양공을 뜻한다. 이미 자제력이 무너진 '문강'이라는 '낡은 통발'에, 그에 몰두하여 정신을 못 차리는 '제나라 양공'이라는 '물고기'가 연어처럼 불륜의 고향으로 다시 유유(唯唯)하게 돌아와 정을 통하는 모습을 바라만 보아야 하는 것은 문강의 남편 환공의 몫이다.

노나라 환공의 심정으로 이 노래를 음미해 보자.

해진 통발에 물고기는 드나들고

해진 통발 물가에 놓였는데 방어와 환어 드나든다네.
제나라 아가씨 시집을 가니 따르는 사람들 구름과 같네.

해진 통발 물가에 놓였는데 서어가 드나든다네.
제나라 아가씨 시집을 가니 따르는 사람들 비처럼 많네.

해진 통발 물가에 놓였는데 물고기들 유유히 드나든다네.
제나라 아가씨 시집을 가니 따르는 사람들 물처럼 많네.

敝苟(폐구)

敝苟在梁 其魚魴鰥 齊子歸之 其從如雲
폐구재량 기어방환 제자귀지 기종여운

敝苟在梁 其魚魴鱮 齊子歸之 其從如雨
폐구재량 기어방서 제자귀지 기종여우

敝苟在梁 其魚唯唯 齊子歸之 其從如水
폐구재량 기어유유 제자귀지 기종여수

▲ 敝苟在梁其魚魴鰥
齊子歸之其從如雲

▲ 敝苟在梁其魚魴鱮
齊子歸之其從如雨

▲ 敝苟在梁其魚唯唯
齊子歸之其從如水

드러내 놓고 하는 불륜

〈마차를 달려(載驅, 재구)〉(「제풍(齊風)」 수록)

〈남산은 높고 깊은데(南山)〉가 노나라 환공이 부인 문강의 불륜을 남편으로서 한탄하는 노래라면, 〈마차를 달려(載驅, 재구)〉는 백성들이 보는 관점에서 이를 풍자한 노래이다. 원래 부부 간의 비밀은 배우자가 가장 늦게 알아차리는 경우가 많다. 가장 숨기고 싶은 대상이기 때문이다. 아마도 백성들이 부르던 민요가 노나라 환공의 귀에 들어가기까지 수년의 시간이 흘렀을지도 모른다. 그만큼 등잔 밑은 어둡다.

백성들은 분명 문강을 태운 마차가 제나라로 이어지는 대로를 달려가는 모습을 들에서 논에서 바라보았을 것이다. 분명 문강이 제나라에서부터 노나라 환공에게 시집오는 요란한 광경도 두 눈으로 똑똑히 목격했을 것이다. 문강이 탄 호화스럽게 치장된 마차를 뒤따르던 그 호사스런 행렬을 수많은 인파가 넋을 잃고 바라보았을 것이다. 시집올 당시의 문강 일행은 노나라의 국모로서 위풍도 당당하게 큰길을 달려 왔을 것이고 그 광경을 바라보던 백성들은 호기심 반 부러움 반의 심정이었으리라.

그러나 문강이 제나라로 행하는 마차 행렬은 분명 이상한 것이었다. 한 번이야 별 의심 없이 바라보았겠지만 횟수가 거듭될수록 백성들의 호기심은 의구심으로 변하고, 군데군데에서 분명 수군거리는 목소리가 들렸을 터이다. 그 수군거림은 바람처럼 빠르게 퍼져나가 온 노나라 백성은 물론 제나라 백성까지 모르는 이가 없었으리라. 더군다나 노랫말로까지 만들어졌으니 전파 속도는 날이 갈수록 빨라져서 결국 노나라 환공의 귀에까지 들어갔으리라. 물론 양공이나 문강의 귀에도 들어가서 백성들이 이를 알고 있음을 눈치 챘을 것이다. 나쁜 짓도 자주 하면 습관이 된다. 더군다나 남녀 간의 불륜은 짜릿한 스릴까지 겸할 터이니 마약과도 같이 두 사람을 지배하게 된다. 이제는 남의 눈치 볼 생각도 필요도 없다고 느낀다. 잘못이라는 생각도 불륜이라는 생각도 이제는 없다. 오로지 상대방을 향한 불타는 마음뿐이다.

백성들의 시선은 이제 느껴지지도 않는다. 권력을 수반한 남녀 간의 일탈은 그래서 더 무섭고 더 패륜에 가깝다. 군주의 미학은 절제에 있다. 절대자의 권력은 그 힘이 사용되지 않고 저장되어 드러나지 않을 때 그 진가를 발휘하는 법이다. 뭐든지 할 수 있는 권력을 절제하고 또 절제하는 데에 진정한 권력의 힘이 살아 있을 수 있다는 것을 그들은 깨우치지 못한 것이다. 군림하는 자, 통치하는 자의 일탈은 그 권력이 자기 것이라고 착각하는 데서부터 시작된다.

노나라로 한번 시집간 문강이 제나라로 다시 돌아오는 것은 남편인 환공이 죽거나 그와 파혼하는 경우가 아니라면 있을 수 없는 일일 터이다. 하지만 환공이 살아 있음에도 제나라를 수시로 드나든 것은 분명 법도에 어긋난 행동이었다. 제나라 백성이 문강이 탄 마차를 수시로 볼 수 있었던 이유는 명백하다. 사람들은 이제 그녀를 대놓고 직설적으로 비난한다.

문강이 탄 마차(載, 재)가 쏜살같이(薄薄, 박박) 달린다(驅,구). 큰길가에서 일하고 있던 농부들이 그 광경을 바라보고 있다. 제나라와 노나라를 잇는 큰길을 문강의 수레가 흙먼지를 일으키며 달려가는 중이다. 보이지 않지만 문강은 분명 마차 위에 포장으로 둘러쳐진 대자리 안에 실눈을 뜨고 앉아 있을 것이다. 마차 위에는 대나무로 엮은 대자리(簟, 점)로 사각형의 공간(茀, 불)이 만들어져 있고 그 위로는 무두질한 가죽(鞹, 곽)을 붉게(朱, 주) 칠해서 만든 붉은색 가죽 휘장(朱鞹, 주곽)이 둘러쳐져 있기 때문이다. 빠르게 길을 달리는 마차 위에서 출렁이는 붉은 휘장은 그 안에 있는 문강의 마음이다. 마지막을 혼신의 힘을 다해 붉게 사르는 저녁노을처럼 붉게 타오르는 듯하다. 마차 안의 문강의 마음도 함께 출렁인다. 그래도 남의 눈을 의식해서인지 저녁에 출발한다. 곧 어두워지면 모든 세상이 깜깜해질 것이다. 그러면 어두워지는 만큼 숨기고 싶은 부끄러움이나 수치심도 함께 묻히기를 기대하는 것이다. 어둠은 모든 것을 숨길 수 있다는 생각과, 긴 밤에 이루어질 사랑이 백성들의 조롱이나 야유나 비웃음마저도 잠재워 주기를 함께 기대하는 것이다. 그런 마음을 싣고 마차는 평탄한(蕩, 탕) 노나라 길(魯道, 노도)을 달린다. 마차는 네 마리의 검은 말(驪, 려)이 끌고 있다. 노을에 비친 검은 말의 미려한 털은 검다 못해 검붉다. 네 마리 말이 끄는 수레는 제후가 아니면 탈 수 없기에 분명 환공이 내어준 마차임이 분명하다. 치렁치렁 늘어져 있는(濔濔, 미미) 말고삐(轡, 비)

또한 부드럽다. 드디어 강가로 이어진 번화한 길로 마차가 들어선다. 문수(汶水) 강물은 넘실대며(湯湯, 탕탕) 흐른다. 도도(滔滔)하게 흐른다. 문강의 마음처럼 도도하게 흐르고 있다. 큰길은 오가는 사람들로 북적거린다(儦儦, 표표). 행인(行人)들로 가득하다(彭彭, 팽팽). 문강의 마음은 목적지에 다가올수록 즐겁고(弟, 제) 유쾌하고(遊敖, 유오) 날듯이 가볍고 여유롭다(翱翔, 고상). 이젠 날이 어두워 무릇 사람들의 시선 따위는 신경 쓸 필요도 없다. 밤새워 희롱할 생각을 하니 웃음이 절로 나온다. 즐거움에 몸이 날아갈 듯하다. 아예 여유로운 마음까지 든다. 부끄러움, 수치심, 걱정, 두려움은 이미 사라진 지 오래다. 오직 다가올 양공과의 밀회만이 온 몸을 지배하고 있는 것이다. 드러내 놓고 저지르는 패륜을 백성들은 문강의 마음으로 노래로 만들어 부르고 있는 것이다.

이런 감정을 살려서 이 노래를 불러 보자.

마차를 달려

마차는 쏜살같이 달리네, 붉은 휘장 펄럭이며. 가는 길 평탄한데, 제나라 여인 저녁 어스름에 떠나네.

마차 끄는 네 마리 검은 말 아름답기도 하구나, 치렁치렁 드리워진 말고삐도 부드럽네. 가는 길 평탄도 하니, 제나라 여인 즐겁겠네.

문수는 넘실대며 흐르고, 오가는 사람 북적이네. 가는 길 평탄도 하니, 제나라 여인 날아갈 듯 유유히 가네.

문수는 도도히 흐르고, 사람들은 많고 많네. 가는 길 평탄도 하니, 제나라 여인 즐겁게 가네.

載驅(재구)

載驅薄薄 簟笰朱鞹 魯道有蕩 齊子發夕
재구박박 점불주곽 노도유탕 제자발석

四驪濟濟 垂轡濔濔 魯道有蕩 齊子豈弟
사려제제 수비미미 노도유탕 제자기제

汶水湯湯 行人彭彭 魯道有蕩 齊子翱翔
문수탕탕 행인팽팽 노도유탕 제자고상

汶水滔滔 行人儦儦 魯道有蕩 齊子遊敖
문수도도 행인표표 노도유탕 제자유오

載驅薄薄簟第
朱鞹魯道有蕩
齊子發夕

四驪濟濟垂轡
瀰瀰魯道有蕩
齊子豈弟

汶水湯湯行人
彭彭魯道有蕩
齊子翱翔

汶水滔滔行人
儦儦魯道有蕩
齊子遊敖

부하의 아내를 함께 취하다

〈주림에서(株林, 주림)〉(「진풍(陳風)」 수록)

이 세상의 욕심이란 무엇일까? 남들이 가지지 못한 것을 가지는 것, 남들이 할 수 없는 일을 하는 것, 해서는 안 되는 일을 하는 것 등 다양하다. 특히, 해서는 안 되는 금기 사항들을 어기고 싶은 인간의 욕망은 세상에 예기치 않은 불행의 씨앗을 남기고야 만다. 불행하게도 이런 종류의 행위를 통해 세상의 즐거움을 찾는 사람들은 과거나 현재를 가리지 않고 존재한다. 일탈이라고 부르기에는 너무 엽기적이기까지 한 이야기들은 『시경』의 일부를 구성하는 소재가 되고 있다. 행위자는 위정자요 노래를 부르는 사람은 일반 백성들이다. 통치자나 위정자를 향해 비판하고 비난하고 꾸짖는 것은 일반 국민들의 고유한 권리이다. 이런 사실을 『시경』은 3,000여 년 전의 기록으로 증명하고 있다. 패륜적 일탈을 자행한 통치자들의 행동이 지금 21세기까지 조롱과 비웃음의 대상이 되고 있음을 진(陳)나라 영공(靈公)은 상상이나 했을까?

〈주림에서(株林, 주림)〉의 이야기는 가히 삼류 소설도 따라갈 수 없을 만큼 난잡하다. 이 이야기의 배경은 기원전 600년 전후이다. 춘추 시대가 끝나고 전국 시대로 접어들어 열국들이 패권을 장악하기 위해 서로가 서로를 온 힘을 다해 제압하려고 노력하던 시기이다. 진(陳)나라는 주(周)나라 무왕(武王)이 자기를 위해 질그릇을 구웠던 신하인 우알보(虞閼父)의 아들 규만(嬀滿)에게 딸 태희(太姬)를 주어 제후국으로 봉한 나라이다. 춘추 시대 주(周)나라에 의해 봉해진 제후국만 해도 140여 개에 이르렀으니, 몇 나라를 제외하고는 국력이래야 보잘것없었다. 진나라도 전국칠웅(戰國七雄, 중국 전국 시대의 일곱 나라. 진(秦)나라, 초(楚)나라, 연(燕)나라, 제(齊)나라, 조(趙)나라, 한(韓)나라, 위(魏)나라를 이름.) 사이에 끼어 있는 약소국에 불과하였다. 더군다나 이 노래의 배경인 진나라의 영공 시절에는 인접한 초나라가 세력을 크게 확대해 가고 있었다. 동시대에 통치자의 자리를 물려받은 진나라 영공과 초나라 장왕(莊王)은 여러 면에서 비교가 되는 삶을 산다.

우선 진나라 영공을 보자. 당초 진나라 탄생의 정신적 기둥인 주나라가 동쪽으로 천도한 이후 사실상 제후국들에 대한 영향력을 잃어 가고 이를 대신해 세력을 키운 진(秦), 초(楚), 제(齊), 연(燕), 진(晉), 조(趙), 위(魏), 한(韓)나라가 인근 국가에 대한 지배력을 강화해 가고 있었다. 특히 진나라에 대한 초나라의 영향력은 절대적이었다. 이런 시기에 통치자의 자리에 오른 영공은 국가의 안위보다는 자기 자신의 쾌락에 매달렸다.

기원전 91년에 쓰인 사마천(司馬遷)의 『사기(史記)』를 인용해 보자. 인근 정(鄭)나라에 한 미녀가 태어났다. 그녀는 목공(穆公)의 딸로, 10대 후반 즈음에 진나라 대부 하어숙(夏御叔)의 부인이 된다. 그녀가 바로 하희(夏姬)이다. 미모가 얼마나 빼어났던지 그녀를 본 남자들 대부분이 상사병에 걸릴 지경이었다. 한마디로 경국지색(傾國之色)이다. 마침 함께 산 지 얼마 되지 않아 남편이 요절하였다. 혼자 된 하희를 진나라 영공이 그냥 둘 리 없다. 그녀의 미모와 그녀를 어찌해 보려는 시도는 그들만의 세계에서는 공공연한 비밀이었을 것이다. 간특한 욕심에서 비롯된 정보 공유는 함께 불륜을 저지름으로써 완성된다. 영공뿐만 아니라 신하들인 대부 공녕(孔寧)과 의행보(儀行父)도 그녀와 정을 통하여 공범이 된 것이다. 부도덕한 행위에서 공범 의식은 자신들 스스로를 보호하는 기제로 작동한다. 사마천의 『사기』「진기세가(陳杞世家)」편의 이야기이다.

이러한 불륜을 참다못한 충신 설야(泄也)는 간언한다.

"군주와 신하가 음란한 행위를 하면 국민은 무엇을 본받겠습니까?"

이 간언을 들은 영공은 대부들에게 이 사실을 알리고 이를 들은 대부들은 설야를 죽인다. 공범 의식이 작동한 것이다. 불륜의 씨앗은 불행을 낳는다. 처음 하희를 알게 된 영공은 혼자서 하희의 집이 있는 주림으로 드나든다. 다른 핑계를 댈 수 없으니 멀리 떨어진 들판에 타고 간 수레를 세우고 거기서부터 조랑말을 타고 주림으로 간다. 남의 눈을 의식해서이다. 네 마리 말이 끄는 마차는 누가 봐도 제후가 타는 것이니 하희의 집에서 멀리 떨어져 있는 들판에 세워 놓은 것이다. 이러한 행위를 백성들이 모를 리 없다. 그러나 영공의 불륜은 이제 도를 넘기에 이른다.

계속해서 사마천의 『사기』에 실린 이야기이다.

영공이 대부 두 사람과 함께 하희의 집에서 술을 마시고 있다. 세 사람 사이에 진한 농담들이 오가는 것을 보아서는 이런 자리가 한두 번이 아니리라. 예전에는 한 사람씩 하희의 집에 드나들었지만 이젠 세 사람이 함께 드나드는 수준으로 발전한 것이다.

세 사람이 함께 술을 마시면서 영공이 대부 두 사람에게 농담을 건넨다.

"징서(徵舒)가 그대들을 닮았구려."

징서는 하희가 낳은 아들이다. 알고 보면 농담도 아니다. 그러자 두 대부가 이를 받아 말한다.

"자세히 보면 공을 많이 닮기도 했습니다."

누가 징서를 낳았는지 진실은 그들에게 중요하지 않다. 세 사람이 하희와 함께 즐겼으니 그들은 그것이 즐거울 뿐이다. 그들은 서로의 공범 의식 속에 징서를 안주 삼아 희롱하고 있는 것이다. 이를 들은 징서가 분노하여 영공이 나오기를 숨어서 기다리다가 화살로 쏘아 죽였고 두 대부는 인접한 초나라로 도망을 친다. 위정자의 불륜이 낳은 결과는 그 씨앗으로 인한 죽음이었다. 여색에 대한 위정자의 탐닉은 나라의 명운을 결정하는 요인이 된다.

사마천의 『사기』를 더 들여다보자.

진나라 영공과는 달리 초나라 장왕은 한창 국가 세력을 확장하여 초나라를 패권 국가로 발돋움시키고 있었다. 마침 영공 시해 사건은 초나라로서는 진나라를 칠 좋은 명분을 제공한 것이다. 물론 영공을 죽인 징서는 스스로 진나라 제후임을 선포한 상황이었다. 기원전 599년, 초나라 장왕은 징서의 영공 시해를 명분으로 제후들을 이끌고 진나라를 토벌하였다. 토벌의 명분은 물론 초나라로 도망친 영공의 대부들 두 사람이었으리라. 장왕은 진나라를 징벌하면서 징서만을 징벌하는 것으로 명분을 세웠다. 하지만 결국 진나라 영토를 초나라의 현으로 편입시킨다. 신하들은 이를 모두 칭송하였지만 신하 신숙시(申叔時)만은 그렇지 않았다.

장왕이 그 이유를 묻자,

"속담에 소를 끌고 가다가 '소가 다른 사람의 밭을 밟았더니, 그 밭 주인이 소를 빼앗더라'는 말이 있습니다. 밭을 밟은 것은 잘못된 일이지만, 그렇다고 해서 소를 빼앗는 것은 너무 심하지 않겠습니까? 지금 왕께서는 영공 시해자에 대한 징벌을 정의의 표식으로 삼아 징서를 징벌하셨습니다. 그러면 되었지, 영토까지 탐한다면 어찌 장차 천하를 호령하실 수 있겠습니까? 그래서 축하하지 않은 것입니다."

라고 말했다.

이 말을 들은 장왕은 바로 이에 수긍하여, 인접 국가인 진(晉)나라에 피신해 있던 영공의 태자인 오(午)를 불러내어 진나라의 군주로 세웠다. 이가 곧 진나라 성공(成公)이다.

진나라 영공과 초나라 장왕의 차이는 극명하게 대비된다. 영공은 신하들과 어울려 여색을 탐하기에 여념이 없었던 반면에, 장왕은 신하의 간언을 합리적으로 수용하여 결단하는 포용력을 보인다. 이 차이가 국가의 명운을 결정한다. 결국 진나라는 초나라에 의해 멸망한다. 통치자의 질적 차이가 이처럼 국가의 명운뿐만 아니라 그 구성원들인 민중의 삶을 결정하는 원인이 된다는 사실은 아무리 강조해도 지나치지 않을 것이다.

이러한 배경을 톺아보면서 이 노래를 음미해 보자.

주림에서

무엇하러 주림에 갔나. 하남 보러 갔나. 하남 보러 간 게 아니면 누굴 보러 갔나.

네 필 말 끄는 수레 타고 갔네. 들판에 멈추었네. 조랑말 타고 가네. 주림에서 아침 먹네.

株林(주림)

胡爲乎株林 從夏南 匪適株林 從夏南
호위호주림 종하남 비적주림 종하남

駕我乘馬 說于株野 乘我乘駒 朝食于株
가아승마 설우주야 승아승구 조식우주

胡爲乎株
林從夏南
匪適株林
從夏南

駕我乘馬設于
株野乘我乘駒
朝食于株

일은 안 하고 놀기만 하는 위정자

〈염소 가죽옷을 입고(羔裘, 고구)〉(「회풍(檜風)」 수록)

지금도 국민들 중에는 공무원들이 놀고먹는다고 생각하는 사람이 많다. 공직자에 대한 일반적 관념은 예나 지금이나 크게 달라지지 않았다. 정말 변하지 않아서 국민들이 그렇게 생각하는 것인지, 아니면 공직자는 많이 변하고 있지만 국민들의 기대 수준이 더 높아진 까닭인지 모를 일이다. 중요한 것은 공직자에 대한 국민들의 시선이 그리 곱지 않다는 사실이다. 공직자의 생각이나 행동이 긍정적인 방향으로 대폭 변하지 않았다면 그건 전적으로 공직자 자신의 책임이다. 공직자의 변화가 국민의 요구 수준을 따라가지 못하고 있다는 것이 진실이 되기 때문이다.

3,000년 전에도 공직자를 보는 시선은 아주 부정적이었다. 좋은 옷이나 차려입고, 거들먹거리며, 나태할 뿐만 아니라 놀기만 하는 존재로 비추어졌다. 당시 염소 가죽이나 여우 가죽으로 만든 옷은 최고급이다. 가죽은 어린 염소로 만들수록 더 고급이다. 그래서 어린 새끼 염소 가죽으로 만든 옷이 '고구(羔裘)'이다. 염소 가죽옷은 아침 햇살을 받아 번지르르하게 윤이 난다. 잘 무두질이 된 가죽옷은 밝은 햇살

을 받아 가죽 고유의 기름진 모습으로 윤기가 흐르는 것이다. 이런 고급 옷을 입고 아무런 걱정 없이 이리저리 놀러 다니는, 소요(逍遙)하는 사람이 통치자이며 위정자이다. 노닐 때의 그의 마음은 날아갈 듯 가볍고 아무런 걱정이 없다. 유쾌한 마음뿐이다. 이렇게 좋은 옷을 입고 노니는 것에 아무런 죄의식이 없을뿐더러 이는 당연히 자기가 누릴 수 있는 권리인 것이다. 그런 마음 상태가 고상(翱翔)이다. 새가 아래위로 날갯짓을 하며 나는 모습이 '고(翱)'이며, 날개를 쭉 편 채로 비행하는 새의 모습이 '상(翔)'이다. 날개를 쭈욱 펴고 날 듯 화려한 옷을 입고 으스대며 활보하는 모습인 것이다. 그러다가 때가 되면 여우 가죽옷을 입고 청사로 간다. 그런 사람이 왕이고 제후이다. 여우 가죽(狐裘, 호구)으로 만든 옷은 일할 때 입는 옷이 아니라 쉴 때 입는 옷이다. 관복과 사복을 구분하지 못하는 것이다.

놀 땐 놀더라도 일이라도 제대로 하면 다행이다. 하지만 쉴 때와 일할 때 입는 옷을 구분조차 못하는, 아니, 하지 않는 사람인데 말한들 무엇 하랴. 옷도 제대로 구분하지 못할 정도로 노는 데 정신이 팔려 있는 위정자를 국민들은 걱정 어린 시선으로 바라보고 있는 것이다. 공사 구분을 하지 못하는 제후이다. 그러니 나랏일은 어떠하랴. 공사는 물론이고 백성들의 삶인들 제대로 챙길 수 있겠는가?

이런 위정자를 바라보는 백성들의 마음은 근심되어 걱정스럽고(忉, 도), 가슴 아프고(傷, 상), 서글프다(悼, 도). 백성들이 오히려 제후를, 나라를 걱정하는 현실이다.

지금 국민들의 마음 또한 이와 같지 않을까? 나랏일을 맡은 사람보다 국민이 더 나라를 걱정하는 시대임은 예전이나 지금이나 별반 다르지 않다는 사실이 더 서글프다. 공직을 맡은 자들의 수준이 국민의 기대에 못 미치기 때문이다. 지금은 이런 공직자들을 본인들 손으로 선택한다. 그럼에도 달라진 것이 별로 없다는 사실에 생각이 미치면, 이 문제는 영원히 풀지 못할 수수께끼인 것만 같다. 본인의 선택을 슬퍼하고 안타까워하고 근심해야 할 터이니 말이다. '나라의 수준은 국민의 수준이다.'라는 말은 그다지 틀린 말이 아닌 것 같다. 누굴 탓하겠는가. 실로 답답한 마음이다.

〈염소 가죽옷을 입고(羔裘, 고구)〉의 배경이 되는 회(檜)나라는 강대국 사이에 낀 아주 작은 나라였다. 진(秦)나라, 진(晉)나라, 제(齊)나라, 초(楚)나라 등 열강 사이에서 좁은 면적을 가진 약소국 중 하나였다. 그렇지 않아도 약소국의 백성들은 살기가 무척 어려웠음에도 위정자라는 사람이 좋은 옷이나 걸치고 놀러 다니는 데에만 열중하는, 백성들의 삶에는 전혀 관심이 없는 한심한 인물이라니. 백성들의 삶은 훨씬 더 고단했음을 짐작할 수 있으리라.

이런 상황을 그리며 이 노래를 음미해 보자.

염소 가죽옷을 입고

염소 가죽옷을 입고 노닐다가, 여우 가죽옷을 입고 출근하네.
내 어찌 그를 생각하지 않을 수 있으랴, 내 마음 괴롭고 걱정스럽네.

염소 가죽옷 입고 노닐다가, 여우 가죽옷 입고 일을 보네.
내 어찌 그를 생각하지 않을 수 있으랴, 내 마음 안타깝고 우려스럽네.

염소 가죽옷은 윤기가 흘러, 떠오르는 아침 햇살에 빛을 발하네.
내 어찌 그를 생각하지 않을 수 있으랴, 내 마음 서글프고 서글프다네.

羔裘(고구)

羔裘逍遙 狐裘以朝 豈不爾思 勞心忉忉
고구소요 호구이조 기불이사 노심도도

羔裘翱翔 狐裘在堂 豈不爾思 我心憂傷
고구고상 호구재당 기불이사 아심우상

羔裘如膏 日出有曜 豈不爾思 中心是悼
고구여고 일출유요 기불이사 중심시도

▲
羔裘逍遙狐裘
以朝豈不爾思
勞心忉忉
羔裘翱翔狐裘
在堂豈不爾思
我心憂傷
羔裘如膏日出
有曜豈不爾思
中心是悼

인사 실패, 소인배 등용

〈시중들(候人, 후인)〉(「조풍(曹風)」 수록)

나랏일의 절반 이상은 현명하고 능력 있는 인재를 등용하는 일이다. 통치자가 모든 일을 할 수도, 해서도 안 된다. 인간의 능력으로 모든 나라 일을 잘할 수 있는 사람은 아무도 없기 때문이다. 그래서 해당 분야의 일을 가장 잘 해낼 수 있는 사람을 발굴해서 등용하는 것이 통치자의 으뜸가는 덕목이기도 하다. 그것이야말로 그 통치자의 능력인 것이다.

조선 왕조 28대 왕 중에서 이런 일을 그나마 해낸 사람은 딱 한 사람, 영조이다. 그는 즉위하자마자 탕평책을 실시하여 당파를 가리지 않고 인재를 등용했다. 성군이라 일컫는 세종마저도 하지 못한 일을 해낸 것이다. 그만큼 이념과 당파를 가리지 않고 널리 인재를 구했던 통치자는 손을 꼽을 정도로 드물다.

하지만 어려운 일을 해내지 못하는 사람을 어찌 지도자요 위정자라 일컬을 수 있겠는가? 이는 지금 시대에도 기대하기 힘든 일일 뿐 아니라 오히려 그와 정반대로 가는 경향마저 보인다. 안타까운 일이다. 이러한 안타까움은 비단 오늘만의 일이 아니고 기원전 1000년 당시에도 마찬가지였다.

조(曹)나라 또한 인근 약소국과 마찬가지로 강대국 틈바구니에 끼어 근근이 명맥을 유지하던 나라였다. 백성들 또한 약소국의 설움을 온 몸으로 체험할 수밖에 없는 운명이었다. 하루하루를 살아가는 일이 힘겹고 버거웠던 시절, 국가 일을 맡은 관리들이라도 제 몫을 해주었으면 좋으련만 실제는 그러지 못한 것이다. 관리들이 해야 할 일은 하지 않고 빈둥거리고 놀기만 하는 상황이니 실로 답답한 일이었다. 당연히 나라의 최고 지도자인 제후가 놀기만 좋아하는 사람이었으니 그 밑의 관료들은 말해 무엇 하겠는가? 더군다나 정사에 관심이 없으니 소인배들이 주변에 득실거렸다. 올바른 말을 할 수 있는 사람은 초야에 묻혀 세상만 한탄하고, 득세하는 것은 모두 아첨꾼이요 소인배였던 것이다. 제후의 눈에 들기 위해 온갖 아첨과 순응으로 자리보전에만 신경 쓰는 신하들뿐이니 백성들은 굶주릴 수밖에 달리 방법이 있었겠는가? 조나라 임금은 현명한 사람을 멀리하고 소인배들만 등용하는 그런 통치자였다. 통치자를 잘못 만난 국민들은 예나 지금이나 생활의 궁핍함을 감당하여야 하는 것이다.

조나라 임금이 시중들(候人, 후인)의 호위를 받으며 행차를 한다. 짧은 창(戈, 과)과 긴 창(祋, 대)을 든 군사들이 이들을 호위하고 있다. 붉은 관복을 입은 신하들 수백 명이 그 뒤를 따른다. 붉은(赤, 적) 슬갑(芾, 필)을 입은 사람들이다. 슬갑은 바지 위에 무릎까지 껴입는 가죽옷을 말한다. 사냥을 하러 가는지 아니면 꽃놀이를 가는지 모를 일이다. 그 행차가 무엇이든 정사를 살피러 가는 것이 아님은 분명하다. 임금이 수많은 신하들을 데리고 다닌다는 것은 이동 비용만 해도 상당한 규모였으리라. 국가의 먹고사는 일과 전혀 관계없는 통치자의 행차는 결국 국민들의 피와 땀의 결과물을 아무런 죄의식 없이 사용하고 있는 것이나 마찬가지일 터이다.

사다새(鵜, 제)는 펠리컨이다. 가람조(伽藍鳥) 또는 두견(杜鵑)이라 불리는 이 새는 몸길이가 무려 1미터 50센티미터가 넘는다. 큰 것은 어른 키만 하다. 사다새는 강기슭 물 흐르는 곳에서 이동하는 물고기를 지켜보다가 큰 부리로 낚아채어 사냥한다. 백성들이 보기에도 아주 힘 안 들이고 손쉽게 먹이를 구하는 것으로 보였을 것이다. 물고기를 잡아먹으면서도 깃털에 물기 하나 적시지(濡, 유) 않으니 얼마나 손쉬운 사냥으로 여겼겠는가? 물고기를 낚아채는 부리(咮, 주)조차도 적시지 않고 먹이를 잡는다고 사람들은 생각한다.

당시 사람들은 물고기를 잡기 위해 통발을 강기슭 물길에 놓아두고 밤새 기다렸다. 그렇다고 물고기가 통발에 걸리는 것이 손쉬운 일은 아니었다. 하지만 사다새는 손쉽게 물고기를 잡는다. 사다새가 물에 젖지도 않고 손쉽게 먹이를 구하는 것처럼 임금과 그 신하들은 아무런 수고 없이 국고를 축내는 것을 빗대고 있음이다. 손쉽게 물고기를 낚아채어 먹이를 구하는 사다새처럼 그들의 통치자는 힘 안 들이고 호의호식하는 것이다. 그것은 소위 소인배들에게 둘러싸인 위정자 탓이다. 현명하고 올바른 신하들을 등용하지 못하는 군주는 더 이상 그들의 통치자로서 자격이 없다. 그저 사다새일 뿐이다. 백성들은 그 임금이나 신하들이 그 자리에 어울리지(媾, 구) 않는다고 생각했을 것이다. 그가 입은 관복(服, 복)은 물론이다.

저 앞에 보이는 남쪽 산은 나무들이 울창하고(薈, 회) 무성하다(蔚, 울). 그 남산(南山)에 무심하게도 아침 무지개(隮, 제)가 떠오른다. 아름답다. 하지만 아름다운 것은 그뿐이다. 보이는 산과 무지개는 아름다울지 몰라도 아무런 죄 없는 어린 소녀(季女, 계녀)는 먹을 것이 없다. 배가 고픈 것이다. 이 소녀가 굶주리는(飢, 기) 것은 누구 탓인가? 통치자 때문인가, 아니면 저 사다새 탓인가? 백성들의 삶이 더 고통스러워지는 원인은 굶주리는 부모보다, 먹을 것이 없어서 배를 주려야만 하는 어린 자식들의 모습을 바라볼 수밖에 없다는 데 있을 것이다.

이러한 부모의 심정으로 이 노래를 음미해 보자.

시중들

저 시중하는 사람들은 어찌 짧은 창과 긴 창을 들고 있는가.
저기 저 사람, 삼백 명의 신하들이 뒤따르네.

강기슭에 사다새 있네. 그 날개조차 젖지 않고 먹이를 잡네.
저기 저 사람, 입고 있는 관복도 어울리지 않네.

강기슭에 사다새 있네. 그 부리조차 젖지 않고 먹이를 잡네.
저기 저 사람, 그 자리가 어울리지 않네.

나무가 울창한 남산엔 아침 무지개가 떴네.
아름답고 아름답네. 저 어린 소녀는 먹을 것이 없어 굶주리는데.

候人(후인)

彼候人兮 何戈與祋 彼其之子 三百赤芾
피후인혜 하과여대 피기지자 삼백적패

維鵜在梁 不濡其翼 彼其之子 不稱其服
유제재량 불유기익 피기지자 불칭기복

維鵜在梁 不濡其咮 彼其之子 不遂其媾
유제재량 불유기주 피기지자 불수기구

薈兮蔚兮 南山朝隮 婉兮孌兮 季女斯飢
회혜울혜 남산조제 완혜련혜 계녀사기

▲

彼候人兮
何戈與祋
彼其之子
三百赤芾
維鵜在梁
不濡其翼
彼其之子
不稱其服

▲

維鵜在梁
不濡其味
彼其之子
不遂其媾
薈兮蔚兮
南山朝隮
婉兮孌兮
季女斯飢

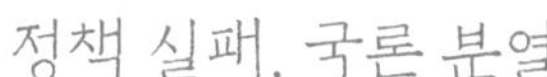

정책 실패, 국론 분열

〈하늘이여!(小旻, 소민)〉(「소아(小雅)」 수록)

국가 정책은 오케스트라의 협연과도 같다. 정책이 수립되고 집행되는 전 과정에서 어느 한 부분만이라도 소홀하거나, 다른 사심이 개입되거나, 판단이 잘못되어도 제대로 된 성과를 낼 수 없다. 더군다나 국론이 분열되어 있는 상황에서는 제대로 된 의견이 충분하게 반영된 정책을 기대하기란 어렵다.

기원전 1000년경에도 정책이 성공하지 못하는 이유와 올바른 정책이 제대로 실행되기 위한 조건을 이야기한 노래가 있었으니, 〈하늘이여!(小旻, 소민)〉가 그것이다. 여기에는 왜 좋은 정책이 아니라 부적절한 정책이 채택되고 실행되는지에 대한 진단이 담겨 있다.

첫째, 당리당략과 파벌에 따른 정책 결정 때문이다.

나쁜 정책인 줄 알면서 결정하고 실행하는 이유는 좋은 정책은 정책을 결정하는 자들에게는 불리한 결과를 가져오기 때문이다. 따라서 좋은 정책(謨臧, 모장)은 모두(具, 구)가 반대하고(違, 위) 따르지 않는다(不從, 부종). 정책에 사심이 개입된 것이다. 오히려 자신들에게만

이익이 되는 나쁜 정책(謀之不臧, 모지부장)에 의지하고(依, 의) 따른다. 평소에 잘 지내다가도(潝潝, 흡흡) 정책을 결정하는 순간이 되면 서로 헐뜯는다(訿訿, 자자). 당리당략에 따른 편 가름이 발생하는 것이다. 국가나 국민에게 도움이 되는지 여부에는 관심이 없다. 오로지 자신들이 속한 집단에 이익이 되는지 손해가 되는지만 판단한다. 집단 이기주의의 병폐는 기원전에도 심각한 수준이었다.

지금 시대에도 무엇이 달라졌는가. 어쩌면 인간의 본성은 변하지 않는 것인지도 모른다.

둘째, 책임지지 않는 행태 때문이다.

책임지고 결단을 내리거나 실행에 옮기는 사람보다는 말로만 조언하는 사람들 때문에 좋은 정책이 결정되어 실행되지 않는다. 조정에는 수많은 대부(夫, 부)들, 즉, 책임 있는 위치에 있는 고위 관료들이 무수히(孔, 공) 많지만 그들은 책임 있게 결정하기를 꺼린다. 제각기 말만 무성할 따름이다. 말들만 조정(庭, 정)에 차고(盈, 영) 넘친다. 과연 누가 감히 그 허물(咎, 구)을 감당할 수 있을 것인가? 이러한 행태를 바라보는 국민들은 안타깝고 애달프다.

셋째, 과거의 좋은 정책들을 전혀 고려하지 않기 때문이다.

좋은 정책은 과거와 현재, 미래로 이어지는 수많은 경험이 축적되어 만들어진다. 수많은 시행착오가 있었기 때문에 과거보다 나은 정책이 탄생하는 것이다. 그러나 지금도 마찬가지지만 그 당시에도 예전 사람들(先民, 선민)이 행했던 바른 길이 있음에도 그것을 따르지 않았다. 당리당략에 배치될 뿐만 아니라 과거의 정책을 따라하는 것에

체질적으로 거부감이 들기 때문이다. 과거의 정책을 계승하거나 과거의 정책을 토대로 더 발전시킬 생각은 아예 안중에도 없다. 비록 과거의 정책이 좋은 것이라고 객관적으로 입증되어도 그것을 따르지 않는다. 정치적 갈등 때문이다. 정치적 갈등이 정책을 판단하는 기준점이 되어 버리는 현실은 영원히 풀리지 않을 인류의 숙제이다.

넷째, 정책을 비전문가가 결정하기 때문이다.

대부분의 정책 내용은 전문적인 지식과 경험을 바탕으로 판단되고 결정되고 집행되어야 한다. 그러나 과거나 현재의 상황은 그렇지 못하다. 현재의 에너지 정책이든 물 관리 정책이든 전문가 집단의 의견들이 집약되고 과거의 경험들이 반영되어 결정되고 집행되어야 함에도 비전문가들이 결정하는 행태를 보였다. 3,000년 전의 행태가 그대로 반복되는 것 같은 착각마저도 든다. 시민 단체와 비전문가 집단이 국가 주요 정책을 결정하는 오류는 화자가 노래하듯이 '집을 지을 때(築室, 축실) 길 가는 사람에게(于道, 우도) 그 방법(謀, 모)을 물어보고 결정하는 것'과 다를 바 없다. 나라의 정책을 비전문가인 시민단체나 집 지을 때 건축가가 아닌 길 가는 사람에게 물어보고 결정하는 나라는 3,000여 년의 간극을 두고 데자뷔(déjàvu, 한 번도 경험한 일이 없는 상황이나 장면이 언제, 어디에선가 이미 경험한 것처럼 친숙하게 느껴지는 일.)처럼 다가온다. 이렇게 결정된 정책은 당연한 결과지만 성과(成, 성)도 성취도 없다(潰, 궤).

이 노래는 마지막으로 올바른 정책을 펴기 위한 방안을 제시한다.

첫째, 국민의 폭 넓은 의견 수렴을 강조한다.

전문가의 의견을 통하되, 많은 사람들의 건전한 의견을 수렴하여야 함을 뜻한다. 국론(國, 국)은 한곳으로 귀결되지 않고 항상 흩어져(靡, 미) 그침(止, 지)이 없지만 끊임없이 의견을 들어야 한다. 좋은 방향일 수도 그렇지 않을 수도 있지만 국론은 항상 분열되는 양상을 보이게 마련이다. 비록 국민의 수는 적다(靡膴, 미무) 하더라도 국민들 중에는 반드시 좋은 사람들이 있기 때문이다. 명철(哲, 철)하거나, 지략(謀, 모)이 뛰어나거나, 엄숙(肅, 숙)하거나, 의젓하고 맑은(艾, 애) 사람들이 있다. 그들의 의견을 잘 들어야 정책이 실패로 돌아가지 않는다. 그들의 의견을 구하면 흐르는 샘물(流泉, 유천)에 빠지듯 분열로 인해 서로가(胥, 서) 패망의 길로 빠져들지(淪, 륜) 않을 것이다. 통치자가 현명하고 능력 있고 품성이 뛰어난 인재들을 널리 찾아 구하고 또한 그들의 의견을 가감 없이 들어야만 정책은 실패하지 않음을 이 노래는 일깨워 주고 있다.

둘째, 정책을 결정할 때에는 모름지기 두려워하고 삼가고 삼가는 마음으로 신중하게 추진하여야 할 일이다.

정책을 결정할 때 호랑이를 맨손으로 잡을 듯이, 황허를 맨몸으로 건너듯이 무리하게 해서는 안 된다는 점을 강조한다. 호랑이를 잡으려면 도구를 사용하고, 황허를 건널 때는 배를 이용하면 될 일이다. 그러나 성급한 통치자들은 임기 중에 무언가 성과를 내야 한다는 조급함에 아무런 준비 없이 정책을 결정하고 추진해 버린다. 이런 정책은 당연히 실패로 돌아온다. 성급함을 나타내는 말이 폭호빙하(暴虎馮河)이다. 공자도 이 말을 언급하면서, 일을 도모함에 신중하고 계획성 있게 해야 실패하지 않는다고 강조하고 있다.

『논어(論語)』의 「술이(述而)」 편이다.

자로(子路)가 공자에게 묻는다.

“선생님께서 삼군을 통솔하신다면 누구와 함께 하시겠습니까?〔子行三軍(자행삼군) 則誰與(즉수여)〕”

이에 대한 공자의 대답이다.

“맨손으로 범을 잡고 맨몸으로 황하를 건너려다 죽어도 후회가 없는 사람과는 함께하지 않겠다. 반드시 일을 대함에 신중하게 하고, 계획을 잘 세워 일을 이루는 사람과 함께하겠다〔暴虎馮河(폭호빙하) 死而無悔者(사이무회자) 吾不與也(오불여야) 必也臨事以懼(필야임사이구) 好謀而成者也(호모이성자야)〕.”

신중하고 계획성 있게, 전전긍긍(戰戰兢兢)하여 정책을 결정할 일이다. 공자는 정책을 결정할 때는 깊은 연못(深淵, 심연)에 다가설(臨, 임) 때처럼 두려워하는 마음가짐으로 대하고, 얇은 얼음(薄冰, 박빙)을 밟을 때처럼 신중하고 조심스럽게 하여야 한다고 말하고 있다.

이러한 교훈을 마음에 새기며 노래를 음미해 보자.

하늘이여!

하늘의 나쁜 기운 땅으로 퍼지니, 오히려 계책이 나쁘게 돌아섰네, 언제나 멈추려나.
좋은 대책 따르지 않고, 나쁜 계책 다시 쓰네. 내 그 계책 살펴보니 매우 큰 잘못 있네.

잘 지내다가 헐뜯으니, 이 또한 매우 슬퍼. 좋은 대책 모두 마다하고, 나쁜 계책만 따라 하네.
내 그 계책 살펴보니 언제나 안정될까.

내 거북도 싫증났네, 점괘 더는 알려 주지 않네. 제각각 계략 내니 옳은 계책 모이지 않고,
말들만 조정에 넘치니 감히 누가 그 허물 책임 질까. 대책은 실행하지 않고 말만 하니, 그 길에 얻는 바도 없구나.

일하는 것 보니 슬프구나, 옛사람들 옳은 길 따르지도 않고, 원대한 옳은 길도 따르지 않는구나. 주변의 가벼운 말만 듣고서는, 그 말이 옳다고 싸우기만 하네. 길에서 들은 말대로 집을 짓듯이, 계책이 제대로 이루어질 리 없구나.

국론이 비록 그치지 않으나 성현도 있고 그렇지 않은 이도 있다. 비록 백성이 많지는 않으나 현명하고 지략 있는 사람 있고, 공손하고 어진 백성 있으니, 저 흐르는 샘물처럼 서로 빠져 망하지는 않으리.

어찌 감히 맨손으로 호랑이를 잡으랴, 어찌 맨몸으로 황허를 건너랴. 사람들이 하나는 알고 다른 것은 모른다네. 두려워하고 조심하기를, 깊은 연못 앞에 서듯이, 얇은 얼음 밟고 지나듯이.

小旻(소민)

旻天疾威 敷于下土 謀猶回遹 何日斯沮 謀臧不從 不臧覆用
我視謀猶 亦孔之邛
민천질위 부우하토 모유회휼 하일사저 모장부종 부장복용
아시모유 역공지공

潝潝訿訿 亦孔之哀 謀之其臧 則具是違 謀之不臧 則具是依
我視謀猶 伊于胡底
흡흡자자 역공지애 모지기장 즉구시위 모지불장 즉구시의
아시모유 이우호저

我龜旣厭 不我告猶 謀夫孔多 是用不集 發言盈庭 誰敢執其咎
如匪行邁謀 是用不得于道
아구기염 불아고유 모부공다 시용부집 발언영정 수감집기구
여비행매모 시용불득우도

哀在爲猶 匪先民是程 匪大猶是經 維邇言是聽 維邇言是爭
如彼築室于道謀 是用不潰于成
애재위유 비선민시정 비대유시경 유이언시청 유이언시쟁
여피축실우도모 시용불궤우성

國雖靡止 惑聖惑否 民雖靡膴 惑哲惑謀 惑肅惑艾 如彼流泉 無淪胥以敗

국수미지 혹성혹부 민수미무 혹철혹모 혹숙혹애 여피유천 무륜서이패

不敢暴虎 不敢馮河 人知其一 莫知其也 戰戰兢兢 如臨深淵 如履薄冰

불감폭호 불감빙하 인지기일 막지기야 전전긍긍 여임심연 여리박빙

旻天疾威敷于下
土謀猶回遹何日
斯沮謀臧不從不
臧覆用我視謀猶
亦孔之邛

潝潝訿訿亦
孔之哀謀之
其臧則具是
違謀之不臧
則具是依我
視謀猶伊于
胡底

我告猶謀夫
孔多是用不
集發言盈庭
雖敢執其咎
如匪行邁謀
是用不得于
道

哀在爲猶匪先民是程
匪大猶是經維邇言是聽
維邇言是爭如彼築室于
道謀是用不潰于成

▲ 國雖靡止惑聖惑否
民雖靡膴惑哲惑謀
惑肅惑艾如彼流泉
無淪胥以敗

▲ 不敢暴虎不敢馮河
人知其一莫知其也
戰戰兢兢如臨深淵
如履薄冰

소인배에 휘둘리는 통치자

〈쉬파리(青蠅, 청승)〉(「소아(小雅)」 수록)

말은 셋 중의 하나이다. 듣기 좋은 말과 듣기 거북한 말, 그리고 말을 하지 않는 것이다. 이왕 들어야 할 말이라면 대부분의 사람들은 듣기 좋은 말을 듣고 싶어 한다. 통치자들의 경우는 어떨까? 권력을 많이 가진 자일수록 듣기 좋은 말이 더 많이 들리는 것은 어쩔 수 없지만, 남을 헐뜯는 말 또한 많아진다. 남을 헐뜯고 참소(讒訴)해야 자기 자리와 권력을 더 오래 유지할 수 있기 때문이다. 참소는 아마도 세 명 이상의 집단이 형성되는 곳이면 언제 어디서든 우리와 함께해 온 동반자이다. 그만큼 인간 본성에 가까운 생존 본능일 수도 있다. 이러한 일을 경계하는 것은 3,000년 전에도 다를 바 없었다.

〈쉬파리(青蠅, 청승)〉는 참소하는 자들을 쉬파리(青蠅, 청승)에 비유하여 풍자하고 있다. 소인배들의 간사한 말들에 휘둘리는 제후를, 위정자를 풍자하는 것이다. 간신배들의 아첨하는 말에, 남을 헐뜯는 말에 흔들리지 않기를 경계하는 노래이다. 듣기 좋은 말은 아첨이지만 남을 헐뜯는 말은 참언이다. 아첨은 사실을 과장하는 데 중점을 두지만, 참언은 있지 않은 사실을 사실인 것처럼 거짓으로 포장하는 데 그 핵심이 있다.

남송(南宋)에 진회(秦檜)라는 사람이 있었다. 그는 한 나라의 재상이다. 임금 아래 이인자인 재상은 나랏일을 총괄하는 실권자이다. 그러나 변방을 지키던 유능하고 용감한, 그래서 국민들의 두터운 신망을 받는 장수 악비(岳飛)가 있었다. 그의 자리를 위협할 수도 있는 유능한 인재이다. 진회가 자기 자리를 위협할 수도 있는 기대주 악비를 그냥 둘 리 없다. 그래서 모함을 한다. 물론 사실이 아니다. 악비는 북방 외적을 막기 위해 군사들을 강하게 훈련시켰다. 오로지 나라를 위한 충정이었다. 하지만 진회는 송나라 임금에게 악비가 변방에서 군사력을 키우고 있는 것은 장차 임금 자리를 노릴 위협이 될 수도 있다고 기회 있을 때마다 반복해서 말한다.

물론 진회가 임금에게 한 말은 악비의 잠재력이 임금의 자리를 빼앗을 수도 있을 만큼 강력하다는 뜻이었다. 그러나 가능성을 사실로 믿게 만드는 것이 참언의 힘이다. 결국 송나라 임금은 악비를 옥에 가둔다. 막수유지옥(莫須有之獄)이다. 실제는 그렇지 않은데, 그럴 수도 있다는 것이 바로 범죄가 되어 옥에 가두는 일을 말한다. 참언의 비극은 결국 나라의 운명을 좌우하는 데까지 이른다. 악비라는 북방의 강력한 저지선을 잃은 남송은 결국 북방의 적인 원(元)나라에 망한다. 참언은 나라를 어지럽히고(交亂, 교란) 망하게 하는 힘을 갖는다. 예나 지금이나 참언의 힘은 세력을 떨치고 있다. 듣는 자에게 미치는 참언의 힘이다. 결국 들리는 말에 대한 옳고 그름을 분간하는 통치자의 능력이 나라의 운명을 가르는 것이다.

쉬파리는 울타리(樊, 번)에, 가시나무(棘, 극)에, 개암나무(榛, 진)

에 앉아 있다. 쉬파리처럼 남을 헐뜯는 간신배(讒人, 참인)들은 그 수가 많다(罔極, 망극). 언제나 진실을 말하는 자의 수는 적고 아첨하거나 참언하는 이들의 수가 많은 법이다. 좋은 말을 즐겨 듣는 권력자들이 대부분이기 때문이다. 권력은 마법과 같아서 한 손에 들어오면 빠져나갈까 봐 조바심 내다가 나중에는 본인이 원래부터 가지고 있었던 것으로 착각하게 된다. 그래서 듣기 좋은 말을 들으면 즐겁다(弟, 제). 노래하는 자는 제발 참언을 믿지 말라(無信, 무신)고 경계한다.

참언은 교란이요 분열을 일으킨다. 하나로 뭉쳤을 때는 힘이 두 배로 강해지지만 둘로 나뉠 때는 그 두 배 이하로 약화된다. 그래서 망한다. 정치는 구분하지 않음에 있다. 『대학(大學)』 제1장에서는 정치의 근본이 '재친민(在親民)'에 있음을 선언한다. 국민을 구분하지 않는 것이 곧 정치인 것이다. 그러나 참언은 국민을 둘로, 셋으로, 그 이상으로 나눈다. 정치를 정치답지 못하게 만드는 가장 큰 원인이 참언인 것이다.

노래하는 이의 충정을 담아 이 노래를 음미해 보자.

쉬파리

왱왱거리는 쉬파리, 울타리에 앉아 있네.
즐거운 그대여, 헐뜯는 말 믿지 마오.

왱왱거리는 쉬파리, 가시나무에 앉아 있네.
참언하는 사람 넘쳐 나니, 나라가 흔들리네.

왱왱거리는 쉬파리, 개암나무에 앉아 있네.
참언하는 사람 넘쳐 나니, 국민들 둘로 가르네.

青蠅(청승)

營營青蠅 止于樊 豈弟君子 無信讒言
영영청승 지우번 기제군자 무신참언

營營青蠅 止于棘 讒人罔極 交亂四國
영영청승 지우극 참인망극 교란사국

營營青蠅 止于榛 讒人罔極 覯我二人
영영청승 지우진 참인망극 구아이인

▲ 營營青蠅止于樊豈弟君子無信讒言

▲ 營營青蠅止于棘讒人罔極交亂四國

▲ 營營青蠅止于榛讒人罔極覯我二人

포악한 통치자

〈울창한 버드나무(菀柳, 완류)〉(「소아(小雅)」 수록)

통치자 개인의 품성은 예나 지금이나 국민 전체의 삶에 큰 영향을 미친다. 지금 시대에도 국가 최고 지도자의 생각이나 이념, 그리고 경험 유무, 능력, 국민 전체를 아우르는 포용력 정도 등이 국가의 운명과 미래의 국가 수준에 큰 영향을 미치고 있음은 우리가 목도하고 있는 바와 같다. 중국의 주(周)나라 또한 마찬가지였다.

기원전 11세기 중엽 무왕이 나라를 세운 이후 주나라는 수도 호경(鎬京)을 중심으로 꾸준히 나라의 기틀을 다져 왔다. 260여 년이 지난 기원전 781년에 선왕(宣王)의 뒤를 이어 그 아들 유왕(幽王)이 12대 왕의 자리에 오른다. 집권 초기에는 꾸준히 인근 지역을 정복하는 등 세력 확장에 힘쓰는가 싶더니 결국 본성을 드러내는 사건이 벌어진다. 한번은 인근 포(褒)나라를 정벌하였는데, 포나라는 전쟁에서 패한 대가로 사(姒)씨 성을 가진 여인을 유왕에게 바쳤다. 그가 곧 포사(褒姒)이다. 포사의 미모에 빠진 유왕은 그때부터 정사를 돌보지 않고 오직 그녀를 기쁘게 만드는 일에 전념한다. 통상 바람직하지 않은 일이나, 정도가 아닌 길, 비난이 따르는 행위는 한번 빠지면 거기서 빠져나오기가 어렵다. 유왕도 마찬가지였다. 사랑이 집착이 되면 그로 인해 자신의 권한을 비정상적인 곳에 사용하게 마련이다. 거짓말쟁이 양치기처럼 유왕은 포사를 기쁘게 하려고 국가의 안전과 관련된 봉화를 올리라고 명하기에 이른다. 적의 침입이 없음에도 적이 나타날 때 사용하는 봉화를 올려 이를 보고 허둥대는 신하들의 모습에 포사가 즐거워하게 만드는 상황에까지 이른다. 국가 권력을 지극히 개인적인 용도로 남용하는 것은 국가가 망하는 지름길이 된다. 유왕은 왕비에게서 난 세자를 폐하고 포사가 낳은 아들을 태자로 삼는다. 이에 분개한 장인은 서쪽 견융 세력을 끌어들여 반란을 일으킨다. 결국 유왕은 태자와 함께 죽임을 당하고, 그리하여 서주 시대[유왕의 아들 평왕이 동쪽 낙읍(洛邑, 뤄양)으로 천도한 기원전 770년을 기점으로 그전을 서주(西周), 그 이후를 동주(東周)라 부른다.]는 기원전 771년에 막을 내린다. 국가 권력을 개인이 남용하는 것은 비극을 넘어 한 나라의 명운을 좌우한다는 교훈을 이 사례는 여실히 보여 준다.

〈울창한 버드나무(菀柳, 완류)〉는 아마도 유왕이 포사의 미모에 빠져 정사를 돌보지 아니하던 시기에 불린 것으로 추측된다. 유왕이 포사에게 빠져 정사에 관심이 없자, 오히려 나랏일에 전념하던 신하들은 목숨까지 위협받는 상황이다. 『모시서(毛詩序)』는 이 노래가 유왕을 풍자한 것이라고 해설한다. 고작 10년의 재위 기간이었다. 그러나 그 10년은 고통을 당하는 입장에서 보면 인생의 전부이다. 목숨까지도 위협받는 10년은 국민들에게는 지옥인 것이다. 지옥을 만드는 왕, 또는 통치자 본인들은 죽기 전에는 모른다. 아니, 죽어서도 모를 일이다. 신하나 백성들에게는 잠깐의 안식도 허용되지 않는다. 가지가 늘어진 울창한(菀, 완) 버드나무(柳, 류) 그늘에서 잠시 쉬는(息, 식) 것도 용납되지 않는다. 잠시 쉴라치면 군주라는 사람은 심하게 흔들어 대고 심지어 밟기까지(蹈, 도) 한다. 포악하기 그지없다. 그 군주는 가까이할(暱, 일) 대상이 아닌 것이다. 위험을 무릅쓰고 외부로부터 쳐들어온 적들을 평정(靖, 정)하였지만 그 공을 알아주기는커녕 목숨마저도 부지하기 어렵다. 난리를 다스렸지만 그 후에는 분명 간신배들의 모략으로 죽을(極, 극) 것임을 예감하고 있다. 적과 협력했다거나 힘을 키워 반란을 일으키리라는 모함으로 죽을 수도 있으리라는 예감인 것이다. 통치자가 제대로 된 사람이라면 걱정할 일이 아님에도 오히려 적극적으로 나랏일을 처리한 것이 화근이 되는 세상이다. 지금과 무엇이 다른지 모를 일이다. 국가의 변란을 막아 낸 사람이 오히려 처단의 대상이 된다는 것은 수천 년 전의 유왕 시절과 다를 바가 없다. 이러한 상황에 부딪힌 신하들은 병이 나지 않겠는가. 죽지는 않는다 하더라도 병이 들까(瘵, 채) 염려되고 걱정스럽다.

하늘을 보니 새 한 마리가 높이 솟아 날고 있다. 아마도 저렇게 높이 날면 하늘 끝까지 도달할지(傅, 부)도 모른다. 저 새처럼 임금도 그 포악함이 극에 달해 하늘을 찌를 듯하다. 언제나 그 포악함이 그칠지, 그 포악함은 어느 지경까지 이를지(臻, 진) 그 사람의 마음을 도저히 알 수 없어 또 절망이다. 그 끝을 보기 전에 그는 위태롭고 괴로움(凶矜, 흉긍) 속에서 살아가야 하는 운명이다. 그의 인생이 참으로 처량하고 한스럽다. 폭정에 시달리는 신하는 물론이거니와, 일반 백성의 삶이 더하면 더했지 덜하지는 않았을 것이다.

이러한 처절함을 생각하며 이 노래를 들어 보자.

울창한 버드나무

울창한 버드나무 그늘 아래 쉬어 가려 하지마는, 상제가 뒤흔들고 밟아 대니 가까이하지 못하겠네. 전란을 평정했으나, 내 그 일로 죽으리니.

울창한 버드나무 그늘 아래 쉬어 가려 하지마는, 상제가 뒤흔들고 밟아 대니 병들지나 말았으면. 난리를 평정했으나, 내 그 일로 쫓겨나리.

새도 높이 날아올라 하늘까지 닿겠구나. 임금의 마음은 어디까지 갈 것인가. 전란을 평정했으나, 내 그 일로 위험 속에 살아가리.

菀柳(완류)

有菀者柳 不尙息焉 上帝甚蹈 無者暱焉 俾予靖之 後予極焉
유완자류 불상식언 상제심도 무자닐언 비여정지 후여극언

有菀者柳 不尙愒焉 上帝甚蹈 無者瘵焉 俾如靖之 後予邁焉
유완자류 불상게언 상제심도 무자채언 비여정지 후여매언

有鳥高飛 亦傅于天 彼人之心 于何其臻 曷如靖之 居以凶矜
유조고비 역부우천 피인지심 우하기진 갈여정지 거이흉긍

▲ 有菀者柳 不尙息焉
上帝甚蹈 無者暱焉
俾予靖之 後予極焉

▲ 有菀者柳不尙愒焉
上帝甚蹈無者瘵焉
俾如靖之後予邁焉

▲ 有鳥高飛亦傅于天
彼人之心于何其臻
曷如靖之居以凶矜

백성들 눈엔 나라의 운명이 보이거늘

〈까치둥지(鵲巢, 작소)〉(「소남(召南)」 수록)

사람들은 까치를 영험한 동물로 간주하였다. 바람과 기후를 사전에 알아채고 이를 감안하여 둥지를 짓고 산다고 여겼기 때문이다. 그해에 비가 많이 오지 않는다고 예측하면 둥지 입구를 크게 짓거나 둥지를 트는 장소도 나무 꼭대기 또는 하늘로 둥지가 열려 있는 곳에 정하는 한편, 비가 많이 올 것이라고 예측하면 비가림을 할 수 있도록 장소를 정하고 둥지 입구도 작게 짓는다고 믿었다. 까치는 한번 사용한 둥지를 절대 다시 사용하지 않는다. 매년 새로운 둥지를 마련하는 것이다. 사람들은 이러한 행동을 매년 바뀌는 기후와 연관 지어 까치의 영험함을 유추하였을 것이다.

그런 까치도 모든 기후 예측을 정확히 할 수는 없을 터였다. 기후 예측을 잘못한 경우, 까치는 기존의 둥지를 버리고 다른 곳에 둥지를 새로 짓는다. 그해에 비가 많이 내리지 않을 거라고 예측하여 둥지 입구를 크게 지었으나 나중에 이것이 실수임을 깨달은 까치가 버린 둥지에 비둘기가 들어와 산다. 비둘기는 그해에 필경 비바람으로 인해 큰 어려움을 당했으리라. 백성들은 그것을 알고 있는 것이다.

〈까치둥지(鵲巢, 작소)〉에서 백성들이 살고 있던 나라도 까치가 버리고 간 둥지 같은 운명이었으리라. 이미 민심이 이반되어 많은 백성들이 나라를 버리고 떠난 땅이었을 것이다. 위정자들의 앞날을 예측하지 못하는 실정 탓에 나라의 기운은 이미 쇠하였고, 백성들의 삶은 고난과 도탄에 빠진 나라인 것이다. 백성들의 눈에는 나라의 운명이 이미 기울어 가고 있음이 확연히 보이는데도 정작 위정자들은 아직도 그것을 알아차리지 못하고 있는 상황이다. 까치가 버린 둥지에 들어오는 비둘기처럼, 그런 상황도 모른 채 인근 제후국에서 제후의 딸이 망해 가는 이 나라의 왕자에게 시집온다.

지금 백성들은 그 시집오는 수레 100여 대의 화려한 행차를 바라보고 있다. 수레 100여 대가 긴 뱀처럼 꼬리를 물고 큰길을 채우며 이곳으로, 까치가 버리고 간 둥지로 오고 있는 것이다. 아마도 저 마차 어딘가에는 화려한 단장을 하고 즐거워서 웃음을 억누르지 못하는 제후의 딸이 들뜬 마음으로 앉아 있을 것이다. 수레에는 비단이나 보석 같은 혼수품들이 가득 가득 실려 있다. 실로 장관이다. 화려하고 현란하기 그지없는 시집오는 행렬을 바라보는 백성들의 마음은 안타까움 반, 부러움 반이다. 얼마 가지 않아 이 나라는 망할 터인데, 그것도 모른 채 시집을 오는 저 공주의 미래가 애처롭고 안타깝다. 하지만 곧 망하더라도 자신도 저 공주처럼 화려한 결혼식의 주인공이 되고 싶기도 한 것이다. 시집오는 행렬을 백성들의 눈으로 다시 따라가 보자. 그 이미지를 상상하며 그 광경을 바라보는 백성의 심정이 되어 보자.

까치가 지어 놓고 버리고 간 까치둥지(鵲巢, 작소)에 비둘기(鳩, 구)

가 들어와 살고(居, 거) 있다. 힘 안 들이고 아무런 노력 없이 둥지를 차지한(方, 방) 것이다. 그것도 무리를 지어 둥지에 가득 차도록 채우고(盈, 영) 있다. 주나라 임금에게서 봉토를 하사받은 제후국이다. 별로 힘들이지 않고 아무런 노력도 없이 물려받은 봉토로 먹고사는 한량들인 것이다. 그러니 그들이 나라인들 제대로 가꿀 능력이나 있겠는가? 현명한 백성들은 이미 이 나라를 떠났다. 먹고살기 힘든 까닭이다. 남아 있는 백성들은 힘없고 버틸 언덕이 없는 착한 사람들이다. 하지만 그 둥지는 제대로 된 거처가 아니다. 곧 불어 닥칠 비바람을 피할 방도가 없는 거처인 것이다. 이미 나라의 운명을 뒤바꿀 상황이 아닌 것이다. 나라를 되살릴 시기를 놓친 것이다. 곧 다가올 나라의 위난을 막을 방도도 없다. 그런 상황도 모른 채 이웃 나라 제후의 딸이 이 나라로 시집을 온다(歸, 귀). 그 아가씨(之子, 지자)는 아무것도 모른다. 그저 시집오는 것이 즐거울 뿐이다. 그 순진한 아가씨와 함께 수레 백 채(百兩, 백량)가 열을 지어 뒤따른다(御, 어/將, 장/成, 성). 그 모습은 화려하고 성대하지만 그 속에는 보이지 않는 안타까움과 곧 닥칠 비극이 숨겨져 있는 것이다.

『시경』의 노래는 상당수가 사언(四言) 사구(四句)로 이루어져 있다. 앞 두 구절과 뒤 두 구절이 상호 대비되어 표현되는 방식을 따른다. 통상 앞 두 구절에서는 새와 나무와 동식물과 하천 등 자연에서 보이는 것들을 언급하고, 뒤 두 구절에서는 비로소 노래하는 이의 마음을 드러낸다. 이때 앞 구절과 뒤 구절은 반드시 어떤 연관성을 지닌다. 앞 구절에서 말한 동식물은 바로 뒤 구절의 노래하는 이의 마음을 알게 해 주는 단서요 암시다. 아무런 연관 없이 동물이나 식물을 언급하지 않는다. 이것이 바로 『시경』 해석의 어려움이요, 또한 『시경』을 이해하는 즐거움이자 묘미이다.

이 노래도 마찬가지의 암시와 단서를 갖는다. 이미 언급한 것처럼 까치와 비둘기는 영리함과 우둔함을 대비하기 위한 소재로 사용된다. 까치는 영리함이요 비둘기는 우둔함이다. 시집오는 인근 제후국의 딸은 비둘기이다. 그를 바라보는 백성의 마음은 까치의 마음이다. 까치둥지는 번성한 나라의 상징이요, 버리고 간 둥지는 번성하던 나라의 쇠망을 암시한다. 까치둥지에 모여든 비둘기 떼는 곧 위난이 닥쳐 나라가 망할 줄도 모르고 아무런 생각 없이 나라를 통치하는 어리석은 위정자들이다. 망하는 나라인 줄도 모르고 화려하게 시집오는 사람은 바로 우둔한 백성들이다. 이러한 예견된 상황을 안타깝게 바라보는 현명한 백성들만이 이 노래를 부른다. 나라가 망하는 것을 알아차리는 백성은 소수에 불과하다.

『시경』은 3,000여 년의 시간을 흐르며 우리에게 그 뜻을 알려 주려고 그리도 애쓰는데, 정작 이를 알아차리는 사람들은 많지 않으니 그것이 애처로울 따름이다.

이런 마음을 담아 이 노래를 감상해 보자.

까치둥지

까치가 집 지은 둥지에 비둘기가 들어와 사네.
저 아가씨 시집을 오네, 수레 백 채 뒤따르네.

까치가 집 지은 둥지를 비둘기가 차지하네.
저 아가씨 시집을 오네, 수레 백 채 뒤따르네.

까치가 집 지은 둥지에 비둘기가 가득 차네.
저 아가씨 시집을 오네, 수레 백 채 뒤따르네.

鵲巢(작소)

維鵲有巢 維鳩居之 之子于歸 百兩御之
유작유소 유구거지 지자우귀 백량어지

維鵲有巢 維鳩方之 之子于歸 百兩將之
유작유소 유구방지 지자우귀 백량장지

維鵲有巢 維鳩盈之 之子于歸 百兩成之
유작유소 유구영지 지자우귀 백량성지

▲ 維鵲有巢維鳩居之之子
于歸百兩御之

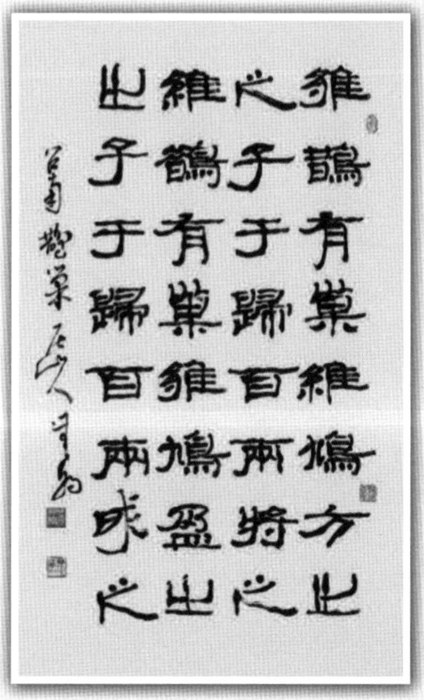

▲ 維鵲有巢維鳩方之
之子于歸百兩將之
維鵲有巢維鳩盈之
之子于歸百兩成之

2. 고위 관료에 대한 풍자

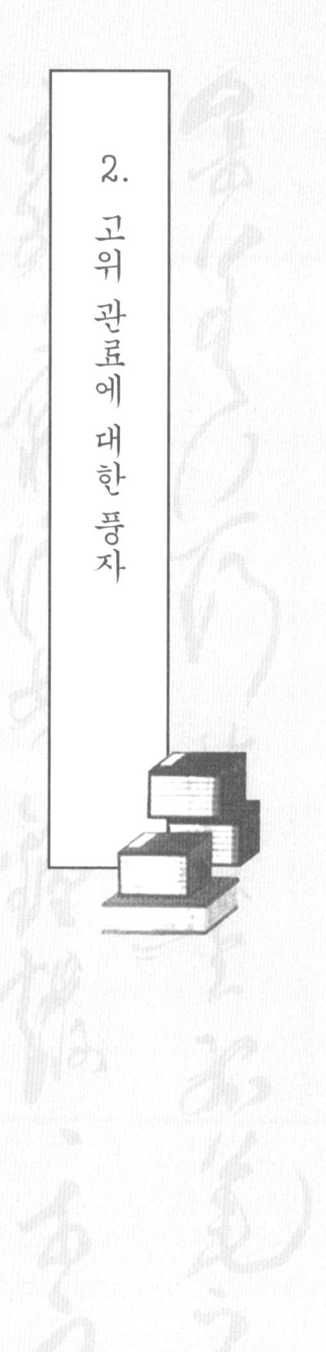

명품으로 치장한 고위 관료

〈분수의 일터에서(汾沮洳, 분저여)〉(「위풍(魏風)」 수록)

〈분수의 일터에서(汾沮洳, 분저여)〉는 위(魏)나라에서 불린 노래이다. 주나라 초기에 종실인 희씨(姬氏) 성을 봉하여 세워진 제후국으로 알려지고 있지만, 초대 제후가 누구인지를 알 수 없다. 다만 기원전 403년부터 진(晋)나라 헌공(獻公)에 의해 멸망한 기원전 225년까지 존속한 나라로 기록되어 있다. 위나라는 황허의 지류인 분수(汾水) 유역의 좁고 험한 땅에 자리하고 있었다.

분수는 중국 산시성〔山西省〕 북부에서 시작하여 고원을 거쳐 남쪽으로 흐르다가 서쪽으로 방향을 틀어 황허 본류와 합쳐지는 강으로, 황허의 2대 지류 중 하나다. 특히 상류에서 황토 고원을 지나기 때문에, 이곳에서 휩쓸려 내려간 황토와 모래 등이 중 · 하류 지역에 황토나 모래 습지를 만들어 낸다. 당시 사람들은 이곳에서 농사를 지으며 살았을 것이다. 농사를 지을 만한 땅은 좁았다. 벼농사를 지을 땅이 부족했으므로 주로 습지에서 잘 자라는 뽕나무를 심어서 생계 수단으로 삼았을 것이며, 주변에는 각종 나물들이 자연적으로 자라나는 지역이었으리라. 군데군데 습지들이 있고 그곳에는 쇠귀나물 등 각종 수생 식물들이 자라고 있다.

노래하는 사람의 위치는 어디일까? 바로 나물들이 자라고 있는 언덕이며, 뽕나무가 자라고 있는 밭이며, 쇠귀나물이 자라고 있는 논이나 습지이다. 그가 그곳에서 일을 하고 있는 것이다. 나물 캐기는 식구들의 끼니에 쓸 반찬거리를 마련하기 위한 노동이고, 뽕잎을 따는 것은 누에를 치는 과정 중의 중요한 일거리이며, 논에 1미터 이상 크기로 웃자란 쇠귀나물을 뽑는 것은 모를 심기 위한 준비 노동이다. 쇠귀나물은 잎 모양이 소의 귀를 닮았다고 해서 이런 이름이 붙었는데, 연못이나 늪지, 도랑 등 얕은 수심의 논에서도 잘 자라는 잡풀이다. 택사(澤瀉), 야자고(野慈故), 수자고(水慈故), 전도초(剪刀草) 등으로 불린다. 언덕과 밭과 논에서 하루 종일 일하는 것이 노래하는 이의 일과였고, 이러한 노동은 하루도 빠짐없이 이어지는 나날이다. 그가 노래하고 있는 장소는 황허가 만들어 낸 협곡 사이에 자리한 습지와 늪지, 연못, 언덕, 그리고 밭이다.

가족을 위해 먹을거리를 마련하는 일이 그의 일상에서 가장 큰 과제이다. 나물(莫, 모)을 뜯거나 캐는 일은 매일매일 해야 한다. 끼니를 채우기 위해 하는 노동, 즉 의식주 중에서 가장 중요한 '먹을거리(食, 식)' 해결을 위해 반드시 해야 할 일이다. 먹을거리 중 가장 중요한 주식인 쌀을 생산하는 과정 중 하나는 논에 물을 대고, 써래질을 하고, 물댄 논에 자란 잡풀들을 제거하는 일이다. 뽕밭에서 뽕잎을 따는 일은 옷감을 만드는 재료인 누에고치를 생산하는 누에에게 사료를 주기 위한 일이다. 누에를 잘 키우는 일 또한 매일매일의 일과이다. 즉, 의(衣)생활이다. 먹는 것과 입는 것이 사람의 가장 원초적 생존 과정임을 생각하면 당시의 일상은 이를 해결하기 위한 노동의 연속이었음을 쉽게 짐작할 수 있으리라. 그래야 안심이 된다. 즉, 입을거리와 먹을거리가 충족되어야 마음이 편안해진다. 편안함의 양대 조건인 셈이다. 이렇듯 마음 편히 살 수 있는 세상은 언제쯤 돌아올 것인가?

노래하는 사람은 이러한 희망으로 일을 하다가 잠시 쉬기 위해 굽혔던 허리를 펴고 하늘을 한번 올려다본다. 하늘에 떠가는 흰 구름은 노래하는 이의 마음처럼 무심하게 흘러간다. 저 한쪽 편으로 사람들의 무리가 지나가는 것이 보인다. 관리들의 행차이다. 공적인 위치에 있는 사람들, 공로(公路)이며 공족(公族)이다. 그들이 지금 저쪽 편으로 공행(公行)을 하고 있는 것이다.

그들의 생김새는 아름답기 그지없다(미무도, 美無度). 수려하다. 노래하는 이처럼 힘든 노동을 하는 것도 편안하지 않은 것도 아니기에 얼굴에 구김살이 없다. 고생한 흔적은 찾아볼 수도 없는 매끈한 얼굴이다. 화려한 옷차림은 그 얼굴을 더욱 돋보이게 한다. 그래서 미려하다. 하지만 노래하는 이가 보기에는 전혀 아름답지도, 높은 사람처럼 보이지도 않는다. 높은 지위에 걸맞은 일을 하지 않기 때문이다. 높은 지위에 있지만 아무 일도 하지 않고 좋은 옷 입고 놀러만 다니는 관료의 모습은 아름답지 않다. 하루하루를 힘겹게 살아가는 민중의 눈에 좋게 비칠 리가 없음은 당연하다.

분수의 일터에서 힘겹게 노동을 하고 있는 사람들이 비단옷 입고 놀러가는 관리들의 행차를 보며 노래하고 있는 모습을 상상해 보라. 화려해 보이지만 본연의 일을 하지 않는 관리들은 관리로서 그 지위에 있거나 그 지위를 누려서는 안 된다고 질타하고 있는 것이다.

그들 농부의 심정으로 이 노래를 음미해 보자.

분수의 일터에서

저 분수의 습지에서 나물을 캐고 있네. 저기 가는 저 사람, 아름답기 그지없네.
아름답기 그지없지만, 저 위치에 어울리는 사람은 아니네.

저 분수의 한편에서 뽕잎을 따고 있네. 저기 가는 저 사람, 아름답기 그지없네.
아름답기 그지없지만, 저 행차는 어울리지 않네.

저 분수의 한 모퉁이에서 쇠귀나물을 뽑고 있네. 저기 가는 저 사람, 아름답기 그지없네.
아름답기 그지없지만, 저 위치에 어울리는 사람은 아니네.

汾沮洳(분저여)

彼汾沮洳 言采其莫 彼其之子 美無度 美無度 殊異乎公路
피분저여 언채기모 피기지자 미무도 미무도 수이호공로

彼汾一方 言采其桑 彼其之子 美如英 美如英 殊異乎公行
피분일방 언채기상 피기지자 미여영 미여영 수이호공행

彼汾一曲 言采其藚 彼其之子 美如玉 美如玉 殊異乎公族
피분일곡 언채기속 피기지자 미여옥 미여옥 수이호공족

彼汾沮洳言
采其莫彼其
之子美無度
美無度殊異
乎公路

彼汾一方言
采其桑彼其
之子美如英
美如英殊異
乎公行

彼汾一曲言
采其藚彼其
之子美如玉
美如玉殊異
乎公族

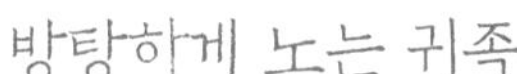

방탕하게 노는 귀족

〈언덕에서(宛丘, 완구)〉(「진풍(陳風)」 수록)

큰 나라와 작은 나라의 차이는 무엇인가? 여러 가지 구별 요인이 있을 것이다. 어떤 사람은 국토의 넓이 또는 인구수, 또 어떤 사람은 총생산량 또는 경제력, 또 어떤 사람은 다른 나라를 지배했던 경험이나 그런 영향력을 미치는 정도라고 말하는 등 참으로 다양하다. 춘추 전국 시대의 진(陳)나라는 이러한 모든 면에서 결코 큰 나라 또는 강대국이라고 할 수 없었다.

이미 언급했듯이 진나라는 기원전 11세기에 주나라 무왕에 의해 제후국으로 봉해진 작은 나라들 중 하나였다. 그래서 초나라 혜왕에 의해 멸망하기 전까지 열강의 틈바구니에서 이리저리 시달리는 역사를 거쳐 왔다. 작은 나라의 일반적인 현상, 즉, 열강의 압력 속에서 살아남기 위한 분투의 역사는 실로 처절하기까지 하다. 인근 강대국과의 혈연관계 등을 통해 살아남기도 하고, 피나는 쇄신을 통해 강소국으로 버텨 나가기도 했다. 그러나 진나라는 강소국으로 살아남기 위한 피나는 노력보다는 제후국으로 받은 봉토를 기반으로 현상을 유지하는 방식을 선택했다. 현상 유지가 태만을 불러오는 것은 필연이다. 지배 계급이야 봉토를 토대로 그럭저럭 살아가지만, 일반 백성은 고대의 장원제 아래에서 농민으로 살아가기에 힘들고 또 버거운 삶이었으리라.

시간이 흐르면서 제후를 비롯한 지배 귀족들은 나라의 살림을 풍요롭게 만드는 데 힘쓰기보다는 현실에 안주하여 쾌락을 즐기는 데 집중한다. 노는 데 집중하다 보면 평범한 놀이는 금방 싫증이 나게 마련이다. 따라서 시간이 지나면서 좀 더 자극적인 놀이를 찾게 된다. 진나라 귀족들도 점점 더 그런 놀이에 몰두하게 된다. 방탕한 유흥의 세계로 빠져드는 것이다.

〈언덕에서(宛丘, 완구)〉는 일 년 내내 그러한 방탕한 놀이를 즐기는 귀족들의 모습을 고발하는 시이기도 하다. 노래를 통해 바라보는 자의 관점에서 방탕하게 노는 귀족들의 행태를 풍자하고 있다.

먼저 귀족들이 노는 장소에 대해서 살펴보자. 그들이 노는 장소는 완구이다. 완구(宛丘)가 상징하는 바는 실로 어지럽기 짝이 없다. 움푹 들어가 팬 곳(宛, 완)과 도드라져 올라온 둔덕(丘, 구) 형상을 보이는 지형이 완구이다. 지금 말로는 분지이다. 분지는 사방이 언덕이나 산으로 둘러싸인 곳을 말한다. 분지 밖에서 분지 안은 들여다볼 수 없다. 그러나 이 노래를 부른 자는 분지 언덕 위에서, 분지 아래에서, 분지 가는 길에서 놀고 있는 귀족들을 바라보면서 노래하고 있다. 이를 볼 때 실제 그들 귀족이 노는 장소는 지형적인 분지가 아닐 수도 있다. 방탕하게 노는 장소는 실제 어떤 위치를 말하는 것이 아니라, 그들이 노는 유희의 대상이고 방탕하게 즐기는 모습을 말하는 것일 수도 있다. 움푹 팬 곳, 우뚝 올라선 곳, 그리고 그곳으로 이어지는 길은 음탕하게 즐기고 노는 모습을 말하는 것으로 이를 비유적으로 표현한 것이리라.

그런가 하면 사람의 신체에 빗대어 표현하는 것일 수도 있다. 그런 정황은 '정(情)'이라는 글자에서 유추할 수 있다. '순유정혜(洵有情兮)'라는 구절에서 '정(情)'이라는 글자는 사람의 본성을 나타내는 말이다. '참으로 본성이 드러나 있구나!'라는 뜻으로 해석한다면 그들 귀족의 방탕함이 그들의 본성에 해당하는 것이리라. 따라서 일반 민중들이 보기에 그들은 겉으로는 귀족이지만, 노는 데 방탕함의 본성을 보이는 것으로 보아 하등 우러러볼(望, 망) 일이 없는 대상인 것이다. 겉은 귀족이나 속은 탐욕스러운 욕정을 주체 못하는 사람들에 불과한 것이다.

그 귀족들은 언덕 아래에서 북을 둥둥 치거나 언덕에 이르는 길에서 질장구를 두드리면서 논다. 그것도 여름, 겨울 가리지 않고 논다. 일 년 내내 노는 것이다. 백로의 깃털로 만든 부채를 세워 흔들면서 단체로 즐기는 것이다. 질장구(缶, 부)는 흙으로 구워 만든 항아리 같은 악기의 일종이다. 원래는 물이나 술을 담아 보관하는 그릇이다. 하지만 흥겨우면 이 항아리를 막대기로 두드리면서 놀기도 한다. 장단을 맞추는 일종의 타악기인 것이다. 질그릇을 두드리면 가죽으로 만든 북보다 훨씬 청명하고 탱탱한 소리가 울려 퍼진다. 다른 목소리들을 묻어 버릴 듯 감추어 버리는 것이다. 방탕하고 음탕한 놀이라는 부끄러움을 쨍쨍 울리는 소리에 묻어 버리고 싶은 것이다. 백로 깃털로 만든 깃 일산(鷺翿, 노도)은 춤추는 데 사용되는, 일종의 부채처럼 생긴 지휘봉 같은 것이다. 깃 일산을 세우고 흔들어 춤사위의 장단과 음률을 맞추면서 흥겹게 놀고 있는 것이다.

북(鼓, 고) 또는 장구, 질장구(缶, 부), 노우(鷺羽), 노도(鷺翿) 모두 춤추고 노래하는 데 사용되는 도구들이다. 귀족들이 동원해서 노는 데 사용되는 도구들은 그들의 방탕함을 입증하는 증거물이 된다. 원래 이 지역은 진나라 조상들이 이 지역의 풍부한 진흙을 사용하여 사람들에게 유익한 질그릇을 만든 공로로 나라가 만들어졌다는 역사를 간직한 곳이다. 황허의 물결이 만들어 낸 자랑스러운 유산인 진나라의 질그릇은 질장구라는 놀이 기구로 대체되었고, 결국 그 나라의 운명을 재촉하는 깡마른 소리가 되어 황허 유역을 울리고 있었을 것이다. 문명의 발흥과 쇠퇴, 나라의 출발과 패망의 증거가 된 질그릇과 질장구이다. 노래하는 이는 그 증거물을 드러내어 그들의 방탕함을 풍자하고 있다.

이러한 사물들을 떠올리며 이 노래를 감상해 보자.

언덕에서

언덕 위에서 노는 그대들의 방탕함이여.
참으로 본성이 드러나는구나. 우러러볼 것이 어디 있으랴.

언덕 아래에서 북을 치며 노는 그대들, 여름, 겨울 없구나.
백로 깃털로 만든 깃 일산을 흔들며 잘들도 노는구나.

언덕 가는 길에서 질장구 두드리며 노는 그대들, 여름, 겨울 없구나.
백로 깃털로 만든 깃 일산을 흔들며 잘들도 노는구나.

宛丘(완구)

子之湯兮 宛丘之上兮 洵有情兮 而無望兮
여지탕혜 완구지상혜 순유정혜 이무망혜

坎其擊鼓 宛丘之下兮 無冬無夏 値其鷺羽
감기격고 완구지하혜 무동무하 치기노우

坎其擊缶 宛丘之道兮 無冬無夏 値其鷺翿
감기격부 완구지도혜 무동무하 치기노도

◀ 子之湯兮宛丘
之上兮洵有情
兮而無望兮

▲ 坎其擊缶宛丘
之道兮無冬無夏
値其鷺翿

▲ 坎其擊鼓宛丘
之下兮無冬無夏
値其鷺羽

옷차림만 신경 쓰는 귀족

〈하루살이(蜉蝣, 부유)〉(「조풍(曹風)」 수록)

하루살이는 딱 하루만 산다. 그러나 그들은 자신이 딱 하루만 살고 그러고는 흔적도 없이 세상에서 사라진다는 사실을 모른다. 그 사실을 안다한들 삶에서 무엇이 달라지겠는가만은, 한 가지 분명한 것은 '왜 사는가?'라는 물음을 한 번쯤 생각해 보는 데에서 차이가 난다는 점이다. 다시 말해, 삶의 가치에서 차이가 나는 것이다. 그만큼 인간이 반드시 죽을 수밖에 없는 존재임을 인식하는 것과 그렇지 못하는 것은 엄연히 다르다. 그런 성찰이 없이 사는 사람들을 일컬어 '하루살이 같은 사람'이라 한다. 하루살이는 또한 멀리 내다보지 못함을 일컫는다. 눈앞에 닥친 것만을 좇는 사람, 지금 바로 닥친 일에만 몰두하는 사람을 일컫는 말이기도 하다. 그런 사람은 내일을, 10년 후의 일을, 죽은 뒤의 일을 생각하지 않는다.

이런 사람들은 예나 지금이나 부지기수로 많다. 〈하루살이(蜉蝣, 부유)〉가 불렸을 조(曺)나라 시절에도 많은 사람들은 하루살이 같은 삶을 살았다. 그 대표적인 집단이 귀족들이다. 조나라는 주나라 무왕이 은나라를 정벌한 후 동생인 숙진탁(叔振鐸)에게 주어 다스리게 했던 땅이다. 거저 얻은 땅이다. 노력 없이 얻은 것은 제대로 관리되지 않는다. 그들이 나라를 다스리는 것 또한 장기적이 아니고 단기적이었다. 하루살이처럼 비전 없이 다스리는 위치에 그저 존재했을 뿐이다.

하루살이는 이 밤이 지나가면 죽지만, 죽기 전, 그러니까 태어나 하루 동안은 그의 깃(羽, 우)과 날개(翼, 익)와 껍질(掘閱, 굴열)이 윤기 있고 아름답다. 자세히 보면 더욱 아름답다. 그들을 구성하고 있는 모든 겉모양은 아름다운 것이다. 조나라 귀족들이 걸친 옷들 또한 아름답기 그지없다. 그들이 지금 입고 있는 삼베옷(麻衣, 마의)은 눈(雪, 설)처럼 눈부시도록 희고 아름답다. 눈에 뜨이도록 산뜻하고 선명하며(楚楚, 초초), 화려하다(采采, 채채). 아름다운 옷을 입고 있으나 내일이면 죽을 하루살이처럼 앞뒤 분간을 못하는 조나라 귀족들을 보고 있노라면 걱정스러운 마음이 앞을 가린다. 백성이 나라를 걱정하는 마음이 근심이 되는 것이다. 한마디로 마음 아프고 걱정스럽다(憂, 우).

국민이 국가를, 국가를 운영하는 통치자들과 그 집단을 걱정하는 것은 실로 우려스러운 상황이다. 나라가 망할 때 이런 현상이 찾아온다. 예나 지금이나 마찬가지다. 차라리 나라를 운영한다고 나서지 말고 나처럼, 일반 백성으로 돌아와 쉬라고 말한다. 그게 오히려 나라를 걱정하는 노래하는 이의 솔직한 심정이다. 하루라도 빨리 그 자리에서 내려오라는 완곡한 표현이다. 나에게로 돌아와 나처럼 평범하게 살아가고(處, 처), 나에게로 돌아와 일반인들처럼 쉬고(息, 식), 나에게로 돌아와 평민으로 머무르기를(說, 설) 간곡히 부탁하는 것이다. 그것이 나라를 위해 옳은 길이라고 노래하는 이는 말한다. 하루살이 같은 조나라 귀족이 알아들었을 리 만무하지만, 그래도 그런 노래라도 읊어야 그의 답답한 마음을 조금이라도 달랠 수 있었으리라. 때와 장소를 가리지 않고, 기원전이나 기원후를 따질 필요도 없이 국민의 입장에서 위정자에게 그런 똑같은 말을 하고 싶은 마음이 드는 것은 국민들이 현명한 통치자들을 갖는 행복을 누리는 것이 얼마나 어려운 일인가를 깨닫게 만들기에 충분하다. 이 노래는 현재를 살고 있는 우리들의 마음을 대변하는 것 같아 씁쓸한 마음을 어찌할 길이 없다.

옷차림에만 신경을 쓴다는 것은 보이는 것에만 치중하는 것이다. 내실보다 외형을 추구하고 국민들보다는 자신의 안위를 걱정하는 것이다. 눈에 보이는 것에만 신경 쓰는 조나라 귀족의 마음가짐은 하루 뒤에 어찌될지도 모르고 살아가는 하루살이나 다를 바 없다. 결국 조나라는 송나라에게 망한다. 내실 없는 겉치레에 치중하는 국가는 머지않아 망하고 만다.

『시경』은 우리에게 망하는 방법을 알려 줄 뿐, 흥하는 법은 알려 주지 않는다. 망하는 법을 아는 것이 흥하는 방법이기 때문이리라. 백성들이 보기에 나라가, 통치자가, 귀족들이 망해 가고 있음을 노래로 경고하는 것이다. 귀족의 겉치레야말로 나라가 망해 가는 증거임을 알려 주기 위해 이 노래가 지금 이 순간까지 기록되어 전해 오고 있는지도 모를 일이다.

이런 느낌으로 이 노래를 감상해 보자.

하루살이

하루살이 깃인가, 입은 옷이 산뜻하네.
내 마음 걱정되네, 그대 차라리 나처럼 평범하게 살아가게.

하루살이 날개인가, 입은 옷이 화려하네.
내 마음 근심이네, 그대 차라리 나처럼 평민으로 돌아와 쉬게나.

하루살이 껍질인가, 삼베옷이 눈처럼 희고 곱네.
내 마음 걱정이네, 그대 차라리 나처럼 평민으로 돌아와 머무르게.

蜉蝣(부유)

蜉蝣之羽 衣裳楚楚 心之憂矣 於我歸處
부유지우 의상초초 심지우의 어아귀처

蜉蝣之翼 采采衣服 心之憂矣 於我歸息
부유지익 채채의복 심지우의 어아귀식

蜉蝣掘閱 麻衣如雪 心之憂矣 於我歸說
부유굴열 마의여설 심지우의 어아귀설

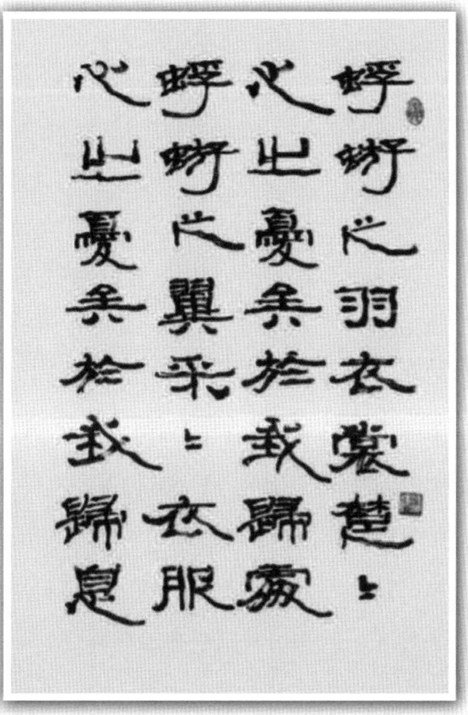

▲ 蜉蝣之羽衣裳楚楚
心之憂矣於我歸處
蜉蝣之翼采采衣服
心之憂矣於我歸息

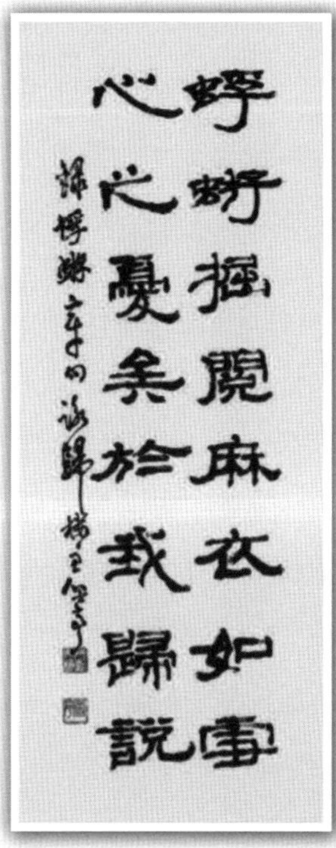

▲ 蜉蝣掘閱麻衣如雪
心之憂矣於我歸說

천지의 현상도 국운을 먼저 알아

〈시월 초에(十月之交, 시월지교)〉(「소아(小雅)」 수록)

지금도 가뭄, 홍수, 지진, 화산 폭발 등의 자연재해를 천지의 재앙으로 여기는 경향이 강하다. 천지의 이치마저도 사람들의 덕이 있고 없음에 따라 발생하는 자연의 징벌로 여기는 것이다. 특히, 동양적 사고에서 이런 현상은 더 극단적 수준에 이른다. 심한 가뭄의 경우는 역성혁명의 단초가 되기도 했다. 통치자의 부덕의 소치라고 여겼기 때문이다. 그의 덕이 하늘에 미치지 못하였거나, 그의 부덕으로 하늘이 노하였기 때문이라고 여긴 것이다. 더군다나 해와 관련된 천지의 부조화는 이런 현상의 극단을 보인다.

해가 달에 가려지는 일식은 가장 큰 불길함의 징조였다. 달이 가려지는 월식은 자주 일어나는 현상이지만, 해가 가려지는 일식은 18년마다 일어나는 현상이다. 또한 그날따라 관측이 가능한 상태에 이르는 것도 쉽지 않은 것이라 당시 사람들로서는 일생에 한 번 볼까 말까 한 드문 현상이었다. 그러니 이를 매우 불길한 징조로 여겼음은 충분히 짐작이 가고도 남는다. 이런 현상을 고대인들은 나라가 망할 징조로 여겼던 것이다.

천둥 번개나 지진 또한 마찬가지이다. 우레와 같은 천둥 소리, 하늘이 갈라지는 모습의 번개는 두려움과 불안의 대상이었고, 땅이 끓어올라서 갈라지고 뒤집어지는 지진이야말로 생명을 위협하는 공포의 대상이었으리라. 그런 현상도 당연히 나라를 다스리는 위정자의 부덕의 소치라고 여겼다. 부덕한 임금이나 군주나 통치자는 교체 대상이 된다. 지금 상황으로 말하자면 이런 자연 현상을 제대로 예측하여 경계하고 대비하지 못하는 지도자는 지도자로서의 자격을 상실한 것이나 다름없다. 천지의 현상인 가뭄이나 홍수, 그리고 지진 등은 사전에 예측이 가능하고 이에 충분하게 대비함으로써 피해를 막아 낼 수 있기 때문이다.

비가 오지 않으면 하늘에 기우제를 지내고 홍수가 나면 강에 제물을 바쳐 강의 신이 노하지 않도록 하던 시절에도 이런 행위는 재난을 어떻게든 막아 보려는 통치자들의 노력의 산물이었다. 다만, 정확한 원인을 알아내려는 이성적이고 과학적인 사고가 발동하지 못했을 따름이다. 정확한 원인을 알았더라면 충분히 사전에 대비하지 않을 지도자가 어찌 있겠는가? 가뭄이 올 것을 대비하고 홍수가 올 것을 대비하는 지도자란 상식의 영역이기 때문이다. 그러나 그런 노력을 기울이지 않는 지도자가 지금도, 지금으로부터 3,000년 전에도 동일한 모습으로 존재하고 있다.

〈시월 초에(十月之交, 시월지교)〉의 시대적 배경은 주나라 유왕(幽王) 시절이다. 그는 포악할 뿐만 아니라 첩인 포사(褒姒)의 미모에 빠져 정사를 돌보지 않는 지도자였다. 다른 것에 정신을 빼앗긴 지도자가 나랏일 전체를 파악하고 그에 따른 과제를 처리해 나갈 수 없는 것은 당연하다. 비정상적인 일에 골몰해 있는 지도자가 과연 나라 전체를 조망하는 균형 감각을 지닐 수 있겠는가? 여색에 빠져 있는 지도자나 이념에 매몰되어 있는 지도자나, 국민 입장에서는 달리 보일 게 없다. 균형 감각을 상실하면 국정 운영은 한쪽으로 기울어진다. 이 노래는 엄밀히 따지면 지도자의 치우침을 경계하고 꾸짖는 것이다.

우선 첫째 장을 보자.

시월지교(十月之交)는 시월의 초이다. 해와 달이 만나는 시기이다. 음력으로 첫날이 시작되는 날이 삭일(朔日)이고, 그날의 십간십이지(十干十二支)는 신묘(辛卯)이다. 대부분의 일식이나 월식은 음력 초에 일어난다. 그해 일식이 일어난 날은 음력 10월 1일이다. 그날 해가 지구의 그림자에 의해 가려지는 현상(日有食之, 일유식지), 즉 일식이 일어난 것이다.

기이한 자연 현상을 사람들은 불길하게 여긴다. 매우(孔, 공) 나쁜(醜, 추) 징조이다. 월식이나 일식은 자주 있는 일이 아니다(微, 미). 월식은 그리 나쁜 징조라 할 수 없지만 일식은 다르다. 지구가 달을 가리는 일이야 한 달을 주기로 기울었다 찼다 하는 일이니 그리 불길하거나 두려운 현상은 아닌 것이다. 그러나 일식은 다르다. 매우 불길하다. 평생 한 번이라도 보기 힘든 현상인 것이다. 이런 불길한 천지 현상이 일어난 시대를 살고 있는 하층 백성(下民, 하민)들은 참으로 매우 가엾고 불쌍하다(哀, 애). 지도자 복이 없으니 천지 현상마저도 불길하여 나라가 망할 조짐을 보인다. 그 시대를 살아가는 민중은 처량하고 애달픈 것이다.

다음으로 둘째 장이다.

천지 현상은 나라의 길흉을 사전에 예고해 주는 안내판이다. 특히, 해와 달은 대표적인 예고자이다. 해가 뜨거나 달이 뜨는 것은 좋은 것이고, 해가 지거나 달이 지는 것은 좋지 않은 징조이다. 특히, 비정상적으로 해 또는 달이 가려지는 것은 무언가 불길한 기운이 작용해서 그런 것이다. 이처럼 해(日, 일)와 달(月, 월)은 흉한(凶, 흉) 일이 있음을 알려준다(告, 고). 이런 흉한 징조가 일어나는 이유는 나라가 정상적으로 작동하지 않기 때문이다. 정상적으로 가는 길(行, 행)을 사용하지 않기(不用, 불용) 때문이다. 제대로 가야 할 길에서 벗어나는 것이 일탈이다. 정상 궤도에서 벗어나면 사고가 발생한다. 가던 길을 가야 변고가 발생하지 않는다. 온 나라(四國, 사국)가 올바르게 작동하지 않는 것이다. 나라 전체를 표시하는 의미의 사국이다. 네 군데 동서남북 사방은 전국을 말한다. 전국에서 정치는 실종되었다.

그 대표적인 사례가 부당한 인사(人事)이다. 어질고 선량한(良, 양) 성정을 가진 능력 있고 올바른 인재는 등용되지 않는다(不用, 불용). 국가를 생각하는 참된 인재를 멀리하고 본인과 당파만을 생각하는 악한 사람들만 등용된다. 지도자의 정치다운 정치가 실종되었으니 천지가 노한 것이다. 달(月, 월)이 해(日, 일)를 삼킨(食, 식) 것이다. 달이 해에 의해 먹히는 현상은 천리를, 법도를 거스르지 않는 정상적인(常, 상) 현상이지만, 해가 먹히는 일은 좋지 않은(不臧, 부장) 일이다.

셋째 장은 천둥 · 번개와 화산 폭발과 지진 등 자연 재난을 말한다.

인간에게 가장 두려운 것은 무엇인가? 역시 죽음일 것이다. 죽을 수도 있다는 심리적 위협을 가하는 요인 중 하나는 소리다. 하늘이 번

쩍거리며(爗爗, 엽엽) 갈라지는 번개(電, 전)와 함께 들리는 천둥(震, 진) 소리는 인간의 두려움을 극도로 자극한다. 하늘에 시커먼 먹구름이 밀려와 사방이 캄캄해지면서 서늘한 바람이 불어오는가 싶더니, 하늘이 붉고 파랗고 하얀 줄기로 쩍쩍 갈라지며 세상이 뒤흔들리듯 우레와 같은 소리와 함께 땅으로 벼락이 내리 꽂힌다. 땅이 흔들림과 동시에 마음도 오그라든다. 마음이 편안치 못하며(不寧, 불녕), 좋지 않다(不令, 불령). 거기다가 주변의 온갖 시내들(百川, 백천)이 부글부글 끓어오른다(沸騰, 비등). 화산 활동으로 인해 땅이 뜨거워진 까닭이다. 화산 폭발로 산봉우리(山冢, 산총)가 무너져 내린다(崒崩, 줄붕). 그 결과는 처참하다. 세상의 땅이 뒤집혀 버린 것이다. 높은 언덕(高岸, 고안)이 계곡이 되고(爲谷, 위곡), 깊은 계곡(深谷, 심곡)이 구릉(陵, 릉)이 되어(爲, 위) 버린다. 세상이 뒤집어졌으니 지금 시대에 이 일을 당한 사람들(今之人, 금지인)에게는 정말로 슬프고(哀, 애) 애처로운 일이다. 이런 세상의 변고는 왜 하필 지금 사는 사람들에게 일어나는가? 반문하지만 천지의 재앙은 천지가 만드는 것이다. 하지만 그 원인은 천지를 노하게 만든 사람들 탓이다. 어찌 미리 이러한 재난을 경계하지(懲, 징) 못했는지(莫, 막) 비통하고 참혹한(憯, 참) 일이다. 이를 사전에 대비하거나 알리지 못한 지도자의 탓이다. 지도자는 무엇을 했는지 묻고 있는 것이다. 그런 무능하고 사악한 지도자들을 비난하고 있다.

넷째 장과 다섯째 장, 여섯째 장에서는 천지를 노하게 만든 무능한 지도자들을 고발하고 있다.

고발자인 노래하는 이는 넷째 장에서 고발 대상자의 이름과 직책, 다섯째 장과 여섯째 장에서는 그들의 비행을 구체적으로 나열하고 있다.

아마도 심판자는 『시경』을 읽고 있는 오늘날의 독자들일 것이다. 노래하는 이가 이를 알고 있었는지는 알 수 없는 노릇이지만, 한번 불린 이 노래가 3,000년을 이어져 내려와 미래까지, 인류가 존속하는 날까지 그들의 행위가 심판의 대상이 되리라고는 상상이나 했을까? 역사를 두고 흐르는 무게감이 두렵고 또 두렵다. 지금도 국민들은 미래 세대가 심판할 현재 지도자들에 대한 고발장을 쓰고 있는지도 모를 일이다.

3,000년 전 고발장에 적혀 있는 대상들을 보자. 먼저 경사(卿士) 황보(黃父)이다. 가장 먼저 언급된 고발 대상자인 것을 보니, 그가 가장 높은 지위에 있고 죄목 또한 제일 크다.

황보의 첫 번째 죄목은 직권 남용이다. 상대방에게 전혀 통보나 상의 없이 개인의 땅과 집을 헐어 버린다. 자의적으로 공무를 집행한 것이다. 집과 밭 소유자에게 아무런 상의(謀, 모) 없이 집(屋, 옥)과 담장(牆, 장)을 헐어 버렸다. 그런 탓에 밭에 자란 식물은 말라 죽어서 황폐하게 잡풀만 우거진 버려진 묵은 땅(汙萊, 한래)이 되어 버렸다. 사유재산을 무단으로 훼손함으로써 재산 손실을 입힌 직권 남용이다. 이러한 행위를 비난해도 그는 들은 척도 하지 않고 변명으로 일관한다. 자기 탓이 아니고 예법(禮, 예)이 그러하다(然, 연)고 둘러댄다.

두 번째 죄목은 절차를 따르지 아니하고 밀어붙인 천도 행위이다. 옛 상(尙)나라 땅으로 수도를 옮기는 결정을 정승도 아닌 경사 신분인 황보가 독단으로 처리한 것이다. 그야말로 비선 실세이다. 천도를 결정하고 옛 수도엔 나이든 원로 한 사람(一老, 일로)만 남겨(遺,유) 놓고 모든 물자와 인원을 새로운 도읍으로 옮긴다.

세 번째 죄목은 인사 농단이며 매관매직이다. 도읍을 마음대로 이

전한 다음 삼사(三事)의 우두머리인 삼경(三卿)을 새로 뽑으면서, 재물을 많이 바친 순서로 자기 멋대로 임명한다. 많은 재물(多藏, 다장)이 정말로(亶, 단) 곧 높은 벼슬(侯, 후)이 된다. 이런 일을 아무런 거리낌 없이 해내는 황보는 과연 정말로 성인군자가 아니겠는가라고 비꼰다.

이러한 국정 농단에 책임 있는 사람들의 명단이다. 경사 황보를 위시하여 사도(使徒) 번(番) 씨, 재상(宰, 재) 가백(家伯), 선부(膳夫) 중윤(仲允), 내사(內史) 추(棸) 씨, 취마(趣馬) 궤(蹶) 씨, 사(師) 구(楀) 씨, 그리고 요염한(豔, 염) 여인 유왕의 애첩 포사(褒姒)이다. 구 씨는 포사 곁에 서 있다.

일곱째 장은 이러한 국정 난맥의 근본 원인을 말하고 있다.

이러한 모든 재앙은 하늘로부터 오는 것이 아니고 결국 사람들 탓이라는 진단을 내린다. 일식이나 천둥, 번개, 화산 폭발, 지진 등이 천재가 아닌 인재라는 것이다. 당시의 백성들은 유왕과 포사, 그들에게 아첨하는 간신배들의 국정 농단으로 힘겨운 일상을 살아갈 수밖에 없는 처지였다. 힘들여(黽,민) 애써(勉,면) 일하지만(從事, 종사), 힘들다(勞, 노)는 말도 하지 못한다. 힘들다고 말하는 게 지도자를 비난하는 일이 되기 때문이다. 힘들다 말하는 것이 죄가 되는 세상이다. 황보와 같은 성인군자 같은 사람이 국정을 어질게 살피는데 어찌 국민들의 입에서 힘들다는 말이 나올 수 있는가? 그런 말은 용납할 수 없는 가짜 뉴스가 되는 세상이다. 죄(罪)와 허물(辜, 고)이 없는데도 헐뜯는(讒, 참) 말(口, 구)로 시끄럽기(囂囂, 효효) 때문이다. 아무런 잘못이 없어도 현 정부를 비난하기만 해도 죄 있는 사람이라고 참언하면 그만이다. 그것만으로도 죄가 되어 버리는 세상이 된 것이다. 허물은 기둥에 사람을 묶어 놓고 여러 사람이 찔러 죽이는 형벌을 말한다. 여러 사람이 그가 죄가 있다고 지목만 하면 거기에 참여한 다수의 사람들이 단죄를 하는 형벌이다. 현대판 인민재판이다. 대부분 현 통치자와 그들을 둘러싼 세력들을 비난했다고 해서 가해지는 형벌이었다. 허물이라는 형벌은 그 양태와 유형은 다르지만 현재 우리가 살고 있는 지금 이 순간에도 3,000년의 시간을 뛰어넘어 살아나 우리를 옥죄고 있는 것은 아닐까? 기둥에 묶인 사람은 진실을 말하는 자이며 그를 찌르는 사람들은 다수의 비겁한 군상이 아닐까? 사이버 세상에서 허물은 더욱 더 잔혹해져만 가는 것을 목도하는 우리들은 과연 어느 편에 서 있는가?

일반 백성들이 받는 재앙(孽, 얼)은 하늘로부터(自天, 자천) 내려오는(降, 강) 것이 아니다. 하늘과 땅으로부터 오는 천둥, 번개, 지진, 화산 폭발은 그들에겐 재앙이 아니다. 그것은 미리 알고 대비하면 피할 수 있기 때문이다. 백성들을 힘들게 하는 것은 오히려 사람인 것이다. 사람으로부터 받는 폭압과 차별, 그리고 압제인 것이다. 사람들은 모이면 안 그런 척 위선을 떨다가 정작 돌아서면 미워하며 서로 다투기 때문이다. 통치자 집단들은 막상 백성들 앞에서는 사랑한다, 아낀다, 봉사한다 말하지만 정작 칼을 쥐면 죽일 듯 못살게 구는 것이다. 모든 다툼은 하늘이 아니라 배신을 밥 먹듯이 하는 사람들 때문에 일어난다. '준답배증(噂沓背憎) 직경유인(職競由人)'이다. 하늘은 믿을 수 있지만 사람은 믿을 수 없다는 뜻이다.

마지막 여덟째 장은 노래하는 자의 한탄이다.

때와 장소를 가리지 않고 어느 시기든 어느 국가든 국가를 걱정하는 삶들은 소수이다. 대부분 범인들은 주어진 일상에 순응하며 일평생을 살아간다. 국가를 걱정하는 마음보다는 자신의 안위를 더 걱정하고 두려워한다. 바로 이 점이 악한 통치가 득세하는 원천이 되어 버린다. 현실에 안주하고자 하는 대다수 평범한 사람들의 심리가 큰 악이 활개를 치는 토대가 되는 것이다.

노래하는 자는 바로 이 점을 말하고 있다. 국정을 농단하는 세력들을 근심하고 걱정하는 사람이 자기 하나뿐인 것 같은 고립무원의 심정을 말하고 있다. 이런 생각에 근심이 아득해져(悠悠, 유유) 깊은 병(痗, 매)이 들어 버렸다. 그렇지만 다른 사람들은 그렇지 않다. 사방(四方)은 기뻐한다(羨, 선). 악의 무리에 함께한 많은 사람들은 즐겁고 즐겁다. 오직 한 사람 비위만 맞추면 온 세상이 자기 마음대로 되는 세상이다. 다른 사람은 이런 상황을 숙명으로 받아들이고 순응하여 편안한데 노래하는 자는 그렇지 못하다. 걱정으로 근심으로(憂, 우) 쉴 수 없을 지경이다. 천명이 밝지 못함을 알기 때문에 그들과 어울리지 못하는 것이다. 감히 그들과 친구처럼 지낼 수 없는 양심을 가진 사람인 것이다.

이 노래의 핵심은 참을 수 없는 양심에 의한 시대를 고발하고 있다는 점이다. 포사의 미모에 빠져 정사를 돌보는 것을 포기한 주나라 유왕과 그들 눈에만 들기 위해 아첨하면서 개인적 욕심을 채우는 무리들을 고발하는 고발장이다. 3,000년 동안 그들에 대한 재판이 이루어지고 있는 것이다. 여러분들도 지금 그들을 심판하는 심판자가 되어 고발자의 고발의 변을 듣고 있는 것이다. 판결은 독자 여러분의 몫이다.

3,000년 전에 지어진, 미래 세대를 향한 고발장인 이 노래를 지금의 언어로 고쳐 읽어 보자.

황보 일당에 대한 고발장

피고발인

주　소: 주나라 수도 호경

고발인: 경사 황보 외 7인(번 씨, 가백, 중윤, 추 씨, 궤 씨, 구 씨, 포사)

죄　명: 직권 남용, 국고 손실, 매관매직, 직무 유기 등

고발 취지

음력 10월 1일에 천지가 노하여 일식이 일어났습니다. 아주 불길한 징조입니다. 달이 가려지는 월식 현상이야 무슨 큰일이겠습니까만, 해가 가려 보이지 않는 일식 현상은 매우 불길하기 짝이 없습니다. 이는 필시 나라가 제대로 된 길을 가지 아니하고 선량한 사람을 등용하지 못하는 인사 실패의 폐해를 미리 알려 주기 위한 천지의 조화라 아니할 수 없습니다. 또한 번개가 하늘을 찢을 듯 우레와 같은 천둥소리와 함께 땅으로 내리 치고, 화산이 폭발하여 산이 무너지고 온 시냇물이 들끓고, 지진이 일어나 온 땅이 뒤집혀 높은 언덕이 계곡이 되고 깊은 계곡이 산이 되는 현상이 벌어지는 것은 반드시 국정 농단 세력에 노한 하늘이 벌을 내리고 있는 것이라 아니할 수 없습니다. 이처럼 하늘이 노하여 일식과 천둥 번개와 화산 폭발과 지진이 일어난 것은 하늘 때문이 아니며, 포사한테 빠

진 유왕에게 아첨만 일삼고 그의 귀와 눈을 멀게 하여 자기 자신의 사리사욕만을 취하는 무리들이 있기 때문입니다. 이들로 인한 국민들의 고충은 이루 말할 수가 없습니다. 이들의 죄상을 낱낱이 드러내어 고발하고자 하오니 독자들께서는 현명한 판단을 바랍니다.

고발 내용

먼저 경사를 맡고 있는 황보 일당의 직권 남용 죄입니다.

황보는 나머지 7인과 함께 공모하여 직권 남용의 죄를 범하였습니다. 권한을 남용하여 절차를 거치지 아니하고 아무런 사전 통고나 협의 없이 개인의 재산권을 침해했습니다. 개인의 집과 담장을 헐고 밭을 못쓰게 만들었습니다. 담을 헐어 버려 온갖 들짐승들이 그곳을 헤집고 다니는 바람에 결국은 잡풀만 우거진 황폐한 땅이 되었습니다. 무슨 권한으로 이런 짓을 하는지 따졌습니다만, 그는 그것이 관례와 예법에 따른 것이라고 둘러댈 뿐입니다.

둘째, 황보 일당의 국고 손실 죄입니다.

황보 일당은 수도 호경을 독단적으로 폐하고 옛 상나라 땅으로 천도하는 결정을 하였습니다. 유왕이 정사를 돌보지 않는 틈을 이용하여 국민들의 의견은 무시한 채 전격적으로 수도 이전을 결정하였습니다. 그로 인해 수도에 살고 있는 국민들은 예기치 못한 결정으로 삶의 터전을 옮겨야 하는 등, 그 고통이 이만저만이 아닙니다. 국민들의 삶의 터전을 옮기는 일을 이렇게 갑작스럽게 독단적으로 결정하는 법이 어디 있습니까? 더 심각한 것은 그와 같은 결정으로 국가 재정에 끼친 커다란 손실입니다. 새로 궁궐을 짓고 물길을 내고 기반 시설을 확충하는 데에만 수조 원이 들어갑니다. 거기에 동원되어 수년간 노역을 해야 할 백성들은 무슨 죄가 있습니까? 거기에다가 황보 일당은 이곳 호경의 말과 마차를 모두 동원하여 신속히 새로운 수도로 이전하라는 명령을 내렸습니다. 하루아침에 이곳 호경은 이제 먹고살 터전을 잃어버린 황폐한 곳이 되어 버린 것입니다.

셋째, 매관매직입니다.

황보 일당은 수도를 옮기면서 새로운 관직을 신설하고 거기서 일할 관리들을 돈을 받고 임명하였습니다. 뇌물을 많이 바친 자는 높은 자리에 앉히는 등, 재물이 많은 자들에게 관직을 매매하는 불법을 저질렀습니다.

이러한 죄를 범한 황보 일당에게 독자 여러분들의 현명한 판단으로 그에 걸맞은 재단을 해 주시기를 바랍니다.

독자 여러분의 현명한 판단을 바라면서

일반 국민들은 국가의 재앙이 하늘로부터가 아니라 사람으로부터 오는 것이라고 믿습니다. 국가의 재앙은 지진이나 천둥 번개가 아니라 황보 일당과 같은 국정 농단 세력입니다. 나랏일보다는 사사로운 이익을 위해 관직을 이용하는 일당이 바로 국가의 재앙입니다. 저는 이로 인해 나라를 걱정하는 근심이 깊어졌습니다. 걱정의 병이 들어 편안히 쉬지 못할 지경입니다. 비단 저뿐만 아니라 대다수 일반 국민들도 그러할 것입니다. 저는 양심상 도저히 황보 일당의 편에 서지 못합니다. 그것이 천명이기 때문입니다. 국민이 나라를 걱정하는 시대를 살고 있는 모든 독자 여러분의 현명한 판단을 기다려 봅니다. 감사합니다.

기원전 771년 10월 1일

고발인 무명인(노래하는 이)

十月之交(시월지교)

十月之交 朔日辛卯 日有食之 亦孔之醜 彼月而微 此日而微 今此下民 亦孔之哀

시월지교 삭일신묘 일유식지 역공지추 피월이미 차일이미 금차하민 역공지애

日月告凶 不用其行 四國無政 不用其良 彼月而食 則有其常 此日而食 于何不臧

일월고흉 불용기행 사국무정 불용기량 피월이식 즉유기상 차일이식 우하불장

爗爗震電 不寧不令 百川沸騰 山冢崒崩 高岸爲谷 深谷爲陵 哀今之人 胡憯莫懲

엽엽진전 불녕불영 백천비등 산총줄붕 고안위곡 심곡위릉 애금지인 호참막징

黃父卿士 番維司徒 家伯維宰 仲允膳夫 棸子內史 蹶維趣馬 楀維師氏 豔妻煽方處

황보경사 번유사도 가백유재 중윤선부 추자내사 궤유취마 구유사씨 염처선방처

抑此黃父 豈曰不時 胡爲我作 不卽我謀 徹我牆屋 田卒汙萊 曰予不戕 禮則然矣

억차황보 기왈불시 호위아작 불즉아모 철아장옥 전졸한래 왈여불장 예즉연의

黃父孔聖 作都于向 擇三有事 亶侯多藏 不憖遺一老 俾守我王 擇有車馬 以居徂向

황보공성 작도우상 택삼유사 단후다장 불은유일로 비수아왕 택유차마 이거조상

黽勉從事 不敢告勞 無罪無辜 讒口囂囂 下民之孽 匪降自天 噂沓背憎 職競由人

민면종사 불감고노 무죄무고 참구효효 하민지얼 비강자천 준답배증 직경유인

悠悠我里 亦孔之痗 四方有羨 我獨居憂 民莫不逸 我獨不敢休 天命不徹 我不敢傚 我友自逸

유유아리 역공지매 사방유선 아독거우 민막불일 아독불감휴 천명불철 아불감효 아우자일

◀ 十月之交朔日辛
卯日有食之亦孔
之醜彼月而微此
日而微今此下民
亦孔之哀

▲ 日月告凶不用其
行四國無政不用
其良彼月而食則
有其常此日而食
于何不臧

▲ 爗爗震電不寧不
令百川沸騰山冢
崒崩高岸爲谷深
谷爲陵哀今之人
胡憯莫懲

◀ 黃父卿士番維司徒家伯維宰仲允膳夫聚子內史蹶維趣馬楀維師氏豔妻煽方處

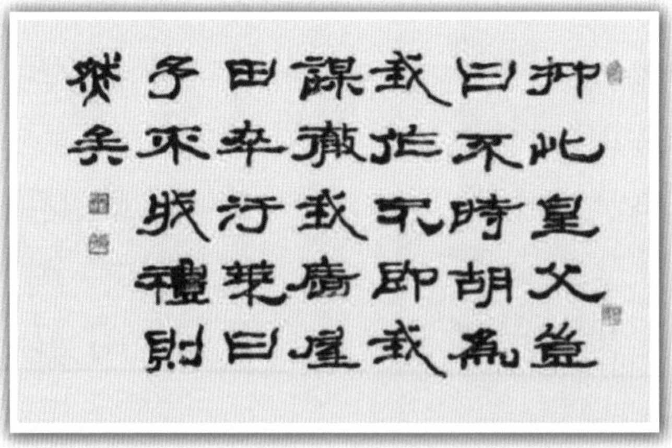

▲ 抑此黃父豈曰不時胡爲我作不即我謀徹我牆屋田卒汙萊曰予不戕禮則然矣

黃父孔聖作都于向擇三有事亶侯多藏不憖遺一老俾守我王擇有車馬以居徂向

黽勉從事不敢告勞無罪無辜讒口囂囂下民之孽匪降自天噂沓背憎職競由人

悠悠我里亦孔之痗四方有羨我獨居憂民莫不逸我獨不敢休天命不徹我不敢傚我友自逸

[illegible]

[illegible]

[illegible]

[illegible]

제2장

전쟁과 노역의 고통

가을밤 깊어 가고 풀벌레 슬피 우네

〈풀벌레 소리(草蟲, 초충)〉(「소남(召南)」 수록)

한 여인이 앞산에 오른다. 고사리나 고비를 뜯기 위해서이다. 이젠 봄기운도 완연하다. 고사리 새순이 돋을 때면 어김없이 앞산 언덕길에 늘어선 나무들의 잎도 연둣빛에서 초록빛으로 옷을 갈아입는 계절인 것이다. 초여름으로 들어서는 계절, 한낮으로는 제법 더운 기운을 느낀다. 매일매일 반복되는 일상이다. 남편이 노역을 나가기 전에는 부부가 장거리에 나가거나 집안 경사가 있을 때면 가끔 거르기도 했던 일이다. 하지만 남편이 떠난 지금은 나물을 뜯으러 나가는 것이 온종일의 일과가 되어 버렸다. 이들은 결혼한 지 얼마 되지 않은 신혼이었을지도 모른다. 노역을 떠난 남편은 언제 돌아올지 기약이 없다.

고대 사회에서부터 근대 국가 체제가 구축되기 전까지, 노역은 한 국가를 지탱하는 주요한 축이었다. 시장 경제라는 혁신적인 제도가 노역을 통한 노동력 제공이라는 생산 수단이 가격(임금)이라는 장치로 대체되기 전까지는 국가가 생산 활동의 핵심 주체 중 하나였던 노동을 좌우하던 시대였다. 국가를 지탱하는 근원적 배경은 물론 무력이다. 일반 백성은 저항할 수 없는 집단화된 무력을 바탕으로 지배 계급과 피지배 계급으로 구분되었을 것이다. 그리고 피지배 계급은 일상을 영위하기 위한 필수 노동 시간을 제외하고는, 평시에는 국가에 노역을 제공하고 전시에는 전투병으로 복역하는 지배 세력의 부속물에 불과했으리라. 당시의 국가 체제는 다수의 노동력을 제공하는 피지배 계층과 소수의 지배 세력으로 구성된 전형적인 수탈 체제였다. 기술이나 자본, 정보가 아니라 노동력에 의존하는 사회는 일하는 자와 그를 부리는 자로 시스템이 고착될 수밖에 없다.

그런 노동력이 기반이 된 사회에서 일반 국민들의 삶은 지배 계급의 인간성에 전적으로 의존한다. 그들이 덕성이 있으면 그렇지 않은 사람들이 지배하는 시기보다는 좀 형편이 나은 생활을 영위할 수 있는 그런 운명을 안고 살아가는 것이리라. 이 노래의 주인공인 여인의 남편은 노역을 당연한 것으로 여겨 집을 떠났고, 궁궐을 짓거나 성벽을 쌓거나 운하를 파는 일에 동원되었을 것이다.

〈풀벌레 소리(草蟲, 초충)〉가 불린 시기는 주나라 초기로 추측된다. 노역이라는 제도 자체에 대한 비판이나 제후 및 귀족들에 대한 반감이 묻어나지 않기에, 정치 상황도 비교적 안정된 시기로 추정된다. 노역의 고통에 대한 반감보다는 남편이 하루빨리 돌아오기를 고대하는 여인의 노래는 그래서 더욱 구슬프다. 잘못된 사회 제도도 오래 지속되면 상당수 사람들은 이를 당연한 것으로 여긴다. 지배와 피지배의 도식을 공식이나 명제처럼 불변의 것으로 받아들이는 것이다. 이 여인의 마음속을 차지하고 있는 것은 노역이라는 제도의 모순이나 비합리성보다는 남편이 아무런 육체적 · 정신적 손상이 없이 무사하게 빠른 시일 내에 돌아오는 일이다. 어서 돌아와 못다 한 부부 간의 정을 나누기를 바라는 것이다.

봄, 여름이 지나고 가을이 왔다. 늦가을이다. 풀벌레(草蟲, 초충)가 구슬프게 울어댄다(喓喓, 요요). 언덕을 오른다. 숨이 약간 차오르지만 늦가을에 살살 불어오는 신선한 바람 덕에 오히려 견딜만하다. 언덕을 올라 오솔길을 지나간다. 오솔길로 늘어진 풀잎이 치맛자락에 스친다. 흔들리는 풀잎에 깜짝 놀란 듯, 풀숲에서는 여기저기 메뚜기(螽, 종)가 뛰어 다닌다(趯趯, 적적). 나물을 뜯으러 앞산 언덕(阜, 부)으로 오르는 길이다. 가을빛이 완연하다. 여기저기 붉은색 단풍잎들도 눈에 들어온다. 결혼한 지 얼마 되지 않아서인지 남편은 유독 수줍음을 많이 탔넌 것 같다. 자신을 바라볼 때는 저 단풍처럼 얼굴이 붉어지기도 했던 기억을 떠올리며 단풍나무 곁을 지난다. 그 단풍을 보니 남편(君子, 군자)을 보지 못한(未見, 미견) 지가 꽤 되었다. 올봄에 노역을 나갔으니 벌써 반년이 훨씬 지났다. 그리움에 가슴이 타는 듯 우울해진다(忡忡, 충충). 무사히 잘 버티고 있을까? 생사라도 알 수 있으면 좋으련만 아직 소식조차 없다. 그런 걱정에 마음이 답답해지며 보고 싶은 마음이 더욱 간절해진다. 한 번이라도 남편을 볼(見, 견) 수 있다면 답답한 마음이 조금이라도 가라앉을(降, 강) 것 같다. 하지만 현실은 아니다. 남편은 아직 돌아오지 않았다. 무심한 풀벌레만 더 구슬피 울어 댄다.

다시 가을이 가고 겨울이 왔건만, 그리던 남편은 아직도 돌아올 기미가 보이지 않는다. 언제나 돌아올까? 계절은 어느덧 바뀌어 봄기운이 완연하다. 그리움은 이제 쌓인 눈처럼 차곡차곡 다져져 더 이상 녹지 않는 얼음이 되었다. 이 얼어 버린 그리움과 다시 볼 수 없을지도 모른다는 불안감은 어이할까? 다시 나물 바구니를 옆에 끼고 앞산 언덕으로 발길을 돌린다. 언덕을 오른다(陟, 척). 화사한 봄이다. 따뜻한 바람이 여인의 치마를 휘감고 늘어선 나뭇잎을 흔들더니 저 멀리 창공으로 사라져 버린다. 그리운 여인의 마음도 함께 담아서 저 멀리 있는 남편에게 전해 주면 좋으련만. 잠깐이지만 환상 속에서나마 남편의 굵은 음성이 바람결에 들려오는 것 같아 여인은 잠시 행복한 미소를 지어 보인다. 눈을 돌려 들을 바라보니 현실이다. 남편은 곁에 없다. 무심한 듯 들판을 바라본다. 여기저기 고사리(蕨, 궐)와 고비(薇, 미)들이 제멋대로 자라고 있다. 여인은 바구니를 옆에 두고 고사리와 고비를 뜯는다. 뜯는 게 뜯는 게 아니다. 나물을 뜯는 것인지 그리움을 캐는 것인지 모른다. 눈물이 앞을 가린다. 주변에 핀 하얀 들꽃이 남편의 환한 얼굴이 되어 다가온다. 미소 짓고 있는 남편의 얼굴은 언제 보아도 믿음직스럽고 다정하고 듬직하다. 노역에서 다치지나 않았는지, 혹여 죽지는 않았는지 걱정스런 근심이 밀려온다. 근심이 넘쳐흘러(惙惙, 철철) 강물이 되고 걱정이 밀려와 가슴이 아파 온다(傷, 상). 소식을 전한다는 새들은 오늘따라 보이지도 않는다. 한 번이라도 남편의 얼굴을 보고 생사 확인이라도 할 수 있으면 이내 마음이 기쁘기(說, 열) 한이 없고 걱정이 누그러질(夷. 이) 것 같다. 하지만 현실은 아니다. 누구도 남편의 생사를 아는 이 없다. 그저 기다릴 뿐이다. 여인은 깊은 한숨을 쉰다.

3,000년 전 여인의 한숨을 생각하며 이 노래를 감상해 보자.

풀벌레 소리

풀벌레 울어 대고 메뚜기 뛰노는데.
그리운 임 보지 못해 이내 마음 두근거려.
단 한 번이라도 임 볼 수 있다면 이내 마음 가라앉으리.

저 앞산 올라가 고사리를 뜯고 있네.
그리운 임 보지 못해 이내 마음 애태우네.
단 한 번이라도 임 볼 수 있다면 이내 마음 기쁘겠네.

저 앞산 올라가 고비를 뜯고 있네.
그리운 임 보지 못해 이내 마음 아파 오네.
단 한 번이라도 임 볼 수 있다면 이내 마음 안심되리.

草蟲(초충)

喓喓草蟲 趯趯阜螽 未見君子 憂心忡忡 亦其見止 亦其覯止 我心則降
요요초충 적적부종 미견군자 우심충충 역기견지 역기구지 아심즉강

陟彼南山 言采其蕨 未見君子 憂心惙惙 亦其見止 亦其覯止
我心則說
척피남산 언채기궐 미견군자 우심철철 역기견지 역기구지
아심즉열

陟彼南山 言采其薇 未見君子 我心傷悲 亦其見止 亦其覯止
我心則夷
척피남산 언채기미 미견군자 아심상비 역기견지 역기구지
아심즉이

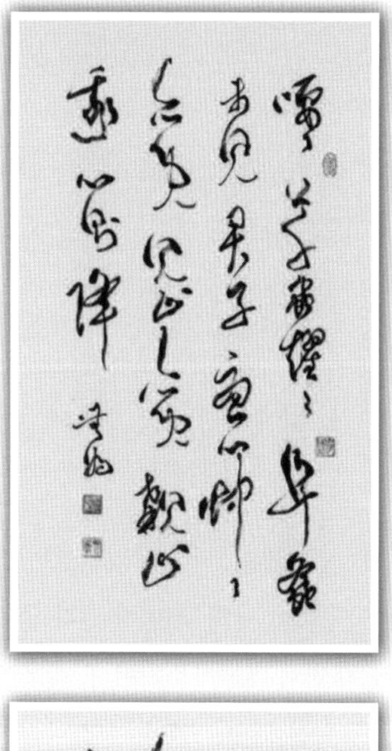

◀ 喓喓草蟲趯趯阜螽
未見君子憂心忡忡
亦其見止亦其覯止
我心則降

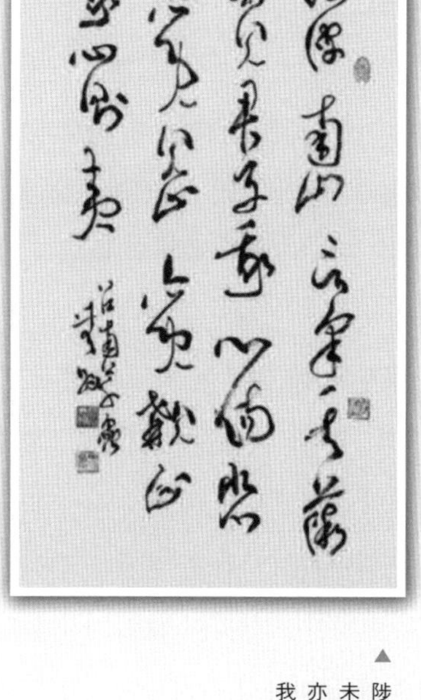

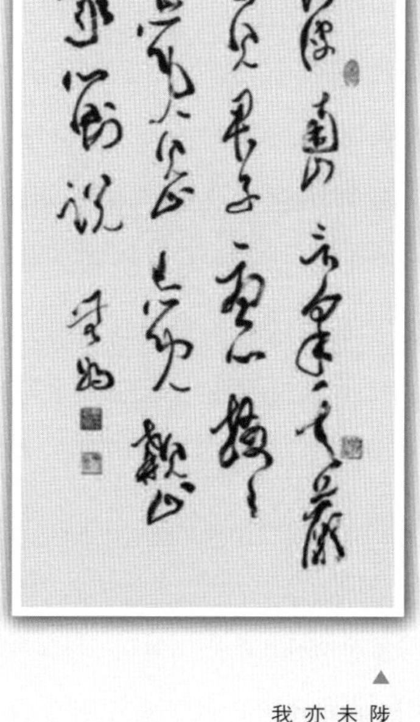

▲ 陟彼南山言采其蕨
未見君子憂心惙惙
亦其見止亦其覯止
我心則說

▲ 陟彼南山言采其薇
未見君子我心傷悲
亦其見止亦其覯止
我心則夷

저 멀리서 은은히 울리는 천둥소리에

〈천둥소리(殷其雷, 은기뢰)〉(「소남(召南)」 수록)

때는 7월 한여름이다. 쨍쨍 내리 쪼이던 태양도 서서히 밀려드는 먹구름 사이로 모습을 감춘다. 급기야 먹구름이 낮게 깔려 저 멀리 남쪽의 산자락까지 이어진다. 한낮인데도 주변이 어둑어둑해진다. 이윽고 한바탕 굵은 소나기가 쏟아진다. 뜨거워진 대지를 식히는 소나기이다. 굵은 빗줄기는 마당의 흙먼지를 튀기며 대지를 적시다가, 물줄기를 이루어 집 앞의 채마밭 고랑으로 쏟아지듯 몰려 내려간다. 한바탕 쏟아지던 소나기는 어느덧 잦아들어, 가느다란 빗줄기만이 바람 없는 고요한 마당 안으로 조용히 내려앉는다. 한껏 물기를 머금은 울타리 나무들의 잎들도 생기를 찾은 듯 짙은 초록빛이다. 한낮의 더위와 습한 기운은 이미 사라지고 없다.

서늘한 기운마저 감도는 초가집 마루에 한 여인이 기둥 한쪽에 등을 기대고 서 있다. 그 여인은 저 멀리 남산을 바라본다. 검은 구름이 낮게 드리워진 남산은 초록빛과 잿빛의 윤곽으로 희미하게 시야에 들어온다. 산은 짙은 초록빛을 띤 검은색이며, 그 위로 낮게 드리워진 구름은 진한 푸른색이다. 산 너머로 번쩍이는 섬광이 보이는가 싶더니, 이어서 저음의 천둥소리가 은은하게 들려온다.

〈천둥소리(殷其雷, 은기뢰)〉에서 천둥소리는 두려움의 상징이다. 낮은 베이스 사운드의 천둥소리는 저 깊은 연옥(煉獄)의 언저리로부터 빠져나온 악마의 목에서 나오는 소리처럼 불안을 몰고 온다. 그런 불길함이 그대로 기둥에 서서 남산을 바라보고 있는 여인의 귀로 흘러들어온다. 그 두려움은 남편에 대한 걱정으로 이어진다. 남산 너머 저 멀리 남쪽으로 강제 노역을 나간 남편은 아직까지 연락도 없다.

천둥소리는 가까운 이의 죽음을 알리는 저승사자의 목소리처럼 음울하다. 노역 나간 남편의 안위는 알 길이 없지만, 살아 있다면 분명 고생하며 지내고 있으리라. 노역은 애초에 본인 의사와 무관한 것이었다. 나라가 젊은 남자들에게 의무로 부과하는 사안이라, 달리 이를 면할 방법도 없다. 재력이라도 든든하다면 어찌어찌 뇌물이라도 써서 면할 수 있었겠지만 여인의 형편에는 어림도 없다. 인근 마을의 남자는 노역을 담당하는 관리에게 꽤 값나가는 뇌물을 제공하고 노역을 면제받았다는 소문도 들은 것 같다.

남편이 노역을 위해 집을 떠난 지도 꽤 지났다. 반년인지 일 년인지 헤아릴 수도 없다. 다른 방법이 있으랴. 그저 기다리고 또 기다릴 뿐. 남산 쪽에서 은은하게 들려오는 천둥소리가 여인의 마음을 아프게 할 따름이다.

어찌하여(何, 하) 이곳(斯, 사)을 떠났는가(違, 위)! 혼잣말로 반문해 본다. 남편은 손써 볼 수 없어서 억지로 노역을 떠났지만, 그로 인해 자기 혼자 덩그러니 남겨졌다는 사실이 서글프기 그지없다. 그래서 반문해 보는 것이다. 남편은 여인에게는 든든한 버팀목이었다. 씩씩하고 든든한(振振, 진진) 남편이었다. 함께하는 것만으로도 행복했던 순간들이었다. 그러나 이제는 곁에 없다. 사랑하는 사람의 부재는 그 자체가 괴로움이요 고통이다. 이런 상황을 만든 관리들이 밉고 그들에게 화가 나지만, 일반 백성으로서야 어찌할 도리가 없다. 그저 하루빨리 노역을 마치고 무사히 돌아오기를 고대할 뿐이다. 노역에 끌려간 남편은 잠깐 쉴 겨를(遑, 황)도 없을 것이다. 지친 몸을 쉴 마땅한 거처(處, 처)도 없을 것이다. 고생하고 있을 남편 걱정에 눈물이 주르르 흘러내린다. 눈물인지 빗물인지 알 수 없다. 마음속으로 어서 돌아오라고 외칠 뿐이다. 누가 이 여인의 눈에 눈물이 흐르게 만들었는가? 여인의 간절한 마음이 3,000여 년의 세월을 뛰어넘어 지금 여기로 전해지는 것만 같다.

여인의 가슴 시린 아픔을 담아 이 노래를 감상해 보자.

천둥소리

저 멀리 남산의 남쪽에서 천둥소리 은은하게 들려오는데.
어찌하여 그대는 이곳을 떠났나.
행여나 잠깐이라도 돌아오실까.
믿음직한 그대여 어서 돌아오라 돌아와.

저 멀리 남산 곁에서 천둥소리 은은하게 들려오는데.
어찌하여 그대는 이곳을 떠났나.
혹여나 쉴 겨를은 있는 것인지.
믿음직한 그대여 어서 돌아오라 돌아와.

저 멀리 남산 아래서 천둥소리 은은하게 들려오는데.
어찌하여 그대는 이곳을 떠났나.
혹여나 쉴 거처는 있는 것인지.
믿음직한 그대여 어서 돌아오라 돌아와.

殷其雷(은기뢰)

殷其雷 在南山之陽 何斯違斯 莫敢或遑 振振君子 歸哉歸哉
은기뢰 재남산지양 하사위사 막감혹황 진진군자 귀재귀재

殷其雷 在南山之側 何斯違斯 莫敢遑息 振振君子 歸哉歸哉
은기뢰 재남산지측 하사위사 막감황식 진진군자 귀재귀재

殷其雷 在南山之下 何斯違斯 莫或遑處 振振君子 歸哉歸哉
은기뢰 재남산지하 하사위사 막혹황처 진진군자 귀재귀재

▶ 殷其雷在南山之陽何斯違斯莫敢或遑振振君子歸哉歸哉

▲ 殷其雷在南山之側何斯違斯莫敢遑息振振君子歸哉歸哉

▲ 殷其雷在南山之下何斯違斯莫或遑處振振君子歸哉歸哉

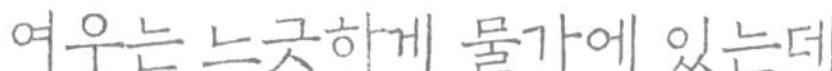

〈물가에는 여우가(有狐, 유호)〉(「위풍(衛風)」 수록)

여우는 영리하고, 민첩하고, 교활하다. 즉, 전혀 손해 볼 것 같지 않은 속성이 여우의 기본 특성이다. 여우를 바라보는 시선은 3,000년 전 사람들이나 지금 사람들이나 큰 차이가 없으리라. 이솝 우화에 나오는 여우든, 제2차 세계 대전 당시 독일의 장갑차 부대 지휘관 롬멜의 별명인 '사막의 여우'든, 교활하고 민첩한 여우의 특성을 빗대었을 것이다. 그러니 춘추 시대에 불리던 『시경』 속 노래에 등장하는 여우도 이런 특성을 지니고 있다고 짐작할 수 있다.

〈물가에는 여우가(有狐, 유호)〉를 부른 사람은 물가에서 어슬렁거리며 여유롭게 시간을 보내고 있는 여우와, 전혀 여유롭지 못한 자기 남편의 처지를 비교하고 있다. 민첩하고 영리한 여우 같은 사람들과, 우둔하기까지 하여 손해를 볼 수밖에 없는 남편을 대비하고 있는 것이다. 남편이 여우처럼 민첩하고 영민하게 행동했더라면 옷도 제대로 얻어 입지 못하지는 않을 텐데, 그렇지 못해서 걱정이다. 입을 바지(裳, 상) 하나 없고, 허리에 맬 띠(帶, 대)도 없으며, 입을 옷(服, 복) 한 벌도 없는 주변머리 없는 남편은 노역으로 고생이 이만저만이 아닐 것이다. 물가에서 어슬렁거리는 저 여우처럼 영민하고 재빠르면 고생은 덜 할 텐데, 둔하고 고지식한 남편임을 알기에 노역장에서 제대로 끼니나 챙겨 먹고 변변히 옷이나 얻어 입는지 걱정이 태산인 것이다.

여우는 주로 민가 근처의 숲이나 야산 등지에서 작은 굴을 파고 살거나 오소리 등이 파 놓은 굴을 속여서 그 속에 들어가 살면서, 쥐 등 설치류는 물론 민가의 음식들까지 먹어 치우는 잡식성 동물이다. 그렇기에 기회만 있으면 호시탐탐 인간들의 서식처를 어슬렁거린다. 군살 없는 날렵한 몸매는 그냥 보아도 민첩해 보인다. 특히, 설치류 등을 낚아챌 때는 공중으로 껑충 뛰어올라 몸을 구부리고 위에서 아래로 공격하여 순식간에 먹잇감을 포획한다. 사람들 눈에는 그 모습이 마치 변신술을 부리는 것처럼 보였으리라. 재빠르고, 영민하고, 둔갑술을 부릴 것만 같은 신비로움까지 겸비한 여우가 마침 민가 근처 기수의 물가와 돌다리 근처에서 어슬렁거리고 있는 것이다. 그런 여우를 바라보면서 어찌 노역 나가서 고생하고 있을 우둔한 남편 생각이 나지 않겠는가?

『시경』 전편을 아울러 여우가 등장하는 노래는 모두 다섯 편에 이른다. 이번에 소개하는 〈물가에는 여우가(有狐)〉를 포함하여 「패풍(邶風)」의 〈모구(旄丘)〉와 〈북풍(北風)〉, 「제풍(齊風)」의 〈남산(南山)〉, 그리고 「회풍(檜風)」의 〈고구(羔裘)〉가 그것이다. 이 가운데 〈보구〉와 〈고구〉는 여우를 직접 언급하지 않고 여우 가죽이나 털로 만든 옷을 말하고 있으니, 〈물가에는 여우가〉를 이해하는 데 참고할 만한 점이 없다. 그러나 〈북풍〉과 〈남산〉은 여우의 특성을 언급하고 있어서 〈물가에는 여우가〉를 이해하는 데 도움이 된다.

먼저 〈북풍〉에서 언급한 여우는 조정에 가득한 간신들을 가리킨다. 여우의 교활한 특성을 빗댄 풍자로 언급한 것이다.

"막적비호(莫赤匪狐) 막흑비오(莫黑匪烏)."

즉, 붉지 않다 해서 여우가 아닌 것이 아니며 검지 않다 하여 까마귀가 아닌 것이 아니라는 뜻으로, 외양과 상관없이 여우와 까마귀의 특성을 빗대어 조정에 가득한 간신들을 지칭한 것이다. 보통 여우는 붉은 털을 가지고 있다. 주로 아시아에 폭넓게 분포하여 살아가는 여우들은 털이 붉은색이다. 그러나 회색이나 흰색 털을 가진 여우도 산재하고 있다. 따라서 털의 색깔이 어떠하든지 간에 여우는 여우인 것이다. 그들의 교활하고 민첩하고 영리한 특성이 이 노래에서는 중요한 이유이다.

〈남산〉에서 언급한 여우는 제나라 양공(襄公)을 가리킨다.

"남산최최(南山崔崔) 웅호수수(雄狐綏綏)".

높고 높은 남산에서 어슬렁거리는 숫여우가 시집간 이복 누이 문강을 호시탐탐 노리고 있다. 교활할 뿐만 아니라 욕심이 하늘을 찌르듯 그 경계를 허물고 있음을 나타내고 있는 것이다. 이처럼 여우는 자기 욕심을 채우기 위해 기회를 노리고 있는 특성을 표현하기 위해 끌어들인 것이다.

〈북풍〉과 〈남산〉에서 끌어들인 여우라는 짐승의 특성은 〈여우는 물가에서〉에도 그대로 적용된다. 교활하고 영민하고 손해 보지 않는, 수단과 방법을 가리지 않고 자기 욕심을 채우는 여우의 특성이 마찬가지로 드러나 있는 것이다.

여우 한 마리가 기수(淇水)의 물가(厲, 려 / 側, 측)와 돌다리(梁, 양) 근처를 어슬렁거리며 돌아다니고 있다. 호시탐탐 먹잇감을 노리고 있는 것이다. 그런 여우를 한 여인이 바라보고 있다. 저 재빠르고 영리한 여우는 절대 손해 보지 않을 만큼 영리하다. 행동도 재빨라서 결코 먹이를 놓치는 법이 없다. 하지만 노역 나간 남편은 저 여우처럼 영민하지 못하다. 둔하고 고지식하고 답답하다. 노역 명령이 떨어지기 전에 남들처럼 관리에게 뇌물을 바쳐 노역을 면하지도 못하는 벽창호인 것이다.

명령대로 저 험난한 노역 길을 떠난 지 벌써 한 해가 저물어 간다. 봄에 떠났건만 벌써 찬바람이 부는 늦가을이다. 곧 차가운 북풍이 노역 현장에 몰아칠 터인데 걱정이 이만저만 아니다. 분명 입을 옷 한 벌 제대로 갖추지 못했을 것이다. 주변머리가 없을 뿐더러, 재빠른 사람들에게 항상 치이기 일쑤이기 때문이다. 옷 한 벌 변변히 못 얻어 입을 남편을 생각하니 답답한 마음에 한숨만 나오고, 불쌍한 마음에 눈물만 흐른다. 착한 사람들이 여우 같은 사람에게 당하고 살아야만 하는가 보다 생각하니 더욱 갑갑하고, 물가에 어슬렁거리는 여우가 야속하다. 교활한 여우 같은 인간들이 이 세상을 어지럽히고 있는 까닭이다. '여우'로 대표되는 이러한 유형의 인간들은 3,000년 전이나 지금이나 세상의 주류이다.

이 여인의 답답한 마음을 생각하며 이 노래를 들어보자.

물가에는 여우가

여우 한 마리 기수 돌다리 근처 어슬렁거리네.
불쌍해라, 입을 바지 한 벌 없는 그대는.

여우 한 마리 기수 물가 근처 어슬렁거리네.
불쌍해라, 허리에 맬 띠 하나 없는 그대는.

여우 한 마리 기수 물가 곁에 어슬렁거리네.
불쌍해라, 입을 옷 한 벌 없는 그대는.

有狐(유호)

有狐綏綏 在彼淇梁 心之憂矣 之子無裳
유호수수 재피기량 심지우의 지자무상

有狐綏綏 在彼淇厲 心之憂矣 之子無帶
유호수수 재피기려 심지우의 지자무대

有狐綏綏 在彼淇側 心之憂矣 之子無服
유호수수 재피기측 심지우의 지자무복

有狐綏綏
在彼淇梁
心之憂矣
之子無裳

有狐綏綏
在彼淇厲
心之憂矣
之子無帶

有狐綏綏
在彼淇側
心之憂矣
之子無服

돌아올 기약도 없는 남편을 기다리는 마음

〈그대는 노역 나가(君子于役, 군자우역)〉(「왕풍(王風)」 수록)

인류 역사 이래로 가장 오랜 기간 동안 존속했던 경제 제도는 장원제적 경제 시스템일 것이다. 가장 원형적인 장원제는 절대 권력자인 왕을 정점으로 가신들이 있고, 각 지역별로 귀족들과 영주들이 구역을 분할하고 있으며, 그 아래에 기층민인 소작농들로 구성된다. 왕은 영주에게 토지를 하사하고, 영주는 왕에게 군사력을 제공한다. 영주는 백성의 다수를 차지하는 농민들에게 소작 형식으로 토지를 제공하고 그들로부터 노역과 세금을 받는 경제 시스템, 즉 봉건제이다. 고대 사회 이래로 유지되어 온 장원제적 경제 시스템은 산업 혁명으로 토지 중심의 경제 체제가 붕괴되는 근대 시대까지 이어져 왔다. 유사 이래로 가장 오래 종속되어 온 경제 시스템은 장원제와 유사했을 것이다.

지금으로부터 3,000여 년 전인 중국 춘추 시대에도 기본적인 경제 시스템은 장원제였다. 왕은 토지를 봉토라는 형식으로 제후에게 내려주고, 그 제후는 신하들인 각 대부나 공들에게 토지를 분배한다. 그들은 일반 백성들에게 소작 형식으로 토지를 빌려 주어 농사짓게 한 후,

그들에게 군역과 노역을 부과한다. 물론 소작의 형태로 세금을 납부하는 것은 기본이다.

이 모든 군역과 노역과 세금 부담은 모두 소작농인 백성들의 몫이다. 그중 군역보다는 노역이 백성들을 더 힘들게 하였다. 군역은 전쟁시에만 발령되는 전시 동원 체제로 전쟁 기간에만 해당되었을 것이다. 그러나 노역은 달랐다. 전시보다는 준전시나 전쟁 준비 기간 또는 전쟁 아닌 기간이 훨씬 길었을 것이고, 그 기간 동안에 다양한 명목의 노역이 이루어졌을 것이다. 성을 쌓거나, 궁월을 새로 짓거나, 대규모 치수 사업에 동원되는 것은 물론, 심지어 제후의 애첩을 위한 별궁을 짓는 건축 공사 노역에까지 동원되었을 것이다. 농사지을 시간도 부족했을 만큼 끊임없이 이어졌을 노역은 백성들에게는 고통 그 자체였으리라. 그런 노역의 고통은 대부분 남자들이 졌을 것이다.

문제는 직접적인 노역의 의무야 남자들에게 부과되었겠지만, 여자들 역시 고통을 함께 진다는 데에 있었다. 사라져 버린 남자들의 노동력을 여자들이 대체해야만 했기 때문이다.

또 하나의 문제는 노역을 부과하는 행위의 자의성에 있다. 노역 명령은 제도에 의해서가 아니라 오직 절대 권력자의 필요와 판단에 의해 언제라도 집행되었다. 노역의 대상이나 기간까지도 제후나 그 신하들 마음먹기에 달려 있었던 것이다.

이런 노역에 동원된 남편은 언제 돌아올지 기약도 없다. 돌아오는 날을 알 수 없기에 그저 답답할 뿐이다. 누구에게 하소연할 수도 없는 상황이다. 부인은 정신없이 힘든 농사일과 허드렛일을 마무리하고 집 안에서 키우는 닭들에게 먹이를 주기 위해 닭장으로 향한다. 이미 날은 어둑어둑해지고 있다. 닭장으로 가면서 날이 어두워지자 우리로 돌아가는 이웃집 양과 소들을 본다. 날이 지면 동물들도 아침에 있던 곳으로 다시 돌아오고, 닭들도 잠을 자러 홰(塒, 시/桀, 걸)에 올라가는데, 노역 나간 남편은 어찌하여 돌아오지 않는지 밀려오는 어둠만큼 마음도 어둡다. 닭들이 먹이를 충분히 먹고 물까지 마신 뒤에 홰에 올라가는 모습을 보니 또 남편 걱정이다. 양이나 소, 닭들도 먹고 마시는 것을 거르지 않는데, 남편은 노역 현장에서 굶주리거나(飢, 기) 목마르지(渴, 갈) 않은지 걱정이 태산이다.

이런 부인의 심정을 담아 이 노래를 감상해 보자.

그대는 노역 나가

그대는 노역 나가 돌아올 기약 없네, 언제나 오시려나.
날이 저물면 닭은 홰에 깃들고 양과 소는 우리로 돌아오는데,
노역 나간 그대는 돌아오질 않네. 그리워라 그대여. 어서 돌아오소서.

그대는 노역 나가 돌아올 기약 없네, 언제나 오시려나.
날이 저물면 닭은 홰에 깃들고 양과 소는 우리로 돌아오는데,
노역 나간 그대는 굶주리거나 목마르지 않은지. 그리워라 그대여.

君子于役(군자우역)

君子于役 不知其期 曷至哉 鷄棲于塒
군자우역 부지기기 갈지재 계서우시

日之夕矣 羊牛下來 君子于役 如之何勿思
일지석의 양우하래 군자우역 여지하물사

君子于役 不日不月 曷其有括 鷄棲于桀
군자우역 불일불월 갈기유괄 계서우걸

日之夕矣 羊牛下括 君子于役 苟無飢渴
일지석의 양우하괄 군자우역 구무기갈

▲

君子于役不
知其期曷至
哉鷄棲于塒
日之夕矣羊
牛下來君子
于役如之何
勿思

◀

君子于役不日不月曷
其有括鷄棲于傑日之
夕矣羊牛下括君子于
役苟無飢渴

전장에서 그대 그리며

〈콸콸 흐르는 물(揚之水, 양지수)〉(「왕풍(王風)」 수록)

〈콸콸 흐르는 물(揚之水, 양지수)〉은 군역을 소재로 한 다른 노래들과 달리, 군역 나간 남편을 그리워하는 부인의 마음을 그린 것이 아니라 군역의 현장인 변방에서 고향에 두고 온 부인을 그리워하는 남편의 마음을 담고 있다. 주(周)나라 평왕(平王)은 기원전 771년에 수도를 현재의 시안〔西安〕 부근인 호경(鎬京)에서 현재의 뤄양〔洛阳〕 지역인 낙읍(洛邑)으로 이전하고 남쪽 지역의 변방 수비를 강화한다. 낙읍의 남방에 있는 신(申) 땅과 서남방의 허(許) 땅 등지에 수도를 지키기 위한 변방 수비를 강화한 것이다. 이에 따라 건장한 남성들은 변방 수비에 동원되었고, 〈콸콸 흐르는 물〉의 주인공도 여기에 동원된 사람들 가운데 하나였다.

이 노래의 주인공은 다른 노래들과 마찬가지로 결혼한 지 얼마 되지 않은 신혼부부였으리라. 신혼의 단꿈에서 미처 깨어나지 못했을 때, 군역이라는 멍에가 그에게 지워진 것이다. 군역의 노고는 신체 건강한 남자로서 감당해야 할 의무이지만, 사랑하는 부인과 생이별하기란 힘들었으리라. 고향에서 쓸쓸히 빈집을 지키고 있을 부인 생각에 남편은 마음이 찢어질 듯하다. 그리움에 사무치는 변방의 땅에서 이 노래를 부르며 한탄이라도 하지 않으면 미칠 것만 같다.

노래하는 이가 군역을 치르고 있는 변방 땅은 이웃 나라와의 경계 지점이다. 그곳에는 앞쪽에 강이 흐른다. 아마도 남편은 강가에서 경계를 서는 보초 역할을 맡았을 것이다. 보초 서는 시간이 끝나더라도 쉬는 시간 없이 허드렛일을 하여야 한다. 땔감을 마련하고, 바구니 등을 만들 재료인 버드나무나 왕골나무(蒲, 포), 싸리나무(楚, 초)를 베어야 한다. 땔감으로 쓸 재료를 구하는 일은 강가나 인근 들판에서 죽은 나뭇가지 등 잡목들을 모으는 작업이다. 이런 잡목들을 긁어모아서 단으로 묶은 다음 강가에 쌓아 놓는 것이다. 군역이라고 하지만 밥을 지어먹을 땔감은 본인이 직접 해결해야 한다. 강가에서 자라는 싸리나무나 버드나무 가지를 꺾어서 이 또한 단으로 묶어 강가에 쌓아 놓는다. 강가에는 땔감(薪, 신) 나뭇단과 싸리나무(楚, 초) 단, 그리고 버드나무(蒲, 포) 단들이 줄지어 늘어서 있다. 이처럼 변방의 수비를 담당하는 수자리 역할은 보초를 서는 임무 외에 먹고사는 문제도 본인들이 직접 해결해야 했다. 그런 군역의 고통은 일반 백성, 특히 건장한 젊은 남성들이라면 피해 갈 수 없는 운명이었으리라.

이 남자의 눈앞에는 강이 흐르고 있다. 강가에는 그가 힘들여 베어서 묶은 땔감 나뭇단, 왕골나무 단, 싸리나무 단, 버드나무 단들이 늘어서 있다. 갑자기 무더운 바람이 부는가 싶더니 소나기가 억수로 퍼붓기 시작한다. 쏟아지는 비에 강물이 불어난다. 불어난 강물은 콸콸 소리 내며 솟구쳐(揚, 양) 흐르기 시작한다. 급기야 쌓아 놓은 나뭇단이 있는 곳까지 물이 차오른다. 하지만 나뭇단들은 묶여(束, 속) 있어서, 불어난 물살에도 떠내려가지 않고 버티고 있다. 단단히 뭉쳐 있어서 빠른 물살에도 휩쓸리지 않는 그 모습을 보면서, 노래하는 이는 변방에 홀로 떨어져 있는 자기 자신을 본다. 함께 있지 못하고 사랑하는 부인과 떨어져 있으니 그의 마음도 불어난 강물에 떠내려가는 것이다. 떠내려가는 마음은 아내에 대한 그리움이리라. 간절한 그리움은 분명 강물에 실려, 고향 쪽으로 흘러가고 있을 것이다.

『시경』 전편에 걸쳐서 원제가 '양지수(揚之水)'인 노래는 모두 세 편이다. 지금 살펴보는 「왕풍(王風)」에 실린 〈콸콸 흐르는 물〉, 「정풍(鄭風)」에 실린 노래, 그리고 「당풍(唐風)」에 실린 노래가 그것이다.

「정풍」의 노래는 형제간의 결속을 이야기하고 있는데, 여기서도 노래하는 이의 시선은 동일하다. 단단히 묶여 있어서 급한 물살에도 휩쓸리지 않는 싸리나무 단과 땔감 나무 단을 바라보며 노래를 읊조리고 있는 것이다. 묶여 있는 나뭇단을 보면서 결속(束, 속)의 중요성을 찾고 있음이리라. 부부로서의 결속, 형제로서의 결속은 행복의 조건임을 말하고 있는 것이다. 개개인의 결속이 군역이라는 외압에 의해 깨어지면, 그 곳에는 행복이 아니라 슬픔과 고통, 그리움이 자리하게 된다. 그 고통을 만든 원인은 본인 자신이 아닌 외부적 힘이다.

「당풍」에 실린 노래는 이전 두 편의 '양지수'와는 다른 모습이다. 이전 두 편은 단단히 묶여 있어 급한 물살에도 휩쓸리지 않는 나뭇단을 통해서 결속의 의미를 말하고 있다. 하지만 이 시는 콸콸 흐르는 물속에 비치는 하얀 돌을 바라보면서, 그 돌처럼 빛나는 새로운 땅으로 가서 살고 싶은 마음을 노래한다. 급류 속에서도 홀연히 빛나는 하얀 돌은 노래하는 자가 살고 싶어 하는 이상향과 맞닿아 있다. 콸콸 흐르는 물에도 흔들리지 않는 나뭇단과, 세찬 물결 속에서도 빛나는 하얀 돌이 노래하는 자의 감흥을 깨우는 소재가 된 것만은 동일하다. 콸콸 흐르는 물, 즉 '양지수'는 본인이 어찌할 수 없는 외부의 압력이자 강제력을 상징한다. 그러나 그 와중에도 흔들리지 않는 '나뭇단'과 '하얀 돌'은 외압에 굴하지 않는 개인의 강한 의지이며 결속이고, 빛이자 희망이다. '결속', 그것은 가족을 지키는 근원적인 힘이다.

노래하는 이의 간절함을 담아 이 노래를 감상해 보자.

콸콸 흐르는 물

콸콸 흐르는 물에도 땔감 나뭇단은 휩쓸리지 않네.
아내와 홀로 떨어져 나 홀로 이 신 땅에서 보초를 서네.
그리워라, 그리워라. 어느 달에나 고향으로 돌아가려나.

콸콸 흐르는 물에도 싸리나무 단은 휩쓸리지 않네.
아내와 홀로 떨어져 나 홀로 이 보 땅에서 보초를 서네.
그리워라, 그리워라. 어느 달에나 고향으로 돌아가려나.

콸콸 흐르는 물에도 버드나무 단은 휩쓸리지 않네.
아내와 홀로 떨어져 나 홀로 이 허 땅에서 보초를 서네.
그리워라, 그리워라. 어느 달에나 고향으로 돌아가려나.

揚之水(양지수)

揚之水 不流束薪 彼其之子 不與我戍申 懷哉懷哉 曷月予還歸哉
양지수 불류속신 피기지자 불여아술신 회재회재 갈월여환귀재

揚之水 不流束楚 彼其之子 不與我戍甫 懷哉懷哉 曷月予還歸哉
양지수 불류속초 피기지자 불여아술보 회재회재 갈월여환귀재

揚之水 不流束蒲 彼其之子 不與我戍許 懷哉懷哉 曷月予還歸哉
양지수 불류속포 피기지자 불여아술허 회재회재 갈월여환귀재

▲ 揚之水不
流束薪彼
其之子不
與我戍申
懷哉懷哉
曷月予還
歸哉

◀ 揚之水不流束楚
彼其之子不與我
戌甫懷哉懷哉曷
月予還歸哉

▲ 揚之水不
流束蒲彼
其之子不
與我戌許
懷哉懷哉
曷月予還
歸哉

민둥산에 올라 고향을 생각하니

〈민둥산에 올라(陟岵, 척호)〉(「위풍(魏風)」 수록)

위(魏)나라는 주(周)나라 초기에 왕실이 희씨(姬氏) 성을 봉하면서 생겨난 제후국이다. 그 시기나 나라를 봉하여 받은 사람이 누구인지는 알 수 없지만, 진(晉)나라 헌공(獻公)에 의해 망한 기원전 225년까지 존속했다. 위나라는 영토가 좁아 국력이 약해 외세의 침입이 잦았을 뿐만 아니라, 지형도 험준하고 토질도 척박하여 백성들의 삶이 곤고하고 힘들었던 나라 중 하나였다. 외부로부터 침입이 잦은 만큼 젊은 장정들의 군역 횟수도 많았고, 군역에 동원되는 기간도 길었을 것이다.

〈민둥산에 올라(陟岵, 척호)〉 또한 군역에 동원된 남자가 전쟁터에서 멀리 떨어져 있는 고향을 그리워하는 마음을 담고 있다. 고향에 있는 부모 형제에 대한 그리움과 전장에서 겪는 군역의 어려움을 토로하고 있는 것이다. 부모 형제의 입을 빌려 본인의 힘든 상황을 대신해서 시를 읽는 자에게, 노래를 듣는 자에게 말하고 있는 것이다.

이미 오래전 일이다. 전장에 끌려오다시피 변방으로 온 지가 언제인지 기억도 나지 않는다. 남자의 임무는 산등성이에 올라가서 적의 침입 징후가 있는지를 살피는 척후병이다. 하루에도 수차례 병영 한쪽 민둥산(岵, 호) 산등성이(岡, 강)에 올라 적의 동태를 살펴야 한다. 이를 소홀히 하면 적에게 죽기 전에 상관에게 먼저 죽을지도 모른다.

이 전쟁은 언제 끝날지 아무도 모른다. 민둥산(屺, 기)에 오르니 온 산하가 눈에 들어온다. 반대편 저 끝은 남자가 떠나온 고향이다. 그리운 부모 형제가 남자를 기다리고 있을 곳, 남자가 태어나서 자란 곳이다. 아직 남자의 나이는 스무 살도 되지 않았다. 결혼도 하기 전에 이곳 전장으로 끌려왔으니 부모 형제는 걱정이 이만저만 아닐 것이다. 아니, 지금 남자가 처한 상황이 바로 부모 형제의 걱정거리이다.

아버지는 어린 아들이 전장에 나가 제대로 쉬지도(已, 이) 못할 것을 걱정하시겠지. 죽지 않고(無止, 무지) 무사히 돌아오기만을 학수고대하실 것이다. 전장에서 어린 아들의 불쌍한 삶이 그치지(止, 지) 않기만을 바라고 또 바랄 뿐이다. 이것이야말로 아버지의 염원이자 지금 언덕에 올라 고향을 바라보고(瞻, 첨) 있는, 노래하는 이의 희망(望, 망)인 것이다.

어머니는 어린 막내아들(季, 계)에 대한 걱정으로 눈물이 마를 날이 없다. 눈에 넣어도 아프지 않을 막내아들은 지금 죽을지도 모르는 전쟁터에 나가 있는데, 잠이라도 제대로 자고(寐, 매) 있는지 알 수 없다. 소문에 따르면, 아들이 가 있는 곳은 쉴 시간도 잘 여유도 없는 사투의 현장이라는 이야기만 들린다. 가슴이 저며 온다. 부디 그 험난한 사투에서 낙오되지(棄, 기) 않고 살아 돌아오기만을 고대할 뿐이다.

이런 걱정은 형의 입장에서 보면 더욱 현실적이다. 그는 이미 전장을 경험해 보았다. 전장의 병영은 사내들이 실로 죽음과 사투를 벌이는 아비규환(阿鼻叫喚)의 장소이다. 건장한 남자들만의 집단생활 공간인 그곳에서 어린 아우가 제대로 버텨 낼 수 있을지 걱정인 것이다. 어린 아우는 병영에서 각지로부터 소집당한 각양각색의 사람들과 함께(偕, 해) 생활하면서 그들과 시시때때로 부딪힐 것이기 때문이다. 어린 아우가 그 험난한 사내들 세계에서 예기치 않은 불상사를 당하지나 않을까 우려스럽기 짝이 없다. 전쟁에서 죽을 수도, 집단생활을 견디지 못해 죽임을 당할 수도 있는 상황임을 그는 경험으로 잘 알고 있다. 그래서 어린 아우가 제발 죽지만 말고(無死, 무사) 살아 돌아오기를 간절히 기원한다.

이 모든 염원은 부모 형제의 바람이자, 노래하는 이 본인의 희망이기도 하다. 잠시라도 쉬고 싶고, 잠시라도 눈을 붙이고 싶으며, 제발 죽지 않고 살아 돌아갈 수 있기를 염원하는 노래하는 자의 몸부림이다. 누가 이 어린 사내의 삶에 깊은 상처를 주고 있는가? 이 어린 사내의 일생을 이리도 힘들게 할 권한이 대체 누구에게 있다는 말인가? 노래하는 이가 언덕 위에서 외치는 목소리가 3,000년의 세월을 훌쩍 뛰어넘어 지금 여기를 살아가고 있는 우리들에게 들리는 것 같지 않은가?

이러한 상황을 이미지로 그리며 이 노래를 감상해 보자.

민둥산에 올라

저 민둥산에 올라 아버지 계신 고향 바라보네.
아버지는 말하시네.
내 불쌍한 아들아, 네가 전장 터에 나가, 밤낮으로 쉬지도 못하겠지.
부디 몸조심하여라. 죽지 않고 제발 무사히 살아서 돌아와 다오.

저 민둥산에 올라 어머니 계신 고향 바라보네.
어머니는 말하시네.
내 불쌍한 아들아, 네가 전장 터에 나가, 밤낮으로 잠도 못자겠지.
부디 몸조심하여라. 죽지 않고 제발 무사히 살아서 돌아와 다오.

저 산등성이에 올라 우리 형님 계신 고향 바라보네.
형님은 말하시네.
내 불쌍한 아우야, 네가 전장 터에 나가, 밤낮으로 별의별 사람들과 부딪히겠지.
부디 몸조심하여라. 죽지 않고 제발 무사히 살아서 돌아와 다오.

陟岵(척호)

陟彼岵兮 瞻望父兮 父曰嗟予子行役 夙夜無已 上愼旃哉 猶來無止

척피호혜 첨망부혜 부왈차여자행역 숙야무이 상신전재 유래무지

陟彼屺兮 瞻望母兮 母曰嗟予季行役 夙夜無寐 上愼旃哉 猶來無棄

척피기혜 첨망모혜 모왈차여계행역 숙야무매 상신전재 유래무기

陟彼岡兮 瞻望兄兮 兄曰嗟予弟行役 夙夜必偕 上愼旃哉 猶來無死

척피강혜 첨망형혜 형왈차여제행역 숙야필해 상신전재 유래무사

陟彼岵兮瞻望父兮父曰
嗟予子行役夙夜無已
上愼旃哉猶來無止

陟彼屺兮瞻
望母兮母曰
嗟予季行
役夙夜無寐
上愼旃哉猶
來無棄

陟彼岡兮瞻
望兄兮兄曰
嗟予弟行
役夙夜必偕
上愼旃哉猶
來無死

너새는 날개 치네, 부모님은 어이하나

〈너새는 날아들고(鴇羽, 보우)〉(「당풍(唐風)」 수록)

'너새(鴇)'는 느시, 능에, 야안(野雁), 들칠면조 등으로 불리는 새로, 몸집이 큰 기러기처럼 생겼다. 등은 적갈색 털로 덮여 있고, 검은색 가로줄 무늬가 있으며, 배에는 흰털이 있어 갈색 칠면조처럼 보이기도 한다. 중국은 물론 러시아, 몽골, 한국, 일본 등 아시아 전역에 걸쳐 서식하고 있다. 특히, 이 노래가 불린 시기인 기원전에도 민가 근처 숲에서 무리를 지어서 사는 흔히 볼 수 있는 큰 새였을 것이다. 너새는 주로 들판의 이삭이나 곡식의 낟알을 먹고살며, 동물의 사체를 쪼아 먹기도 하는 잡식성 조류이다. 그런 탓에 그 스스로가 날쌔게 움직여 사냥을 하는 맹금류와 달리, 발톱이 진화하지 않고 무뎌져서 손쉽게 인간의 사냥감이 되었다.

〈너새는 날아들고(鴇羽, 보우)〉를 부른 이는 나라의 명령을 받고 노역에 동원되어 집을 떠나왔다. 그가 일하는 노역 현장은 인근에 떡갈나무(栩, 허) 숲과 가시나무(棘, 극) 숲과 뽕나무(桑, 상) 숲이 우거져 있는 곳이다. 노역의 일은 쓰러질 듯 고되고(靡, 미) 힘들고 거칠다(盬, 고). 아마도 왕과 관련 있는 일(王事, 왕사)이니 왕궁을 짓는 일이나 왕을 위한 대규모 토목 사업에 동원되었을 것이다. 백성의 안위를 위한 노역이었다면 그렇게 힘들고 거칠고 쓴맛이 날 정도로 고통스럽겠는가? 쉴 틈 없이 일을 하다 허리를 잠시 펴고 숲을 바라보니 너새 무리들이 눈에 들어온다. 너새들이 날개를 퍼덕이면서 떼를 지어 상수리나무 숲으로, 대추나무 숲으로, 뽕나무 숲으로 모여드는 것이다. 자신이 떠나온 고향 들녘 숲에도 너새 무리가 많았다는 기억을 떠올리며 문득 고향에 남겨진 부모님 생각에 눈시울이 붉어진다.

남자는 자신이 떠나온 뒤, 쓸쓸하게 남겨진 연로하신 부모님을 생각하니 걱정이 앞을 가린다. 농사지을 사람인 자신이 집을 떠나왔으니 피(稷, 직), 기장(黍, 서), 벼(稻, 도), 수수(粱, 량) 등의 곡식을 심을 사람도 이젠 부모 곁에 없다. 나이든 부모님은 농사일을 할 기력도 없는데 나는 지금 이역만리 이곳에 홀로 떨어져 있으니 어찌하면 좋은가! 내가 없으면 끼니도 제대로 챙길 수 없을 터인데 탄식이 절로 나올 뿐이다. 농사를 지을 수도 없으니 수확인들 있겠는가? 그러니 부모님은 무엇을 먹고 무슨 음식이든 맛을 볼 수 있겠는가. 그야말로 보우지탄(鴇羽之嘆)이다. 백성이 전쟁이나 노역으로 부모를 부양할 수 없음을 탄식하는 말은 이 노래에서 비롯되었다.

너새는 농사일이 끝난 들녘의 이삭이나 곡식 낟알을 쪼아 먹고 사는데, 농사를 지을 수도 없으니 곡식 이삭이나 낟알인들 생길 수 있겠는가? 곡식을 재배하지 않는 지역에는 너새도 날아들지 않는다. 그러나 지금 이곳에는 저 멀리 보이는 숲 덤불로 너새들이 곡식의 이삭을 주워 먹기 위해 날아든 것이다. 이 너새가 고향에는 날아들 것인지 알 수 없다는 마음이 드는 것이다. 너새의 퍼덕이는(肅肅, 숙숙) 날갯짓에 부모님 얼굴이 떠오르는 것은 어찌 보면 당연한 일이다. 이맘때쯤이면 추수가 끝난 후 날아들었을 너새가 혹시 고향에는 오지 않았을 것 같은 두려움에 걱정이 앞선다. 너새(鴇, 보)의 날갯짓(羽, 우)이 만들어낸 탄식(嘆, 탄)인 것이다.

남자의 불확실한 미래만큼 하늘도 아득하다. 언제 돌아갈 수 있을지 저 푸른 하늘(蒼天, 창천)도 대답해 주지 못하는 듯 아득하기만(悠悠, 유유) 하다. 내가 하루빨리 고향으로 돌아가야 제대로 부모를 봉양할 수 있을 터인데, 그날이 언제일지 기약할 수조차 없다. 언제나 이 어려움이 그칠지(極, 극), 언제 이런 곤고한 상태에서 벗어나 옛날의 평상(常, 상)으로 돌아가 편안하게 부모님을 모시고 살 수 있을지 알 수 없다. 푸드득거리며 숲으로 날아들어 모여 있는 저 너새들은 알지도 모른다. 너새들이 고향 땅의 들녘을 찾아드는 날이 바로 곡식을 심고(蓺, 예) 수확하여 부모님을 봉양하면서 평안하게 생활하는 날이 될 것이기 때문이다.

나이든 부모님마저도 봉양할 수 없도록 만드는 나라는 더 이상 나라가 아니다. 그런 왕은 왕이 아니다. 곡식을 심지도 못할 만큼 노역의 고통을 백성들에게 지우는 지도자는 더 이상 지도자가 아니다. 그러나 노래하는 이는 그것을 숙명으로 받아들인다. 탄식하지만 저항하지 못하는 삶이 바로 일반 국민들의 삶인 것이다. 3,000년 전이나 지금이나 일반 국민은 기본적인 권리마저 침해당해도 그 개인은 어찌 한 번 목소리도 낼 수 없는 상황이다. 그저 한낱 너새의 날갯짓에 빗대어 신세 한탄만 할 뿐이다. 힘과 권력은 개인의 삶을 송두리째 앗아갈 수 있지만, 정작 개인은 아무런 목소리조차 낼 수 없다는 것이 이 노래의 진정한 울림이 아닐까?

이런 심정을 담아 이 노래를 함께 감상해 보자.

너새는 날아들고

너새는 푸드덕 날갯짓하며 떡갈나무 숲으로 모여드네.
나라 일은 힘들고 괴로워 쉴 틈이 없네.
피나 기장 심을 수 없으니 우리 부모 누굴 의지할꼬.
푸른 하늘도 아득하네, 언제나 편히 살 곳으로 돌아가려나.

너새는 푸드덕 날갯짓하며 가시나무 숲으로 모여드네.
나라 일은 힘들고 괴로워 쉴 틈이 없네.
피나 기장 심을 수 없으니 우리 부모 무얼 먹나.
푸른 하늘도 아득하네, 언제나 이 고통 끝이 나려나.

너새는 푸드덕 날갯짓하며 뽕나무 숲으로 모여드네.
나라 일은 힘들고 괴로워 쉴 틈이 없네.
벼와 수수 심을 수 없으니 우리 부모 무얼 먹나.
푸른 하늘도 아득하네, 언제나 옛날로 돌아가 편히 살 수 있을까.

鴇羽(보우)

肅肅鴇羽 集于苞栩 王事靡盬 不能蓺稷黍 父母何怙 悠悠蒼天 曷其有所
숙숙보우 집우포허 왕사미고 불능예직서 부모하호 유유창천 갈기유소

肅肅鴇翼 集于苞棘 王事靡盬 不能蓺黍稷 父母何食 悠悠蒼天 曷其有極
숙숙보익 집우포극 왕사미고 불능예서직 부모하식 유유창천 갈기유극

肅肅鴇行 集于苞桑 王事靡盬 不能蓺稻粱 父母何嘗 悠悠蒼天 曷其有常
숙숙보행 집우포상 왕사미고 불능예도량 부모하상 유유창천 갈기유상

▲ 肅肅鴇羽集于苞栩
王事靡盬不能蓺稷
黍父母何怙悠悠蒼
天曷其有所

▲ 肅肅鴇翼集于苞棘
王事靡盬不能蓺黍
稷父母何食 悠悠蒼
天曷其有極

▲ 肅肅鴇行集于苞桑
王事靡盬不能蓺稻
梁父母何嚐悠悠蒼
天曷其有常

상관의 부당한 노역 명령에 대한 탄원서

〈기보여!(祈父, 기보)〉(「소아(小雅)」 수록)

〈기보여!(祈父, 기보)〉 역시 노역의 고통과 그로 인한 탄식을 담고 있다. 하지만 노역을 소재로 한 다른 노래들과는 형식 면에서 차이를 보인다. 다른 노래들은 노역 현장에서 고향을 그리워하여 한탄하거나 노역 떠난 남편이나 가족의 안위를 걱정하는 형식을 띠고 있다. 그러나 〈기보여!〉는 노역 현장에서 자기의 상사를 향한 원망을 담은 일종의 탄원서이다. 수신자는 노역을 담당하는 최고 관리요, 발신자는 하급 병사이다. 수신자 기보(祈父)는 왕의 군대를 다스리는 직책으로, 자기 소속 병사들의 인사권을 행사하는 최고 우두머리이다. 『시경』에 대한 해설서인 『모전(毛傳)』의 해석에 따르면, 기보는 사마(司馬)라는 벼슬을 말한다. 그러므로 이 노래는 최고의 상사인 사마에게 탄원하고 하소연하는 형식을 띠고 있다.

탄원하는 이의 지위는 한낱 병사에 불과하다. 하지만 본인이 생각하기에는 왕의 충직한 병사라고 믿어 의심하지 않았다. 왕의 손톱(爪, 조)과 어금니(牙, 아) 같은, 없어서는 안 될 군사라고 생각했다. 그의 상사인 기보는 달랐다. 기보는 그에게 합당하지 않은 명령을 내린 것이다. 그 병사는 상관의 명령을 받고 지금 그 임무를 수행 중이지만, 그 일은 고되고 힘들고 전혀 쉴 틈이 없는 과중한 일이다. 과중한 업무에 종사하도록 그 상관은 아무런 예고도 없이 그에게 인사 조치를 내린 것이다. 그 일로 그는 편히 살 수 없을 뿐만 아니라, 집에 계신 연로하신 어머님의 끼니도 제대로 챙길 수 없어 그 어머니가 손수 아침밥(饔, 옹)을 짓도록(尸, 시) 만드는 상황에 직면한 것이다.

그래서 병사는 그 부당함을 하소연하고 있다. 탄원하는 병사의 상관인 기보는 남의 말을 잘 듣지 않는 일방통행식 권위주의적 인물이다. 병사가 생각하기에 참으로(亶, 단) 총명하지 못한(不聰, 불총) 사람이다. 물론 기보는 부하의 하소연을 직접 들을 사람도 아니었겠지만, 직접 들을 수 있는 상황도 아니었으리라.

하지만 이 노래는 당시 사람들의 입을 타고 널리 전파되었을 것이다. 어찌 되었든 그 병사는 소기의 목적은 달성한 셈이다. 시대를 뛰어넘어 그때 이후 3,000여 년이 지난 현재까지 『시경』의 독자들에게 상관의 부당함을 충분히 알리고도 남았으니 말이다.

어느 이름 없는 병사의 탄원서를 현대적 시각으로 고쳐서 읽어 보자.

탄원서

수신: 기보(祈父)

발신: 군졸 ○○

우리 군사들의 우두머리인 기보께 탄원의 글을 올립니다. 저는 일 년 전에 노역 명령을 받은 왕의 군졸 ○○입니다. 평소 저는 혼신의 힘을 다하여 왕의 군사로서 직무를 충실히 수행해 왔습니다. 저로서는 왕의 손톱과 어금니처럼 없어서는 아니 될 핵심 군사라고 자부하고 있습니다.

그러나 기보께서는 아무런 사전 통보나 협의도 없이 저를 노역의 험한 임무를 수행하도록 명령을 내리셨습니다. 어찌하여 저를 이렇게 궁휼의 구렁텅이로 빠져들게 하실 수 있습니까? 저는 이 힘든 노역의 과중한 무게로 이미 힘은 기진하여 쓰러질 듯하고, 이제 하루하루 버티는 것도 힘겨운 지경에 이르렀습니다. 쉴 틈은 고사하고 편히 머물러 살 곳조차 없는 지경입니다.

존경하는 기보님!

어찌 다른 이들의 말을 귀 기울여 듣지 않으십니까? 지금 이 노역의 현장에서 아우성치는 군사들의 피 끓는 호소가 기보님께는 왜 전달되지 않는 것입니까? 여기 모든 이들의 한탄과 괴로움에 소리치는 함성에 왜 귀를 막고 계신 것인지요?

이는 참으로 총명하다 할 수 없는 처신입니다. 다른 것은 어떻게든 견딜 수 있지만, 고향에 계신 연로하신 어머님은 어찌하라고 이런 근심스러운 상황에 빠져 있음을 외면하시는 겁니까? 어찌하여 늙은 어머니가 이 자식이 있음에도 손수 아침밥을 지어 드시게 만드는 것입니까?

하루라도 빨리 군사들의 목소리를 들으시고 이 궁휼의 터널에서 속히 빠져나오게 해 주시길 간청 드립니다.

노역 명령을 받은 군졸

○○ 올림

역사의 재판관이 된 입장에서 현명한 판단을 기대하며 이 노래를 감상해 보자.

기보여!

기보여, 나는 왕의 손톱과 어금니 같은 존재인데 어찌 나를 어려운 지경에 빠뜨려 편히 살지 못하게 하는가.

기보여, 나는 왕의 손톱 같은 군사인데 어찌 나를 어려운 지경에 빠뜨려 편히 머물러 살지 못하게 하는가.

기보여, 그대는 참으로 남의 말을 듣지 않는 총명하지 못한 사람이네. 어찌 나를 어려운 지경에 빠뜨려 어머님이 손수 아침밥을 짓게 만드는가.

祈父(기보)

祈父 予王之爪牙 胡轉予于恤 靡所止居
기보 여왕지조아 호전여우휼 미소지거

祈父 予王之爪士 胡轉予于恤 靡所底止
기보 여왕지조사 호전여우휼 미소저지

祈父 亶不聰 胡轉予于恤 有母之尸饔
기보 단불총 호전여우휼 유모지시옹

◀ 祈父予王
之爪牙胡
轉予于恤
靡所止居

◀ 祈父予王
之爪士胡
轉予于恤
靡所底止

◀ 祈父亶不
聰胡轉予
于恤有母
之尸饔

큰일에 나서지 마라

〈큰 수레 몰지 마라(無將大車, 무장대거)〉(「소아(小雅)」 수록)

〈큰 수레 몰지 마라(無將大車, 무장대거)〉는 노역 현장의 경험을 바탕으로 선배가 후배들에게 들려주는 일종의 처세술이요, 교훈이다. 큰일에 나서지 말라는 충고이다. 잘못하여 분에 넘치게 큰일에 나섰다가는 오히려 큰 화를 당할 수도 있다는 경고이기도 하다.

큰 수레(大車)는 신분이 높은 사람들이 타고 다니는 마차다. 왕이나 제후는 네 필의 말이 이끄는 수레를 타는데, 큰 수레일수록 그것을 끄는 말의 수가 많아진다. 따라서 큰 수레를 몬다는 것은 지위가 높은 사람의 곁에서 노역에 종사한다는 말이기도 하다. 큰 수레일수록 달릴 때 먼지(塵, 진)가 많이 난다. 달릴 때 자욱한(冥冥, 명명) 먼지가 일어난다. 그래서 먼지를 본의 아니게 뒤집어쓸 운명에 놓일 수도 있다. 먼지는 혹여 입을 수도 있는 재난이요 화(禍)이다. 먼지는 암흑이요 어둠이다. 앞이 보이지 않는다. 먼지 속으로 들어갈 일이 아니다. 먼지 속으로 들어가지 말고 불빛(熲, 경) 속에 있어야 한다. 먼지는 밝은 불빛을 막히게 하는 어둠의 늪(雝, 옹)이다. 따라서 먼지 속이 아니라 밝은 광명 속에서 나오지 말아야 한다. 그 방법은 큰일을 맡지 않는 것이다. 그리고 설사 그 일을 맡는다 하더라도 쓸데없이 근심하지 않는 것이다.

큰 수레를 모는 것은 중요한 일이지만 그만큼 위험 요인도 크다는 것을 의미한다. 큰일일수록 위험 부담이 커지고, 그만큼 큰 책임이 뒤따른다. 그러나 자기에게 다가올 책임을 생각하여 근심만 하면 오히려 병(疷, 저)이 됨을 충고한다. 걱정이 걱정을 부른다. 걱정을 하면 할수록 다른 걱정이 보태어져 무거워진다(重, 중). 자기가 맡은 일이 잘못되어 화가 될까 우려하고 근심하면 그 자체가 병이 되는 것이다. 세상의 격변기에 현명하게 노역에 임하는 처세술 중 하나다.

이 노래는 비유적 수법을 동원한 은유의 노래다. 노역에 동원된 일반 백성들 사이에서 널리 회자되었을 법한 말들이 노래로 만들어진 것이다. 왕의 일이나 중요하고 큰일들은 일이 잘못되었을 경우, 관련자에게 결코 관용을 베풀지 않았을 것이다. 그런 경험이 쌓여 대표적인 처세의 방법으로 전수되었을 것이다.

이러한 노래가 불렸을 노역 현장의 군중들 속으로 들어가서 이를 감상해 보자.

큰 수레 몰지 마라

큰 수레 몰지 마라, 단지 먼지만 날릴 뿐이네.
쓸데없는 걱정 하지 마라, 단지 병이 될 뿐이네.

큰 수레 몰지 마라, 오직 자욱한 먼지만 날릴 뿐이네.
쓸데없는 걱정 하지 마라, 불빛 속에서 나오지 말기를.

큰 수레 몰지 마라, 날리는 먼지 늪을 이룰 뿐이네.
쓸데없는 걱정 하지 마라, 단지 그 걱정이 깊어질 뿐이네.

無將大車(무장대거)

無將大車 祇自塵兮 無思百憂 祇自疧兮
무장대거 지자진혜 무사백우 지자저혜

無將大車 維塵冥冥 無思百憂 不出于熲
무장대거 유진명명 무사백우 불출우경

無將大車 維塵雝兮 無思百憂 祇自重兮
무장대거 유진옹혜 무사백우 지자중혜

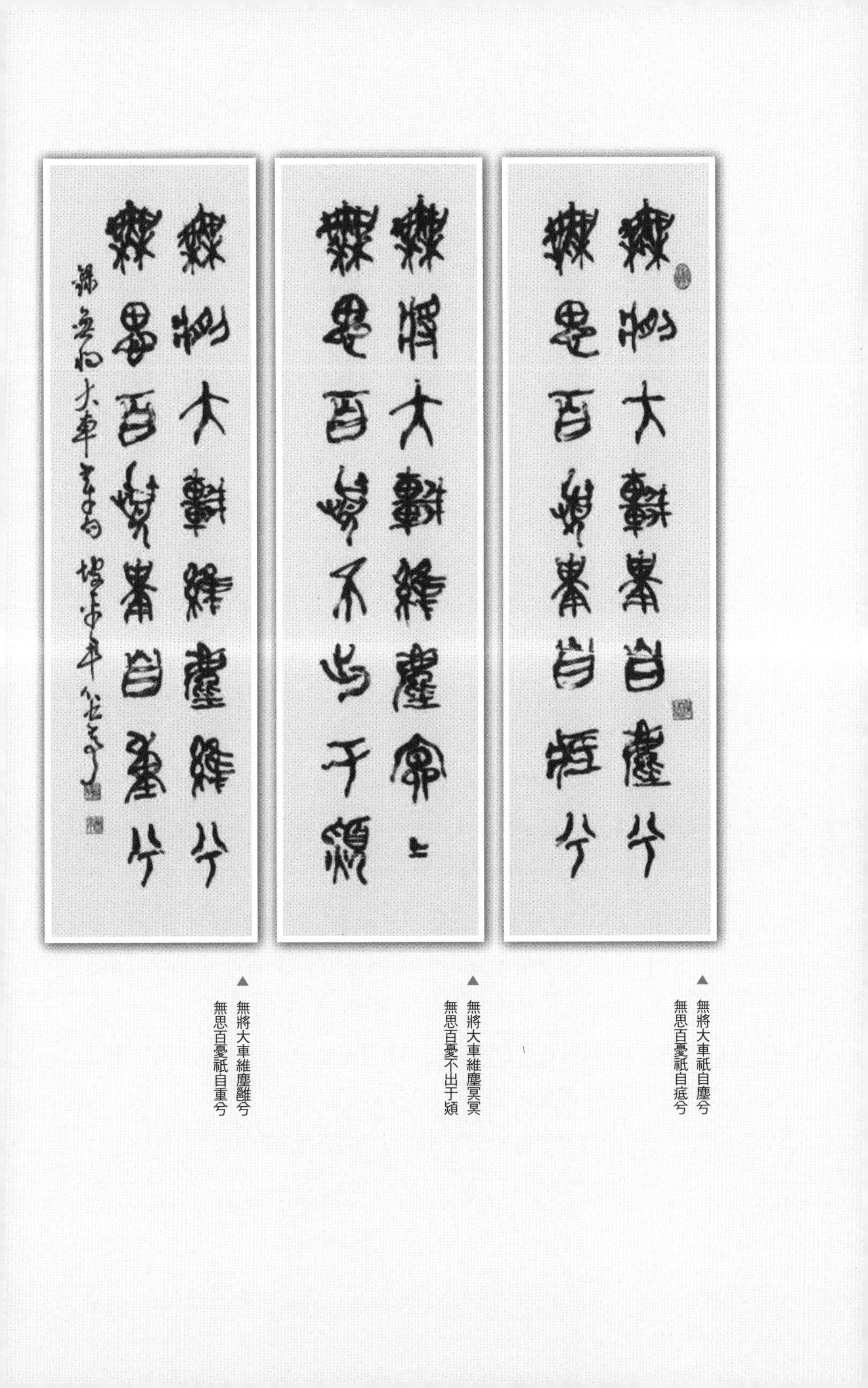

▲ 無將大車祇自塵兮
無思百憂祇自疧兮

▲ 無將大車維塵冥冥
無思百憂不出于熲

▲ 無將大車維塵雝兮
無思百憂祇自重兮

뇌물이라도 주고 이 노역 면해 볼까

〈꾀꼴꾀꼴 지저귀는 꾀꼬리(綿蠻, 면만)〉(「소아(小雅)」 수록)

무엇인가를 간절히 바라면 환상 속에서라도 현실이 된다. 〈꾀꼴꾀꼴 지저귀는 꾀꼬리(綿蠻, 면만)〉는 노역의 길, 고통의 길에서 힘들고 지친 노래하는 이가 환상 속에서라도 노역의 고통에서 벗어나고자 하는 절실한 바람을 엿볼 수 있는 노래이다.

이 노래의 매개체는 꾀꼴꾀꼴 아름답게 지저귀는 꾀꼬리이다. 『시경』 전편을 아울러 '꾀꼬리(黃鳥, 황조)'를 소재로 한 작품은 이 노래를 포함하여 모두 세 편이다. 「진풍(秦風)」에 실린 〈황조〉와 「소아(小雅)」에 실린 〈황조〉, 그리고 이 노래 〈꾀꼴꾀꼴 지저귀는 꾀꼬리〉가 그것이다. 「진풍」의 〈황조〉는 훨훨 나는 꾀꼬리가 가시나무와 뽕나무, 대추나무에 앉는 것을 보고, 진나라 목공(穆公)을 따라 순장된 사람들의 애처로움을 노래한다. 그리고 「소아」의 〈황조〉 또한 닥나무와 뽕나무, 상수리나무에 앉아 있는 꾀꼬리를 보고, 정착하지 못하고 떠도는 사람들의 신세를 한탄한다. 〈꾀꼴꾀꼴 지저귀는 꾀꼬리〉 역시 노역 가는 길의 언덕에서 지저귀는 꾀꼬리를 바라보는, 이름 없는 병사의 고단함을 이야기하고 있다.

이처럼 꾀꼬리는 어려움과 애처로움과 고단함을 떠올리는 매개체 역할을 하고 있다. 꾀꼬리는 깃털이 황금색이거나 진한 노란색이라서 화려하고 아름답다. 황금색은 부의 상징일 뿐만 아니라 행운의 상징이다. 밝음을 나타낸다.

꾀꼬리 소리 또한 경쾌하고 아름답다. 기쁨을 나타낸다. 집안의 경사스러운 일이나 즐거운 잔치, 또는 부부 간의 다정스러운 모습 등 좋았던 시절을 나타내는 밝음의 상징이다.

이러한 꾀꼬리를 보면서 이와 반대되는 어둡고 고통스럽고 아픈 현재의 상황이나 기억을 떠올리는 것은 반어적 상황이고, 노래를 이끌어 가는 방식이기도 하다. 밝음과 어두움을 대조하는 효과를 나타내는 것이다. 밝고 즐겁고 유쾌한 이미지에서 어둡고 어렵고 힘든 상황을 강조하기 위한 극적인 대조이다.

이 노래는 두 가지 비밀을 간직하고 있다.

첫째, 노래하는 이의 시야에 비친 황조의 원근법이다. 꾀꼬리는 한 곳의 나뭇가지에서 지저귀고 있지만, 노래하는 이의 동선에 따라 꾀꼬리의 위치가 변한다. 노래하는 이는 지금 힘겹게 노역의 대열을 따라 언덕길을 오르고 있다. 황조는 처음에는 저 멀리 언덕 마루(丘阿, 구아)에 있는 것으로 보이지만, 노래하는 자가 조금씩 언덕길을 오르면서 언덕 모퉁이(丘隅, 구우)에, 언덕 곁(丘側, 구측)에 있는 것으로 보인다. 처음에는 멀리서, 그리고 나서는 가까이에서 보이는 황조는 노래하는 이가 힘겹게 언덕길을 오르고 있음을 시각적으로 보여 준다. 원근법이다.

둘째, 노래하는 이의 상상이다. 그 자신이 언덕길을 힘겹게 올라가는 것은 실제 상황이지만, 그 이후부터는 노래하는 이의 바람이요 상상이다. 언덕길을 오르다 보니 너무 힘이 든다. 앞에 보니 몇몇 사람은 수레를 타고 오르고 있다. 본인도 그러고 싶지만 현실적으로 불가능한 일이다. 그래서 상상 속에서나마 노역 감독관에게 밥과 술을 사주면서 자기 사정을 이야기해 보고 싶다고 생각한다. 사정을 이야기하면서 감독관을 회유하여 유인하고(誨, 회) 싶은 것이다. 혹여 그러면 그 감독관이 자기에게 뒤에 오는 수레를 타고 가라고 명령하지나 않을까 생각해 보기도 한다. 그러나 그에게는 그럴 돈이 없어서 속으로 상상만 해 본다. 이런 상황을 생각하며 이 노래를 다시 살펴보자.

저 멀리 보이는 언덕 위에서 노란 꾀꼬리가 꾀꼴꾀꼴 아름다운 목소리로 지저귀고 있다. 일행들이 가야 할 길은 아득히 멀다(遠, 원). 길은 가파른 언덕길. 가야 할 길이 멀고도 험하다. 어찌(何, 하) 힘들지(勞, 노) 아니하랴. 노역의 길은 힘들고 고생스럽다. 그러나 아니 갈 수 없다. 어찌(豈, 기) 감히(敢, 감) 가기를 꺼릴(憚, 탄) 수 있겠는가? 오히려 일행에 뒤쳐져서 빨리 가지(趨, 추) 못할까(不能, 불능), 대열에서 낙오될까 두렵다(畏, 외). 목적지에 도달하지(極, 극) 못할까 두렵다. 걸어서 가기에는 너무 힘들고 지쳐서 낙오될 것만 같다.

더군다나 이 길은 가파른 고갯길이다. 꾀꼬리는 노래하는 이가 도달해야 할 목표 지점인 고개 마루에 있는 나뭇가지에 이미 앉아 있다. 남자는 거기까지 도달하려면 아직 멀었다. 도저히 그곳까지 걸어갈 여력이 없다. 바로 그때 몇몇 사람을 태운 마차가 그의 곁을 지나간다. 나도 저 수레를 타고 이 힘든 언덕길을 올라가고 싶다. 관리에게 뇌물인 술과 음식을 바치고 부탁해 보면(飮之食之, 음지식지) 어떨까 상상해 본다. 그러면서 내가 처한 상황을 이야기하고(教, 교) 회유해(誨, 회) 보고 싶은 것이다. 그러면 아마도 다음에 오는 수레(後車, 후거)를 타고(載, 재) 갈 수 있도록 명령(命, 명)을 내려 줄지도 모른다고 생각해 본다.

그렇게 상상 속으로 생각하며 걸어가는 사이에, 남자는 고개 모퉁이가 보이는 오르막까지는 어찌어찌 올라간다. 이제 꾀꼬리는 고개 모퉁이의 한 지점까지 가 있다. 이제 정말 힘이 든다. 더 이상 발자국을 옮기기도 어렵다. 조금씩 일행에서 뒤쳐진다. 빨리 일행을 따라가지 못하여 감독관에게 책망을 받을까 두렵다. 감독관은 뒤처지는 그를 보더니 빨리 좇아오라고 호통을 친다. 채찍을 들고 호령한다. 다시 저 감독관에게 뇌물이라도 바치고 이 고통에서 헤어나고 싶다. 하지만 그럴 여력이 없다. 그저 생각만 할 따름이다.

다시 한 걸음 한 걸음 천 근 같은 발걸음을 옮긴다. 발바닥은 이미 부르텄고, 무릎은 아파 더 이상 펴지지도 않는다. 더 이상 발걸음을 내딛을 수 있을는지 모른다. 어찌하여 고갯마루 꼭대기에는 올랐다. 꾀꼬리가 나뭇가지에 앉아 지저귀는 바로 그 지점이다. 상상 속에서 수레를 타고 이동하는 자신의 모습을 생각한다. 상상이 바로 현실이라면 좋겠다고 생각한다. 하지만 그는 관리에게 부탁할 돈이 없다. 그럴 여력이 없다. 만일 그런 여력이 있었더라면 이 노역에 끌려오지도 않았을 것이다.

이런 상상 속의 노래하는 이의 심정을 담아 이 노래를 감상해 보자.

꾀꼴꾀꼴 지저귀는 꾀꼬리

꾀꼴꾀꼴 꾀꼬리 언덕 위에 앉아 있네. 갈 길 멀어 내 고생 어찌 심하지 않겠는가.
술과 음식 바치며 이내 사정 이야기하고 회유해 볼까나.
그럼 혹여 뒤에 오는 수레에 명령 내려, 타고 갈 수 있지 않으려나.

꾀꼴꾀꼴 꾀꼬리 언덕 모퉁이에 앉아 있네. 어찌 갈 길 꺼리랴.
빨리 좇아가지 못할까 두렵다네.
술과 음식 바치며 이내 사정 이야기하고 회유해 볼까나.
그럼 혹여 뒤에 오는 수레에 명령 내려, 타고 갈 수 있지 않으려나.

꾀꼴꾀꼴 꾀꼬리 언덕 곁에 앉아 있네. 어찌 갈 길 꺼리랴.
도달하지 못할까 두렵다네.
술과 음식 바치며 이내 사정 이야기하고 회유해 볼까나.
그럼 혹여 뒤에 오는 수레에 명령 내려, 타고 갈 수 있지 않으려나.

綿蠻(면만)

綿蠻黃鳥 止于丘阿 道之云遠 我勞如何 飮之食之 敎之誨之 命彼後車 謂之載之
면만황조 지우구아 도지운원 아노여하 음지식지 교지회지 명피후거 위지재지

綿蠻黃鳥 止于丘隅 豈敢憚行 畏不能趨 飮之食之 敎之誨之 命彼後車 謂之載之
면만황조 지우구우 기감탄행 외불능추 음지식지 교지회지 명피후거 위지재지

綿蠻黃鳥 止于丘側 豈敢憚行 畏不能極 飮之食之 敎之誨之 命彼後車 謂之載之
면만황조 지우구측 기감탄행 외불능극 음지식지 교지회지 명피후거 위지재지

綿蠻黃鳥止于丘阿道之云遠我勞如何飲之食之教之誨之命彼後車謂之載之

▲ 綿蠻黃鳥
止于丘隅
豈敢憚行
畏不能趨
飲之食之
教之誨之
命彼後車
謂之載之

◀ 綿蠻黃鳥止于丘側豈
敢憚行畏不能極飲之
食之教之誨之命彼後
車謂之載之

어느 누군들 괴롭지 않으랴

〈어느 풀인들 시들지 않으랴(何草不黃, 하초불황)〉(「소아(小雅)」 수록)

〈어느 풀인들 시들지 않으랴(何草不黃, 하초불황)〉가 불린 시기는 서주(西周) 시대 말기로 추측되는데, 그 이유는 끝부분의 '주도(周道)'라는 단어에서 짐작할 수 있다. 주나라의 큰길은 주나라 초기부터 말기에 이르기까지 꾸준히 건설되었고, 이 길을 따라 노역과 전쟁의 역사가 이루어졌을 것이다. 특히, 서주 시대 말기에는 나라가 혼란하여 외세의 침입으로 수많은 전쟁이 일어났고, 전쟁 통에 노역에 끌려 나온 수많은 장정의 희생과 고통이 뒤따랐을 것이다.

사람이든 동식물이든 세상의 모든 생명체는 언젠가 반드시 소멸하고 만다. 이것이 우주의 섭리요 신의 섭리이다. 『구약성서』의 「이사야서」 40장 6~7절에서는 이렇게 말하고 있다. "모든 육체는 풀이요, 그의 모든 아름다움은 들의 꽃과 같으니, 풀은 마르고 꽃이 시듦은 여호와의 기운이 그 위에 붊이라. 이 백성은 실로 풀이로다." 모든 사람은 들의 풀과 같아서 반드시 시든다는 것이다. 이 세상에 생명을 가지고 태어난 모든 것은 결국 나약해지고 병들어서 결국 죽는다. 노역의 길은 바로 이와 같은 소멸의 현장이다.

힘들고 고통스러운 노역의 길을 거부할 수 있는 사람은 없다. 매일 같이 반복되는 고통의 나날은 사람을 쇠잔하고 기진하게 만들어 결국에는 소멸하고야 말 것이다. 노래하는 이는 분명히 깨닫고 있다. 어찌 이 험난한 노역의 길에 어떤 사람(何人, 하인)이든 끌려가지(將, 장) 않을 수 있겠는가. 사방(四方) 천지에 노역 현장은 널려 있고, 이 현장에는 노역에 끌려 나온 장정들이 해내야(經營, 경영) 할 일들이 산적해 있다. 이 일들을 처리하느라 노역에 끌려온 이들은 괴롭고(矜, 긍) 힘겹다. 병이 들 지경이다. 모두가 슬픈(哀, 애) 병사들이다.

전쟁터나 노역의 현장은 구분이 없다. 적과 전투가 벌어지면 전장이지만, 전투가 멈추면 바로 노역의 현장이다. 병사들이 전쟁 당사자이자 노역의 일꾼이다. 아침저녁(朝夕, 조석)으로 하루 종일 일을 해야 하니 쉴 겨를(暇, 가)이 없다. 해야 할 일은 산더미처럼 쌓여 있다.

노래하는 이는 평범한 남자에 지나지 않는다. 그저 농사를 짓다가 하루아침에 끌려나온 농민이었다. 그런 그는 힘이 좋아 아무리 힘든 일을 해도 지치지 않을 외뿔소(兕, 시)도 아니요, 전투 현장에서 적을 단칼에 무너뜨릴 수 있는 용맹함을 가진 호랑이(虎, 호) 같은 군사도 아니다. 그저 전투 현장에서 목숨을 부지하기 위해 사력을 다하는 평범한 병사(征夫, 정부)일 따름이다. 살아남기 위해 이 광야(曠野)를 헤매는(率, 솔) 힘없는 병사이다. 그 처지를 생각하니 한탄스럽기만 하다.

고된 노역을 하던 와중에 잠시 허리를 편다. 아무 생각 없이 숲 쪽을 바라본다. 그 숲은 풀(草, 초)이 우거져 어두운(幽, 유) 그림자를 드리우고 있다. 그 숲속에 꼬리가 긴(芃, 봉) 여우(狐, 호) 한 마리가 어슬렁거리며 사냥감을 노리고 있다. 저 여우는 어두운 풀숲에서 오소리를 노리고 있음이 분명하다. 날쌔고 민첩한 여우는 등을 잔뜩 웅크린 채 먹잇감을 노려보고 있다.

그러나 이 남자는 여우가 아니다. 여우처럼 민첩하거나 날쌔지도 못하다. 저 여우처럼 교활했다면 이 험난한 노역과 전쟁의 현장에 끌려오지도 않았을 것이다. 조금이라도 영민하게 굴었더라면 이 노역의 길도 모면할 수 있었으리라는 후회마저도 든다. 그러나 이제 와서 그런 후회는 다 부질없다.

남자에게 주어진 노역과 전쟁의 임무는 적을 공격하는 사다리(棧, 잔)가 달린 수레를 관리하다가, 전투가 벌어지면 성에 사다리를 걸쳐 병사들이 그 안으로 진입할 수 있도록 도와주는 공격수 역할이다. 전쟁터에서 싸우는 일은 물론 죽느냐 사느냐의 문제이지만, 사다리 달린 수레를 이동시키는 일은 더욱 더 힘들다. 수레를 끌고 먼 길을 가야만 한다. 넓고 큰 길(周行, 주행)을 통해 이동하는 것은 물론이거니와, 언덕이나 산을 넘어 이동해야 할 때도 있다. 수레만 끄는 것도 힘든데, 커다란 사다리까지 달린 수레를 끄는 일은 더욱 힘들다. 고갯길이라도 만나면 도대체 앞으로 나아가기조차 힘들다.

아마도 저 풀숲의 풀이 채 마르기도 전에 남자가 쓰러져 죽을지도 모른다. 전투나 노역 현장에 끌려온 사람들도 이곳 주나라 백성이거늘, 어찌하여 힘든 고통은 모두 우리 몫이어야 하는지 답답할 뿐이다.

우리들은 주나라 백성(民, 민)이 아니란 말인가? 하소연해 봐야 소용이 없다. 이미 주나라는 이미 쇠잔할 대로 쇠잔해졌다. 왕은 포사라는 미인에 빠져 정사를 포기한 지 오래다. 나라는 간신들이 지배하는 세상이 되었다. 그들의 편에 서지 않으면 고통을 감수하여야만 한다. 그런데 민중의 고통은 이미 한계치에 이르렀다. 주나라의 운명처럼 백성들의 삶도 저 길가에 시들어 가는 들 풀(草, 초)에 지나지 않는다. 어찌(何, 하) 풀(草, 초)인들 시들지 않겠는가(不黃, 불황)?

사다리 달린 수레를 끌고 먼지가 풀풀 날리는 큰길을 힘겹게 가고 있는 이의 심정으로 이 노래를 음미해 보자.

어찌 풀인들 시들지 않으랴

어찌 풀인들 시들지 않으랴. 어느 날인들 길 가지 않으랴. 어느 누군들 끌려오지 않으랴.
모든 곳에 해야 할 일만 넘쳐 나네.

어느 풀인들 시들지 않으랴. 어느 누군들 괴롭지 않으랴. 슬프다! 병사인 나여.
나 혼자만 백성이 아닌가?

외뿔소도 호랑이도 아닌 나는 광야를 헤매네. 슬프다! 병사인 나여.
아침저녁으로 하루 종일 쉴 틈 없네.

꼬리 긴 여우가 저 풀숲 그늘에 웅크리고 있네.
나는 사다리 달린 수레 끌고 풀풀 먼지 날리는 큰길 힘겹게 가네.

何草不黃(하초불황)

何草不黃 何日不行 何人不將 經營四方
하초불황 하일불행 하인부장 경영사방

何草不玄 何人不矜 哀我征夫 獨爲匪民
하초불현 하인불긍 애아정부 독위비민

匪兕匪虎 率彼曠野 哀我征夫 朝夕不暇
비시비호 솔피광야 애아정부 조석불가

有芃者狐 率彼幽草 有棧之車 行彼周道
유봉자호 솔피유초 유잔지거 행피주도

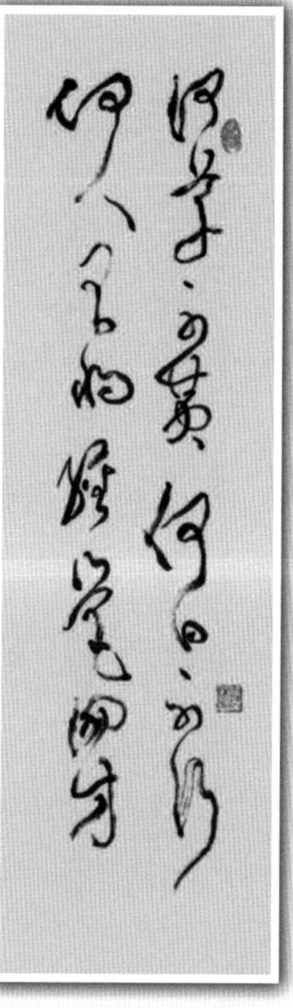

▲ 何草不黃何日不行
何人不將經營四方

▲ 何草不玄何人不矜
哀我征夫獨爲匪民

▲ 匪兕匪虎率彼曠野
哀我征夫朝夕不暇

▲ 有芃者狐率彼幽草有
棧之車行彼周道

능소화 부럽구나

[illegible]

[illegible]

[illegible]

[illegible]

[illegible]

제3장

관리를 보는 국민의 눈

1.

탐욕에 대한 풍자

심지도 거두지도 않은 자, 먹지도 말라

〈박달나무를 찍어 내며(伐檀, 벌단)〉(「위풍(魏風)」 수록)

한 나라의 수준은 위정자에게 달려 있는가, 국민들에게 달려 있는가? 이는 영원한 아이러니이다. 근대 국가 체제에 이르면 개인의 자유가 강조되고 그에 따른 사적 자치(私的自治) 원칙이 수립된 가운데 위정자를 국민들이 선택했으므로 그 절반의 책임은 위정자를 뽑아 준 국민에게 있다고 할 수 있다. 하지만 그전에는 힘센 자가 위정자라고 스스로 군림하던 때이니 힘이 약한 것을 탓할 수밖에 없었을 것이다.

〈박달나무를 찍어 내며(伐檀, 벌단)〉가 불리던 때는 주(周)왕조가 형성되고 그 일족들이 부근의 땅을 하사받아 통치하던 시절이다. 위(魏)나라는 땅이 협소하고 토질도 척박하였다. 당연히 생산되는 곡물의 양도 적었을 것이고 그중의 얼마를 위정자들이 가져가느냐에 따라 백성들의 삶의 수준이 결정되었을 것이다. 한마디로 먹고사는 문제가 달려있는 것이다. 이 무렵은 국가라는 형태를 갖춘 초창기로, 아마도 씨족 중 힘센 자들이 그 부근에 살던 마을 사람들을 통치하던 시절이었다. 통치의 수준이 오로지 권력을 가진 자의 인성에 달려 있던 시절이었다.

그 당시 위정자의 권한은 백성들의 재산은 물론 목숨까지도 좌지우지할 수 있었으니, 그 절대 권력자의 자비만을 바랄 뿐 힘없는 백성으로서야 위정자의 수탈에 저항할 수단이 없었다. 일년간 힘들여 지은 농산물의 상당 부분을 빼앗아 가는 것도 모자라, 겨울철 추위에 고생하며 잡은 들짐승이나 새 등의 수렵물까지 빼앗아 가는 것도 오로지 그 권력자의 마음에 달려 있을 뿐이다.

힘없는 백성은 도끼로 박달나무를 찍어 내면서 답답한 마음을 토로한다. 이 노래 첫 부분의 '감감(坎坎)'은 나무를 찍어 낼 때 나는 '쾅쾅' 소리를 가리킨다. 노래하는 자의 분통함이 담긴 의성어이다. 화나고 분하고 억울하지만 어쩔 수 없이 받아들여만 하는 상황에서 그는 박달나무(檀, 단)를 쾅쾅 찍어 내어(伐, 벌) 강기슭(河之干, 하지간)에 쌓아 둔다(寘, 치). 아마도 이 노래를 읊고 있는 사람은 강가 언덕 숲에서 마차를 만드는 데 쓰일 재료를 벌목하는 중일 것이다. 마차를 만드는 데 사용되는 박달나무와 수레바퀴(輪,륜)와 바퀴살(輻,폭)을 만들기 위한 재료를 구하는 중이다. 이런 재목들을 도끼로 찍고 칼로 베어내어 강가 기슭에 쌓아 두고 있다.

강기슭에 마차를 만들기 위해 재목들을 쌓아 두는 것은 재목들을 뗏목이나 배에 실어 강을 통해 마차를 만드는 곳으로 이송하기 위함이다. 하수(河水)는 황허를 말한다. 주나라 시절이나 그 이후의 춘추전국 시대까지, 황허는 고대 중국의 전부라고 이해해도 될 만큼 고대 중국인들이 생활하던 주 무대였다. 그러므로 수집된 시들도 대부분 황허 유역에서 불리어진 것들이다. 하류 쪽의 강폭 넓은 곳보다는 중 · 상류 지역에 주로 생활의 터전을 삼고 마을들이 옹기종기 모여 있었을 것이다.

강기슭에 나뭇단들을 쌓아 놓으며 강물을 바라보니 맑고도 맑다. 또 부는 바람에 물결이 일렁인다. 어찌 아름답지 않겠는가? 그의 마음속에 또 하나의 물결이 인다. 강물은 이렇게 맑은데 위정자들은 왜 이렇게도 탐욕스럽고 흐린지 대비가 되는 것이다. 탐관오리들은 벼를 심지도(稼, 가) 거두지도(穡, 색) 않는데 벼 300섬을(廛, 전) 가져간다. 전(廛)은 토지의 넓이를 지칭하는 단위로, 1전은 100묘(畝, 묘)이다. 1묘는 100보(步), 1보는 가로세로 6척(1尺은 30.3센티미터이므로, 6척은 1.82미터)이다. 300전은 9,937,200제곱미터이다. 이는 약 10제곱킬로미터, 즉 가로세로 3.3킬로미터의 땅에서 생산되는 벼를 말한다. 손가락 하나 까딱하지 않고 300섬의 벼를 가져가 버리니, 분개하지 않을 백성이 어디 있겠는가?

사실 300이라는 숫자는 정확한 넓이의 면적을 말하기보다는 매우 넓은 땅을 나타내기 위한 표현에 불과하다. 큰 땅을 강조하기 위해 300이라는 숫자를 말한 것이다. 311편(생시 6편 포함)의 노래로 이루어진 『시경』을 다른 말로 '시삼백(詩三百)'이라고 표현하는 것 역시 그런 의미에서다. 이러한 땅 넓이를 보유하거나 거두어 가는 사람은 분명 그 지역 최고 권력자임에 틀림없을 것이다. 무력을 배경으로 그 지역을 지배하는 자에 대한 백성들의 반감은 이루 말할 수 없이 크겠지만 분노는 가슴 저 깊은 곳에 숨겨져 똬리를 틀고 있을 것이다. 힘의 지배를 통해 생산물의 수탈이 이루어지는 시대는 이 노래에 나오는 수탈의 내용물을 보면 알 수 있다. 주식인 쌀(禾, 화)은 물론이고 농사 짓지 않는 겨울철 사냥물도 수탈 대상이다. 담비(貆, 환), 들짐승(特, 특), 메추라기(鶉, 순) 등, 종류를 가리지 않고 수탈해 간다. 말하자면 사냥한 대상 모두가 해당된다.

나무를 하면서 그는 외친다. 심지도(稼, 가) 거두지도(穡, 색) 않은 자는 먹지도 말라고! 사냥하지 않는 자(不狩不獵, 불수불렵) 또한 먹지도 말라고! 소찬(素餐), 소식(素食), 소손(素飧) 모두 '공짜 밥'이라는 뜻이다. 소(素)는 희고 담백하다는 뜻도 있지만 여기서는 '공짜(空, 공)'라는 뜻으로 쓰였다.

이 노래에 담긴 메시지는 "일하지 않은 자, 먹지도 말라."라는 말과도 닮아 있다. 당시에는 일도 하지 않는 권력자들이 열심히 일한 자들의 소유물을 강탈했으니 수탈당한 자의 입장에서는 분통이 터질 일이다. 하지만 어찌 저항할 수 있으랴. 다만, 허공에 대고 외치는 탄식이요 독백이다. 아무도 듣는 자 없는 혼자만의 외침이다. 아니 탐욕에 가득 찬 관리들이 듣지 못할 만큼 멀리 떨어진 외진 곳, 나무를 베는 산속에서만이 답답한 마음이라도 외쳐 볼 수 있으리라. 아무런 하는 일 없이 백성들이 농사지어 놓은 벼와 사냥한 물건들을 앗아 가는 탐욕스러운 관리들을 향해 아무도 듣지 않을 산속에서나마 한탄해야 하는 삶이었다.

지금 시대는 어떤가? 그 시대와 무엇이 달라졌는가? 그때와는 상황이 달라졌다고 자신 있게 말할 수 있는가? 그 당시는 절대 권력자의 심성에 의존했다면, 지금은 우리 손으로 뽑은 권력자들이 자기들에게 유리하게 만들어 놓은 제도에 의해 우리들이 피땀 흘려 이룩한 재산을 합법적으로 이전하는 것만 다른 것은 아닌지 모른다.

이러한 점을 염두에 두고 현대적 감각을 살려 이 노래를 읊어 보자.

박달나무를 찍어 내며

쩡쩡 소리 울리며 박달나무 찍어 내어 강기슭에 쌓아 두네.
바람에 일렁이는 황허의 물결은 왜 이리도 맑은가.
심지도 거두지도 않으면서 벼 삼백섬을 받아먹는 자들은 누구인가?
겨울에 사냥도 하지 않으면서 뜰에다 담비를 매달아 놓는 자는 누구던가.
그 사람들은 공짜 밥을 먹어서는 안 된다네.

수레바퀴살에 쓰일 나무 꽝꽝 찍어다가 강 둔덕에 쌓아 두네.
바람에 일렁이는 황허의 물결은 왜 이리도 맑은가.
심지도 거두지도 않으면서 벼 삼백섬을 받아먹는 자들은 누구인가?
겨울에 사냥도 하지 않으면서 뜰에다 짐승을 매달아 놓는 자는 누구던가.
그 사람들은 공짜 밥을 먹어서는 안 된다네.

수레바퀴에 쓸 나무 꽝꽝 찍어다가 강 둔덕에 쌓아 두네.

바람에 일렁이는 황허의 물결은 왜 이리도 맑은가.
심지도 거두지도 않으면서 벼 삼백섬을 받아먹는 자들은 누구인가?
겨울에 사냥도 하지 않으면서 뜰에다 메추라기를 매달아 놓는 자는 누구던가.
그 사람들은 공짜 밥을 먹어서는 안 된다네.

伐檀(벌단)

坎坎伐檀兮 寘之河之干兮 河水淸且漣猗 不稼不穡 胡取禾三百廛兮
감감벌단혜 치지하지간혜 하수청차련의 불가불색 호취화삼백전혜
不狩不獵 胡瞻爾庭 有顯貆兮 彼君子兮 不素餐兮
불수불렵 호첨이정 유현환혜 피군자혜 불소찬혜

坎坎伐輻兮 寘之河之側兮 河水淸且直猗 不稼不穡 胡取禾三百億兮
감감벌폭혜 치지하지측혜 하수청차직의 불가불색 호취화삼백억혜
不狩不獵 胡瞻爾庭 有顯特兮 彼君子兮 不素食兮
불수불렵 호첨이정 유현특혜 피군자혜 불소식혜

坎坎伐輪兮 寘之河之漘兮 河水淸且淪猗 不稼不穡 胡取禾三百囷兮

감감벌륜혜 치지하지순혜 하수청차륜의 불가불색 호취화삼백균혜

不狩不獵 胡瞻爾庭 有縣鶉兮 彼君子兮 不素飧兮

불수불렵 호첨이정 유현순혜 피군자혜 불소손혜

▲ 坎坎伐檀兮
寘之河之干
兮河水清且
漣猗不稼不
穡胡取禾三
百廛兮不狩
不獵胡瞻爾
庭有顯貆兮
彼君子兮不
素餐兮

▲ 坎坎伐輻兮
寘之河之側
兮河水清且
直猗不稼不
穡胡取禾三
百億兮不狩
不獵胡瞻爾
庭有顯特兮
彼君子兮不
素食兮

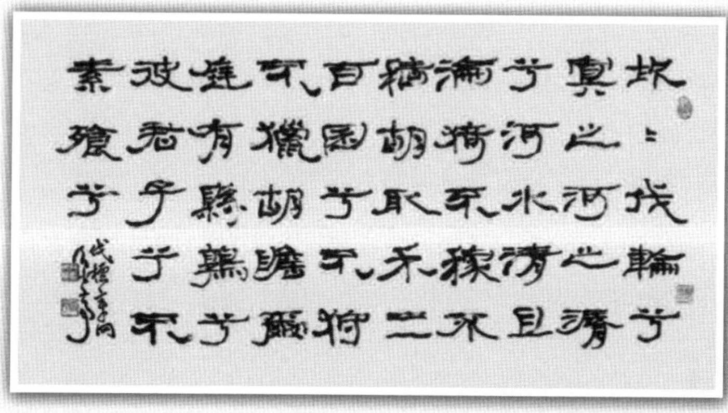

▲ 坎坎伐輪兮
寘之河之漘
兮河水淸且
淪猗不稼不
穡胡取禾三
百囷兮不狩
不獵胡瞻爾
庭有顯鶉兮
彼君子兮不
素飧兮

세금을 피해 이민이라도 가고 싶구나

〈큰 쥐(碩鼠, 석서)〉(「위풍(魏風)」 수록)

위(魏)나라는 땅이 협소하고 토질이 척박하여 그렇지 않아도 살기가 팍팍한 곳이다. 주나라 초기, 임금에게서 희씨(姬氏) 성을 하사받은 이들이 다스리던 황허 중류의 땅이다. 기원전 405년부터 진(晉)나라 헌공(獻公)에 의해 기원전 225년에 멸망하기까지 180여 년간 존속했던 나라이다.

아마도 〈큰 쥐(碩鼠, 석서)〉는 위나라의 국운이 기울던 즈음에 불렸을 가능성이 높다. 하루하루 살아가기도 힘든 마당에 끊임없이 부과되는 과중한 세금은 백성들이 나라를 등지고 떠날 수밖에 없는 선택을 하도록 만들었다. 『모시서(毛詩序)』에서도 이 노래를 가리켜 '과중하게 세금을 거두는 탐관오리들의 악정을 풍자하는 노래이며, 위나라의 위정자들이 과중하게 백성에게 세금을 부과함으로써 그들이 탐욕스러운 쥐와 같음을 풍자하는 노래'라고 평가하고 있다.

노래하는 이는 세금을 거두어 가는 국가의 관리들이 세금을 내는 사람들의 입장을 돌아보지(顧, 고)도 않으며, 세금을 낸 백성들에 대해 보답하는(德, 덕) 마음도 없고, 또한 세금을 내는 백성들의 삶을 위로하지(勞, 노)도 않는 그 철면피함을 꾸짖는다. 세금 없는 좋은 땅, 낙토(樂土), 낙국(樂國), 낙교(樂郊)를 찾아 나서고자 하는 내용의 풍자이다.

탐관오리들은 기장(黍, 서)이든, 보리(麥, 맥)든, 새싹(苗, 묘)이든 가리지 않고 먹어치우는 큰 쥐처럼 보이는 것은 무엇이든 빼앗아간다. 세금을 빙자하여 곡식이든 사냥한 짐승이든 가리지 않고 강탈해 간다. 그것도 그해뿐만 아니라 삼 년 내내 이어진다. 이 땅에 살아가는 한 이러한 수탈은 지속될 것이다. 암담한 현실이다.

그래서 세금 없는 땅을 찾아 나서고자 한다. 지금 살고 있는 이 땅에서는 탐관오리의 가혹한 행태를 고발할 수도 말할 수도 없다. 세금 없는 낙원에 가서 누구 때문에 어려운 시절을 겪었노라고, 그게 다 누구 때문이라고 소리 높여 계속 외치겠다(永號, 영호)는 마지막 구절은 실로 처절하기까지 하다. 누구 때문에 힘들어 못 살겠다는 말조차 할 수 없는 이 땅.

그런데 이곳을 벗어나기도 어렵다. 어디로 간들 지금보다 더 나아진다는 보장도 없다. 너무 힘든 나머지 '세금 없는 꿈속의 이상향을 찾아 나서겠다'는 하소연이고 외침이다. 상상 속의 세상을 그려 봄으로써 위안을 삼고자 하는 것이다. 세금 없는 나라가 어디 있겠는가? 더군다나 위정자의 인격에 따라 백성들의 삶이 결정되는 세상에서 그런 나라는 더더욱 존재하지 않는다. 세금으로 인한 국가와 국민 간의 갈등은 예나 지금이나 마찬가지로 여전하다.

세금과 국가를 다시 한번 생각해 본다. 3,000년 전에도 세금은 백성들의 삶을 고달프게 만드는 원인들 중 하나였다. 지금도 별반 다르지 않다. 위정자들 중에 세금을 현재보다 대폭 줄이겠다고 공약하는 사람을 본 적이 있는가? 지방 의원이든 국회의원이든, 자치 단체장이든 대통령이든, 세금을 현재보다 적게 걷겠다고 하는 사람은 지금까지 없었고 앞으로도 나오기 힘들 것이다.

정치인들은 겉으로는 국가가 국민에게 보다 많은 것을 해 주기 위해서는 세금을 더 많이 걷어야 한다고 포장하여 선전한다. 하지만 그 내막은 그렇지 않다.

다른 측면에서 바라보면 상황이 달라진다. 세금을 사용하는 위정자들의 입장에서 보면 사용하는 권리요, 분배하는 권한이 된다. 극단적으로 표현하면 세금은 선출직의 먹고사는 먹을거리요, 숫자로 표시되는 권한의 크기이기도 하다. 세금이 적다는 것은 재정 규모가 작다는 것이고 이는 곧 권한의 축소라는 말과 동의어이다. 그러니 이를 사용하는 권한을 가진 자가 어찌 이를 줄이는 데 동의하겠는가? 그럴 마음이 털끝만큼이라도 들겠는가?

이건 비밀이지만(사실 비밀도 아니다.), 국가나 지방 자치 단체에서 편성되어 숫자로 표시된 예산의 행간에는 누가 그 돈의 주인인지 꼬리표가 달려 있다고 보면 정확하다. 표시는 되어 있지 않지만, 각 항목의 숫자에는 누가 그 돈을 가져가는지, 누구를 위해 그 돈이 쓰이는지가 정해져 있다는 뜻이다.

예산 규모가 커질수록 돈을 가져가는 사람들의 인원수도 그들이 가져갈 돈의 규모도 당연히 커진다. 문제는 돈이 배분되는 과정을 일반 국민들은 정확히 알 수 없다는 데 있다. 누가 큰 쥐인지 작은 쥐인지만 구별될 뿐이다.

이 노래가 불리던 고대 시대나 지금 우리가 살아가고 있는 21세기나 위정자의 머릿속은 바뀌질 않았다. 그것이 이 노래가 현재 시대에도 우리들에게 알려 주고자 하는 변하지 않는 울림이다. 그 울림에 반응할 위정자들은 끝내 나타나지 않을 것인가?

이 노래에서 노래하는 이의 목소리를 현대적인 의미로 다시 한번 음미해 보자. 아마도 지금 시대에 그의 목소리는 다음과 같은 호소문으로 다가올 것이다.

호소문

대한민국의 공직자들이여!

특히, 세정을 담당하는 공직자들이여! 여러분들이 지금 하고 있는 일들을 다시 한번 되돌아볼 일입니다. 혹여 국민들이 세금을 내는 것을 당연하다고 생각하고 있지는 않는지요? 그분들의 입장에서 단 한 번이라도 역지사지해 보신 적이 있나요? 한 개인이 소득이나 수입이 있으면 그분들은 일정 부분은 자기가 노력한 것 이상의 불로소득이 있기 때문에 그에 해당하는 만큼 세금을 내야 한다고 생각해 온 것은 아닌지요? 혹여 많이 버는 사람들은 세금을 많이 내야 하는 것이 사회적 정의라고 당연하게 여긴 것은 아닌지요?

3,000년 전 『시경』의 목소리를 다시 떠올리며, 국민들에게 세금을 부과한다는 것이 얼마나 엄중한 일인지를 성찰하시길 바랍니다. 세금을 내는 자의 목소리에 귀 기울여야 합니다. 세금을 내는 자를 존중하고 존경하여야 합니다. 여러분은 형평을 말하고 있지만, 사실은 일 처리를 제일 불공평하게 하고 있는 것인지도 모릅니다. 세금을 내는 사람들이 없다면 어떻게 여러분이 안정적으로 매달 봉급을 받고, 어려운 이웃들을 도울 재원을 확보할 수 있겠습니까?

여러분의 사명이 단순히 세금을 많이 걷는 것은 아닙니다. 세금을 걷되, 정확한 기준으로 정당하고 정중하게 걷어야 합니다. 마치 당연한 권리처럼, 채권자처럼 세금을 걷어서는 안 됩니다. 세금을 많이 내는 사람들이 우리 사회를 지탱해 주고 유지해 주는 기둥이라는 사실을 잊어서는 안 됩니다.

세금을 적게 걷어서 적게 쓰겠다는 자세야말로 공직자의 올바른 자세입니다. 3,000년 동안, 『시경』의 주인공인 저는 수많은 나라가 세워졌다가 사라지는 과정을 이 두 눈으로 똑똑히 보아 왔습니다. 뚜렷한 이유 없이 무작정 세금을 많이 거두었던 나라들은 예외 없이 망했습니다. 제가 태어났던 위나라는 물론이고, 그 이후의 모든 나라는 국민들의 커다란 세 부담 때문에 지구상에서 사라져 버렸습니다.

이 원칙에는 하나도 예외가 없다는 사실을 명심하시기 바랍니다. 세금을 내는 사람들이 존중받고 위로받고 사회적으로 떳떳한 대접을 받는 나라, 그것이 진정한 나라입니다.

이 시대에, 호소문에서 말하는 바람직한 공직자의 흉내라도 내는 위정자가 나오기를 기대하며 이 노래를 음미해 보자.

큰 쥐

큰 쥐야 큰 쥐야, 우리 기장 먹지 마라.
삼 년이나 너를 알고 지냈거늘 어찌 너는 나를 돌아보지도 않는가?
내 장차 너를 떠나 좋은 땅 찾아가리. 좋은 땅 찾아가리.
그곳에서 내가 살 곳 얻으리라.

큰 쥐야 큰 쥐야, 우리 보리 먹지 마라.
삼 년이나 너를 알고 지냈거늘 어찌 너는 내게 보답하지도 않는가?
내 장차 너를 떠나 좋은 나라 찾아가리. 좋은 나라 찾아가리.
그곳에서 내가 살 바른 곳 얻으리라.

큰 쥐야 큰 쥐야, 우리 새싹 먹지 마라.
삼 년이나 너를 알고 지냈거늘 어찌 너는 나를 위로조차 않는가?
내 장차 너를 떠나 좋은 곳 찾아가리. 좋은 곳 찾아가리.
그곳에서 계속 쉬지 않고 외치리라. 누구 때문에 힘들었노라고.

碩鼠(석서)

碩鼠碩鼠 無食我黍 三歲貫女 莫我肯顧 逝將去女 適彼樂土
樂土樂土 爰得我所
석서석서 무식아서 삼세관녀 막아긍고 서장거녀 적피낙토
낙토낙토 원득아소

碩鼠碩鼠 無食我麥 三歲貫女 莫我肯德 逝將去女 適彼樂國
樂國樂國 爰得我直
석서석서 무식아맥 삼세관녀 막아긍덕 서장거녀 적피낙국
낙국낙국 원득아직

碩鼠碩鼠 無食我苗 三歲貫女 莫我肯勞 逝將去女 適彼樂郊
樂郊樂郊 誰之永號
석서석서 무식아묘 삼세관녀 막아긍노 서장거녀 적피낙교
낙교낙교 수지영호

碩鼠碩鼠
無食我黍
三歲貫女
莫我肯顧
逝將去女
適彼樂土
樂土樂土
爰得我所

碩鼠碩鼠
無食我麥
三歲貫女
莫我肯德
逝將去女
適彼樂國
樂國樂國
爰得我直

碩鼠碩鼠
無食我苗
三歲貫女
莫我肯勞
逝將去女
適彼樂郊
樂郊樂郊
誰之永號

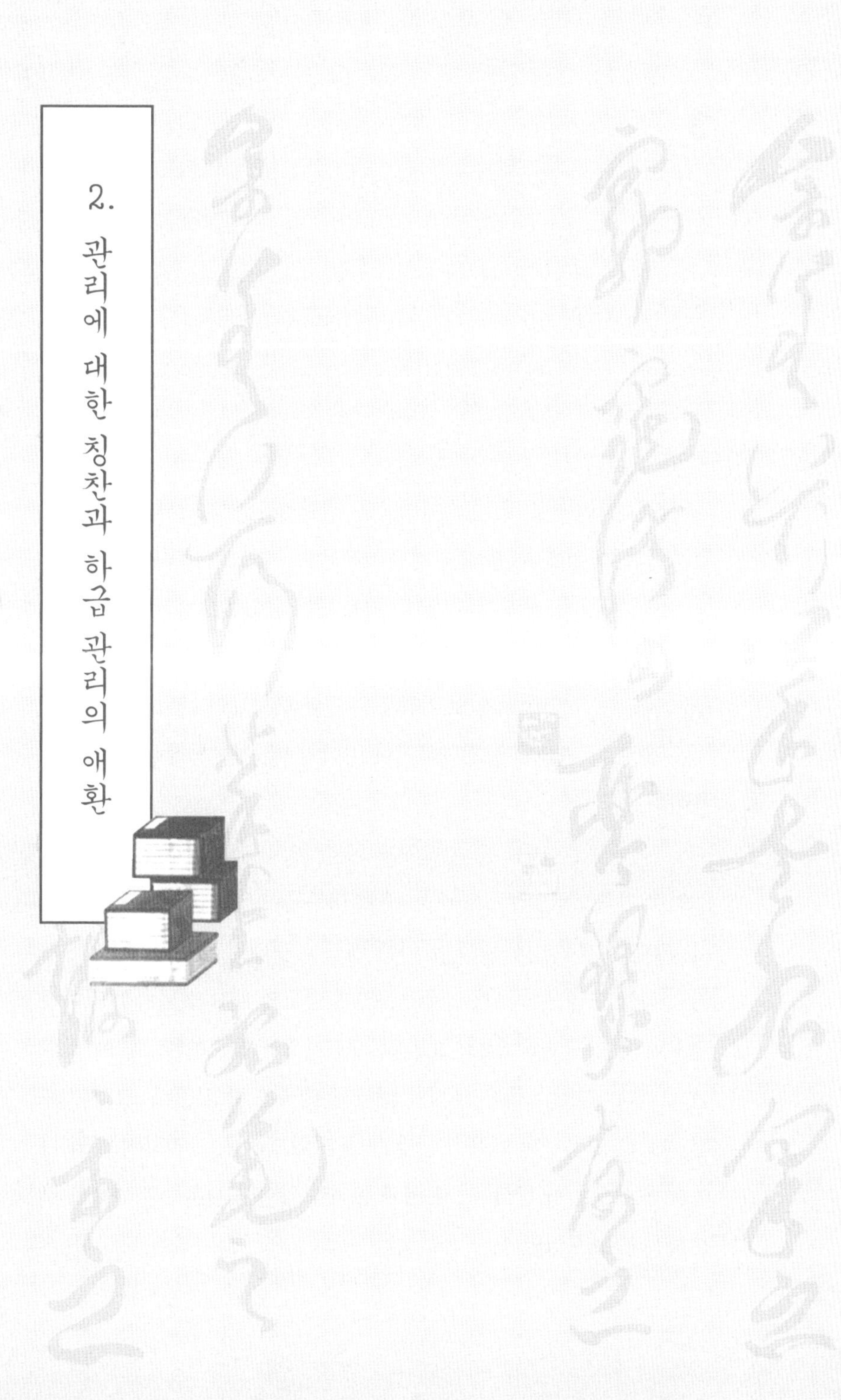

2. 관리에 대한 칭찬과 하급 관리의 애환

올곧은 저 관리여

〈염소 가죽옷(羔裘, 고구)〉(「정풍(鄭風)」 수록)

『시경』 전편에 걸쳐 염소 가죽옷을 소재로 한 노래는 모두 네 편이 등장한다. 이번에 소개하는 「정풍(鄭風)」의 〈염소 가죽옷(羔裘, 고구)〉을 비롯하여, 제1장에서 소개한 「회풍(檜風)」의 〈염소 가죽옷을 입고(羔裘)〉와 「소남(召南)」에 실린 〈고양(羔羊)〉, 「당풍(唐風)」에 실린 〈고구(羔裘)〉가 그것이다. 염소 가죽옷은 일반 백성들이 아니라 관리들이 입는 옷으로, 관리들을 칭찬하거나 비난할 때 종종 등장하는 시의 소품이다.

염소 가죽으로 만든 '고구'는 주로 대부들이 입었을 것으로 추측된다. 왕이나 제후의 옷은 옷에 다른 재료를 덧대지 않았다. 이와는 달리 신하들의 경우에는 옷소매(袪, 거)에 별도의 재료를 달아서 왕이나 제후의 옷과 구별을 했다. 표범(豹, 표) 가죽을 옷소매(褎, 수)에 달았던 것이다. 염소 가죽은 무늬가 없어서 단색을 띠고 있다. 그러나 표범 가죽은 얼룩무늬 때문에 금방 눈에 띄었으리라. 그리하여 표범 가죽은 옷소매에 단 장식(飾, 식)임과 동시에 왕이나 제후들과 신하를 구분해 주는 표식이었다.

이 노래는 앞 절 두 사구와 뒷 절 두 사구를 대비시키는 형식으로 되어 있다. 앞 절은 옷의 형식과 모양 등 눈에 보이는 모습을, 뒷 절은 그 옷을 입은 사람의 성정과 마음 자세 등 눈에 보이지 않는 행태를 묘사하는 방식으로 구분하고 있다. 염소 가죽옷을 입은 관리의 외양과 그의 성정을 대비하여 칭송하고 있는 것이다.

관리가 입고 있는 염소 가죽옷에서는 윤기(濡, 유)가 흐른다. 매끄러운 가죽옷이다. 그 옷맵시는 가죽이 곧게 펴져 참으로(洵, 순) 부드럽고(直, 직) 아름답다(侯, 후). 가죽옷은 곱다(晏, 안). 그 옷은 소매에 표범 가죽이 덧대어져 줄무늬처럼 장식(飾, 식)되어 있다. 그래서인지 힘 있고 늠름해(武, 무) 보인다. 그 가죽옷은 일정한 무늬(三英, 삼영; 주희는 이를 가리켜 '일종의 복식 제도에 따른 무늬의 일종이지만 정확한 것은 알 수 없다'고 하였다. 필자는 주희의 의견을 좇아 '관복에 새기는 일종의 무늬'라고 해석하기로 했다.)의 수가 새겨져 있다. 그 무늬는 밝고 선명하여 빛이 난다(粲, 찬).

그 옷을 입고 있는 저기 저 사람은 성정이 올곧고 발라서 명령(命, 령)을 받으면 내버려두어도(舍, 사) 자기 개인적 욕심에 따라 자의적으로 변경시키지(渝, 유) 않고 명령을 받은 대로 일을 처리하는 사람이다. 사(邪)가 없는 사람이다. 강직하고 올곧은 것이다. 명령이 변경되지 않는 것이다. 한번 내려진 명령은 일관되게 집행되는 것이니 신뢰할 만한 신하다. 또한 나라(邦, 방)의 기강을 바로잡는 일(司直, 사직)을 맡고 있어서 그 맡겨진 일도 올곧게 처리할 사람인 것이다. 그야말로 나라의 선비(彥, 언)인 것이다. 나라의 기강을 바로잡는 일을 공명정대하게 잘 처리할 성품을 가지고 있는 제대로 된 관리인 것이다.

이 노래는 공직자가 지녀야 할 두 가지 품성을 이야기하고 있다. 그 하나는 일을 공평무사하게 처리하는 태도이다. 공적인 업무 처리에서 상대방에 따라 처리 내용이 달라진다면 공정하지 못한 일 처리가 된다. 한번 주어진 일의 처리 체계인 명(命)은 상황에 따라 변동되어서는 안 되고, 그 대상이 누구이든 일 처리에 적용되는 잣대는 동일해야 하는 것이다. 일 처리를 자의적으로 변경하면 그로 인해 영향을 받는 국민들이 불만을 갖는 것은 지금도 마찬가지이다.

공직자가 지녀야 할 또 다른 품성은 일을 강직하게 처리하는 태도이다. 강직함을 나타내는 단어는 '곧을 직(直)'이다. 곧고 바르다는 것은 사심이 작용하지 않는다는 뜻이다. 공적인 업무에 사심이 개입되면 일을 강직하게 처리할 수 없다. 그 대상이 누구든 일 처리를 강직하게 해야 하는 공직자는 그래서 힘들고 외롭기까지 하다. 구부러지지 않는다는 것은 결국 외로움을 감수하여야 한다는 말의 다른 표현이다. 시종일관 흐트러짐 없는 절개와 정조와 지조와 뜻을 변하지 않고 지키는 것을 일컫는 '시종불투(始終不渝)'라는 사자성어는 이 노래에서 연유한 듯하다. 시종일관(始終一貫), 처음과 끝이 변함없이 같다는 의미이다.

나라(邦, 방)의 '사직(司直)'은 지금으로 말하자면 국민의 행위를 재단하고 처벌하여 사회를 정화하는 역할을 받은 검찰과 법원, 경찰이라 할 수 있다. 조선 시대에는 사헌부, 형조가 이러한 역할을 맡았다. 잘못을 재단하고 처벌하는 일의 기본은 일 처리의 공명정대함이다. 그리고 그 권력은 최소한으로 행사되어야 한다. 국민의 일거수일투족을 교정한다는 목표는 세워서도 안 되고, 현실적으로도 실현 불가능하다. 그것은 신의 영역이다. 사람이 사람을 재단하고 처벌하는 일은 최소화할수록 정의에 가깝다. 필요 최소한의 원칙은 국가가 국민에게 내리는 명(命)의 대원칙이 되어야 한다.

이 노래는 그런 점을 말하고 있다. 공무를 처리하는 자가 입는 근무복의 매끄러움과 아름다움, 밝고 깨끗함(粲, 찬)은 곧 그 일을 처리할 때에도 곧고 바르고 부드럽게 하여 한 점 구부러짐이 없도록 해야 마땅함을 대비시켜 말하고 있는 것이다.

이러한 교훈을 기억하며 이 노래를 감상해 보자.

염소 가죽옷

윤기 나는 염소 가죽옷, 참으로 부드럽고 아름답네.
저기 저 옷 입은 저 사람은, 명령을 처리함에 구부러짐 없다네.

표범 가죽 두른 염소 가죽옷, 매우 늠름하고 힘이 있네.
저기 저 옷 입은 저 사람은, 나라의 일 맡아 구부러짐 없이 처리하네.

곱디고운 염소 가죽옷, 수놓은 무늬 밝고 빛나네.
저기 저 옷 입은 저 사람은 진정한 나라의 선비일세.

羔裘(고구)

羔裘如濡 洵直且侯 彼其之子 舍命不渝
고구여유 순직차후 피기지자 사명불투

羔裘豹飾 孔武有力 彼其之子 邦之司直
고구표식 공무유력 피기지자 방지사직

羔裘晏兮 三英粲兮 彼其之子 邦之彦兮
고구안혜 삼영찬혜 피기지자 방지언혜

羔裘如濡洵直
且侯彼其之子
舍命不渝

羔裘豹飾孔武
有力彼其之子
邦之司直

羔裘晏兮三英
粲兮彼其之子
邦之彥兮

새벽까지 일을 해야 하니

〈작은 별은 반짝이는데(小星, 소성)〉(「소남(召南)」 수록)

밤하늘의 별이 아름다운 것은 그 별을 바라보는 이의 마음이 편안하기 때문이다. 그러나 새벽까지 밤을 새워 가며 고된 일을 마치고 나서 일터를 나설 때, 하늘 저편에서 반짝이는 별을 바라다보는 일은 애처롭다. 〈작은 별은 반짝이는데(小星, 소성)〉는 밤낮없이 일을 하고 나서 잠깐 눈을 붙이기 위해 일터를 나서는 하급 관리의 애환을 묘사하고 있다. 『모시서(毛詩序)』에서는 이 노래를 가리켜 '왕의 은혜가 온 백성들에까지 별빛처럼 미쳐서 그 슬하에 있는 부인이나 첩들이 그 분수를 알아 투기하지 않고 제 위치에서 마음을 다하는 것을 읊은 작품'이라고 해석하고 있다. 하지만 그렇게 이해하기에는 무리가 있으므로, 여기서는 주희의 의견을 반영하여 '과중한 업무에 지친 하급 관리가 자신의 운명을 한탄하는 노래'로 해석하고자 한다.

노래하는 이는 대여섯 개의 별이 동쪽 하늘에 떠오를 때, 일을 하러 나간다. 밤길을 따라 총총히 걸음을 옮긴다. 근무하러 가는 길은 멀다. 어둡고 깜깜하지만 별빛에 의지해 걸음을 서두른다. 근무 장소에 도착한 그는 잠시 쉴 틈도 없이 밀린 일을 처리한다. 일은 해도 해도 끝이 없다. 모두 그가 처리하지 않으면 안 될 일이다. 누가 대신할 수도 없고, 아무도 그렇게 해 주지 않는다. 이는 그가 제일 말단 직급인 까닭도 있지만, 상사가 자기 기분에 맞추어 별 효과도 없는 쓸데없는 일까지 잔뜩 그에게 맡긴 까닭이기도 하다. 하지만 어쩌랴. 그는 이를 따질 수도, 변변한 핑계를 댈 수도 없는 처지인 것을. 밤을 새워 일을 한다.

어느덧 시간은 새벽 서너 시가 넘었다. 잠시 눈을 붙여야 한다. 일터를 나서서 숙소로 가는 그의 팔에는 이불이 들려 있다. 밤을 새는 날이 부지기수이므로, 잠시 눈을 붙일 때 덮을 이불을 가지고 다닌 지도 이미 오래되었다. 이젠 날씨가 쌀쌀해져서 속적삼(裯, 주)도 껴입어야 한다. 서쪽 하늘에 묘성(昴星)과 삼성(參星)이 마치 그의 운명처럼 애처롭게 반짝이고 있다. 내 운명(命, 명)은 왜 이리도 처량한지 알 길이 없다. 사람의 운명은 왜 이리도 불공평한지, 왜 이리도 기구한지 이해할 수도 없다. 이불(衾, 금)을 안고(抱, 포) 숙소로 총총(肅肅, 숙숙) 걸어가는 새벽 밤길(宵征, 소정)에는 어느덧 새벽이슬이 촉촉하게 내려앉아 있다.

묘성과 삼성은 서양의 오리온자리나 황소자리에 해당하는 별로, 동양의 28수(宿, 수) 중 하나다. 동양에서는 달이 저물고 차오르는 주기에 맞추어 하늘의 적도를 따라 그 남북에 있는 별들을 28개 구역으로 나누어서 부른다. 28수에 따르면, 별들을 7개씩 네 묶음으로 나누고 '7사(舍)'로 구별하여 동서남북 사방을 상징한다. 묘성과 삼성은 서방에 속하는 별로, 주로 초겨울에서 이른 봄까지 명확하게 관측된다. 주로 이른 새벽 서너 시경에 반짝이는 별이다.

묘성(昴星)은 오리온(Orion) 자리에 가까운 황소자리(Taurus)에 있는 별자리로, 흔히 '일곱 자매(Seven sisiters)'라 불리는 개방 성단이다. 이 성단은 수백여 개의 별이 매혹적인 푸른빛을 띠고 빛나고 있어 신비롭기까지 하다. 페르시아인들은 이를 '진주 목걸이'라고 불렀고, 동양인들은 이 별들을 하늘의 눈과 귀로 여겨 '상사(喪事)를 주관한다'고 믿었다. 화려하거나 신비한 대상이 아니라 죽음의 끝자락이라고 여긴 것이다. 서쪽 하늘에서 푸른 섬광에 둘러싸인 묘성은 마치 생명의 마지막을 불태우는 모습으로 비쳤을 수도 있다.

가장 서쪽 하늘에 위치한 삼성(參星)은 세 개의 별이 띠를 이루고 주로 초겨울 새벽녘에 떠오른다. 서양인들은 이 별자리를 황소를 사냥하는 사냥꾼으로 여겼다. 반면 동양인들은 이를 효도와 충성의 별, 형벌을 다스리는 별, 변방 수비를 주관하는 별로 여겼다. 아무래도 가장 서쪽 변방에 위치한 까닭이리라.

별은 주나라 시대나 지금이나 변함없이 그곳 언저리에서 반짝이고 있다. 그럼에도 바라보는 사람들의 심리 상태에 따라 다르게 보이곤 한다. 행복한 사람에게는 밝은 별이 되고 사랑하는 사람에게는 따뜻한 별이 되는가 하면, 괴롭고 힘든 사람에게는 슬프고 애처로운 별이 되는 것이다. 이 노래의 주인공은 지금 힘들고 괴롭다. 따라서 그에게 삼성과 묘성은 슬프고 애처로운 별이다. 바라보는 사람의 운명에 따라 그 별의 운명도 달라지는 것이다.

노래하는 이의 애처로운 탄식을 담아 이 노래를 감상해 보자.

작은 별은 반짝이는데

작은 별 서너 개가 동쪽 하늘에 반짝이네.
난 총총 밤길 걸어 밤낮으로 일을 하네.
왜 이리도 내 운명은 다른 사람과 달리 기구한가!

작은 별 반짝이네. 삼성과 묘성이네.
난 이불 품에 안고 밤길 총총 가네.
왜 이리도 내 운명은 다른 사람과 달리 기구한가!

小星(소성)

嘒彼小星 三五在東 肅肅宵征 夙夜在公 寔命不同
혜피소성 삼오재동 숙숙소정 숙야재공 식명부동

嘒彼小星 維參與昴 肅肅宵征 抱衾與裯 寔命不猶
혜피소성 유삼여묘 숙숙소정 포금여주 식명불유

嘒彼小星三
五在東肅肅
宵征夙夜在
公寔命不同

嘒彼小星維
參與昴肅肅
宵征抱衾與
裯寔命不猶

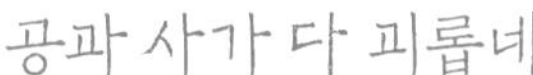

공과 사가 다 괴롭네

〈북문을 나서며(北門, 북문)〉(「패풍(邶風)」 수록)

〈북문을 나서며(北門, 북문)〉 또한 〈작은 별은 반짝이는데(小星, 소성)〉와 마찬가지로 하급 관리의 애환을 담고 있다. 〈작은 별은 반짝이는데〉가 밤을 새며 일하는 하급 관리의 애처로움을 노래했다면, 〈북문을 나서며〉는 직장에서나 집에서나 시달리는 힘없는 가장의 서글픔을 이야기하고 있어서 더욱 처연하다.

이 노래를 부른 자는 관청에서 나랏일을 보고 있는 제일 말단의 관리이다. 능력은 뛰어나지 않으나 잔꾀를 부리지 않고 묵묵히 일하는 타입이다. 업무 처리 능력이 탁월하지 않아도 성실하고 묵묵히 일하기에, 자질구레한 일은 거의 다 그의 몫이다. 동료도 상사들도 하기 싫고 귀찮고 시간이 많이 걸리는 일은 모두 그에게 떠넘긴다. 천성이 선한 탓도 있지만, 불평을 할 줄 모르는 성격 탓이기도 하다. 어쩌면 자질구레한 잡일을 도맡아 하는 것이 직장에서 그가 아직까지 버틸 수 있었던 이유인지도 모른다.

말단 관리이다 보니 급여 또한 변변치 않다. 원래 가진 것 없는 가난한 집안에서 태어나 어찌어찌 말단 관리로 들어갔지만, 생활은 늘 쪼들린다. 빈한하고 누추하며 궁색하다. 누군가 자신의 처지를 알아주기를 기대하는 것도 부질없는 일이다. 그렇게 체념해 버리는 것이 오히려 이 궁핍함을 달랠 수 있는 유일한 방법이다.

다시 직장으로 나간다. 그의 손길을 기다리는 나랏일(王事, 왕사)은 산더미처럼 쌓여 있다. 해도 해도 끝이 없는 일거리(政事, 정사)이다. 매일 해야 될 일은 성곽에 추가로 쌓아올리는 성가퀴(埤, 비)처럼 나날이 쌓여서 밖이 보이지 않을 정도다. 모든 일이 그에게로 던져지듯 주어진다(遺, 유). 기존의 업무도 아직 끝내지 못했는데 추가로 일이 쌓인다. 두텁게(敦, 돈) 쌓인다. 누구 하나 그의 일을 도와주는 사람은 없고, 추가로 일을 시키는 사람들뿐이다.

일을 미처 끝내지도 못한 채 날이 어두워져 집으로 돌아온다. 남자의 몸은 이미 파김치가 되었다. 어깨가 축 늘어진 그를 기다리고 있는 것은 부인의 따뜻한 위로가 아니다. 싸늘한 부인의 눈초리와 함께 그에게 들려오는 말은 가난에 대한 넋두리요, 책망이요, 잔소리이다. 부모와 처자식이 번갈아 가며(交, 교) 그를 힐난하고 책망한다(讁, 적). 다들 그의 게으름을, 능력 없음을, 가난함을 힐난한다. 위로는커녕 그의 지친 몸과 마음을 짓누르는 말들뿐이다. 물론 다 맞는 소리이긴 하다. 틀린 말이 아니라서 마땅한 대꾸조차 할 수 없다. 이러한 지경에 놓인 것은 자기 자신이 무능하기 때문이다. 나를 배척하는(摧, 최) 말들이 어쩌면 그들로서는 당연한 것이다. 그들의 힐난하는 말들은 입장을 바꾸어 봐도 이해 못 할 바가 아니다. 이미 그 말이 맞는 것을, 아서라(已焉哉, 이언재)! 하늘이 그러하니(天實爲之, 천실위지), 운명이니, 말해 무엇하랴(謂之何哉, 위지하재)! 체념하고 포기해 버리고 나면 오히려 속이 편해질지 모른다.

세상 남자들의 처지가 다들 이렇지 않겠는가? 밖에서는 일에 치이고, 상사 눈치를 보느라 주눅 들고, 집에 오면 아내의 책망에 더욱 작아지는 3,000년 전 한 남자의 한숨과 탄식은 '지금 여기'를 살아가는 우리네 가장의 모습이 아닐까?

하지만 아내 입장에서 이 노래를 생각해 보자. 그녀는 죄가 없다. 사람 좋기만 하고 무능한 남자에게 시집온 것이 죄라면 죄이다. 그러나 그로 인해 가난이라는, 궁핍이라는 평생의 실곡을 얻었다. 누추함과 가난과 궁핍은 온전히 아내의 몫이다. 그녀가 남편에게 하는 말은 책망(讁, 적)이다. '적(讁)'이라는 글자는 '적절하고 들어맞는 당연한(適, 적) 말(言, 언)'을 뜻한다. 사리에 맞는 합당한 말인 것이다. 책망하는 말이지 틀린 말은 아닌 것이다. 부인의, 그의 자녀들의, 그녀가 부양하고 있는 부모들의 궁핍함은 전부 '못난 남편' 탓인 것이다. 그의 무능함이 '독하지 못한 마음 씀씀이와 게으름에서 비롯되는 것'이라는 잔소리에 이르면, 그로서는 더 이상 대꾸할 말이 없다. 맞지만 듣기 싫은 것이 바로 부인의 잔소리 아니겠는가? 입바른 소리는 듣기 싫게 마련이다. 아예 사실과 부합하지 않는 말이라면 무시하고 그냥 흘려버리면 될 일이다. 하지만 그것이 올바른 내용이라면 귀담아 들어서 자신의 단점을 고쳐야 한다. 그런데 그럴 자신이 없기에 듣기 싫은 것이다. 게으르고 둔하다고 책망하는 부인의 말은 맞지만 고칠 자신이 없기 때문이다. 그것이 자신의 천성인데 어찌하랴. 형편이 궁핍한 것도, 부인의 책망도 다 하늘의 뜻이다. 체념만이 답이라고 생각한다. 지친 몸과 함께 그의 정신마저 버티지 못하고 무너져 내리는 소리가 들리는 듯하다.

답답한 한 사내의 심정을 생각하며 이 노래를 감상해 보자.

북문을 나서며

북문을 나서니 근심만 가득하네.
빈한하고 가난함 그 누가 알랴마는.
어쩌랴. 하늘의 뜻이니, 말한들 무엇 하랴.

할 일은 나에게 몰리고, 추가로 또 쌓이네.
밖에서 돌아오니 가족들은 번갈아 가며 날 책망하네.
어쩌랴. 하늘의 뜻이니, 말한들 무엇 하랴.

할 일은 나에게 쌓이고, 추가로 또 주어지네.
밖에서 돌아오니 가족들은 번갈아 가며 날 꾸짖네.
어쩌랴. 하늘의 뜻이니, 말한들 무엇 하랴.

北門(북문)

出自北門 憂心殷殷 終窶且貧 莫知我艱 已焉哉 天實爲之 謂之何哉

출자북문 우심은은 종구차빈 막지아간 이언재 천실위지 위지하재

王事適我 政事一埤益我 我入自外 室人交徧讁我 已焉哉 天實爲之 謂之何哉

왕사적아 정사일비익아 아입자외 실인교편적아 이언재 천실위지 위지하재

王事敦我 政事一埤遺我 我入自外 室人交徧摧我 已焉哉 天實爲之 謂之何哉

왕사돈아 정사일비유아 아입자외 실인교편최아 이언재 천실위지 위지하재

▲ 出自北門憂心殷殷終
窶且貧莫知我艱已焉
哉天實爲之謂之何哉

▲ 王事適我政事一埤益我我
入自外室人交徧讁我
已焉哉天實爲之謂之何哉

▲ 王事敦我政事一埤遺我我
入自外室人交徧摧我
已焉哉天實爲之謂之何哉

나랏일에 앞뒤가 없어

〈동도 트기 전에(東方未明, 동방미명)〉(「제풍(齊風)」 수록)

일을 할 때에는 일의 흐름을 따라 앞뒤를 구분해야 한다. 어디가 시작이고 끝인지를 구분할 줄도 모르면서 그 일을 제대로 해낼 수는 없다. 개인의 일도 그럴진대 나랏일은 말해서 무엇 하랴. 일이나 사물이 질서 없이 뒤바뀌어 혼란스러운 상태를 '주객전도(主客顚倒)'라 한다. 그 말은 바로 이 노래에서 나온 것으로 보인다. 주객전도라는 말을 나랏일과 연관 지어 본다면, 공직자가 일을 처리할 때 체계적 시스템이 아니라 개인의 성정에 따라서 질서 없이 일을 지시함으로써, 무엇이 주된 것이고 무엇이 부수적인 것인지 도저히 분간할 수 없게 된 상황을 일컫는다고 할 수 있다. 한마디로 위아래가 뒤바뀐 상태, 인과관계가 흐트러진 상태이다.

주객전도의 경우와 마찬가지로, 상의와 하의가 서로 뒤바뀌면 옷을 제대로 갖추어 입을 수가 없다. 이 노래의 당사자는 왕이 동트기도 전인 새벽에 시도 때도 없이 명령을 내리는 탓에, 웃옷(衣, 의)과 바지(裳, 상)를 바꾸어 입을 정도로 정신이 없다. 옷을 입으면서 허둥대어서 자빠지고(顚, 전) 넘어진다(倒, 도). 동트기도 전(東方未明, 동방미명)

에 왕이 그를 부른다. 밤새워 어떤 일을 골똘히 생각하다가, 날이 밝을 때까지 기다리지 못하고 신하를 다급하게 호출하는 것이다. 충분한 숙고 없이 기분 내키는 대로 명령하는 까닭에, 나중에는 자신이 어떤 명령을 내렸는지 기억하지 못하여 이전에 내린 명령을 또 내리는가 하면, 아예 이전과 반대되는 명령을 내리기도 한다.

이처럼 〈동도 트기 전에(東方未明, 동방미명)〉의 주인공은 변덕스러운 왕 덕분에 매일같이 아침과 저녁의 구분도 없이 산다. 동트기 전에 나가서 밤늦게 돌아오니 다른 이들이 보기에는 정상적인 사람으로 보일 리가 없다. 미친 사람(狂夫, 광부)이다. 도둑들이 보기에도 그럴 것이다. 움직이는 시간이 새벽이나 밤늦은 시간이니 꼭 도둑들이 활동하는 시간이다. 그러니 도둑들도 의심스러운 눈초리로 바라본다. 도둑인들 그를 보면 놀라고 두려워하지(瞿瞿, 구구) 않겠는가?

그렇게 바쁘니까 당연히 채소밭(圃, 포)을 관리할 시간도 없다. 주변의 버드나무(柳, 류) 가지를 꺾어다가(折, 절) 울타리(樊, 번) 대신으로 대충대충 엮어서 세워 놓았다. 도저히 제대로 관리할 틈이 나지 않아서 그렇게라도 해 놓는다.

그런데 미친 사람들도 그가 두려워서 채소밭에 들어가질 않는다. 미친 사람이 보기에도 새벽(辰, 진)과 한밤중(夜, 야)을 구분하지 않고 사는 그는 두려운 존재이기 때문이다. 이른 새벽(夙, 숙)이나 저녁 어스름(莫, 모)에야 그를 볼 수 있다. 하루도 빠짐없이 새벽 아니면 밤중에 활동하니, 도둑이나 미친 사람이 보더라도 훨씬 더 대담한 도둑이거나 훨씬 더 크게 미친 사람이다.

이렇듯 미치도록 일을 하는 이유가 정말로 신이 나서, 또는 일이 제대로 돌아가기 때문이라면 다행이지만 그것이 아니다. 사실은 임금이, 통치자가, 최고 의사 결정권자가 제정신이 아니기 때문이다. 시도 때도 없이 내리는 명령에는 두서가 없다. 차라리 모르면 가만히 앉아서 돌아가는 형세를 살피기만 해도 될 터인데, 단기간에 성과를 내지 못해 안달이다. 그래서 생각나는 대로 잘 알지도 못하면서 명령만 내린다.

그러니 일이 제대로 돌아갈 리 있겠는가? 그래서 관리들이 명령대로 일을 추진하기도 전에 또 다른 명령이 내려온다. 관리들은 단지 명령을 받드는 것만으로도 정신이 없어 허둥댄다. 당연히 일은 제대로 진행되지 않는다. 그저 명령만 쌓여 갈 따름이다.

오늘날에도 그런 지도자가 적지 않다. 이는 역사의 교훈을 배우지 못해서일까, 아니면 알긴 해도 일의 앞과 뒤, 주와 종을 분간해 낼 능력이 없어서일까?

이러한 상황을 생각하며 이 노래를 들어보자.

동도 트기 전에

아직 동도 트지 않았는데, 바지와 저고리를 바꿔 입네.
엎어지고 넘어지네. 임금님이 불러서라네.

아직 동도 트지 않았는데, 저고리와 바지를 바꿔 입네.
넘어지고 엎어지네. 임금님이 명령을 내려서라네.

버드나무 가지 꺾어다가 채소밭에 울타리를 쳐 놓았네.
미친 사람도 무서워 들어오지 못하네.
아침 저녁 구분 못하고, 이른 아침 아니면 밤중에 움직이니.

東方未明(동방미명)

東方未明 顚倒衣裳 顚之倒之 自公召之
동방미명 전도의상 전지도지 자공소지

東方未晞 顚倒裳衣 倒之顚之 自公令之
동방미희 전도상의 도지전지 자공령지

折柳樊圃 狂夫瞿瞿 不能辰夜 不夙則莫
절유번포 광부구구 불능진야 불숙즉모

▲ 東方未明顚倒
衣裳顚之倒之
自公召之

▲ 東方未晞顚倒
裳衣倒之顚之
自公令之

▲ 折柳樊圃狂夫
瞿瞿不能辰夜不
夙則莫

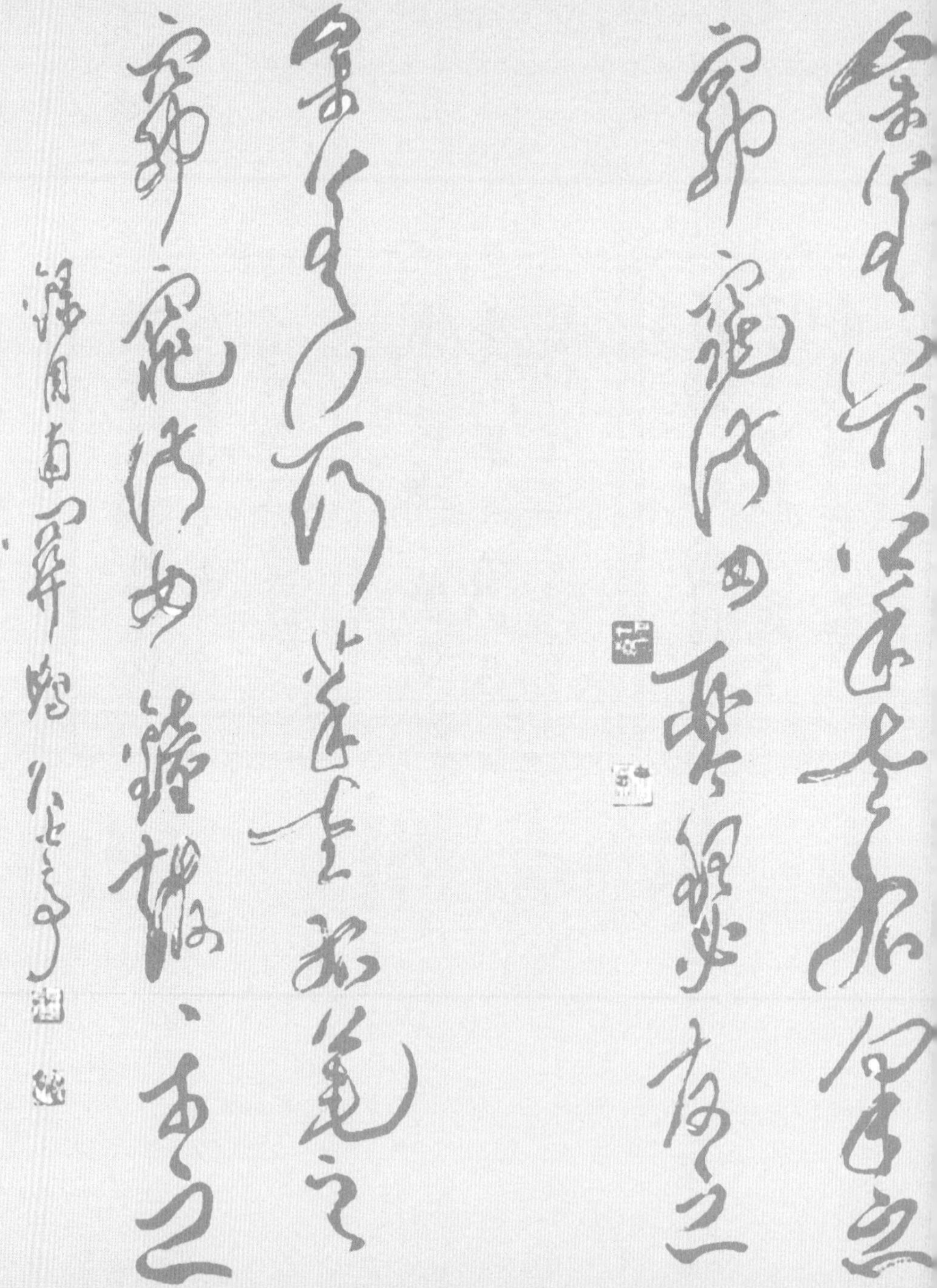

參差荇菜 左右采之
窈窕淑女 琴瑟友之
參差荇菜 左右芼之
窈窕淑女 鐘鼓樂之

錄周南關雎 [illegible]

제4장

시대에 대한 한탄과 고단한 삶

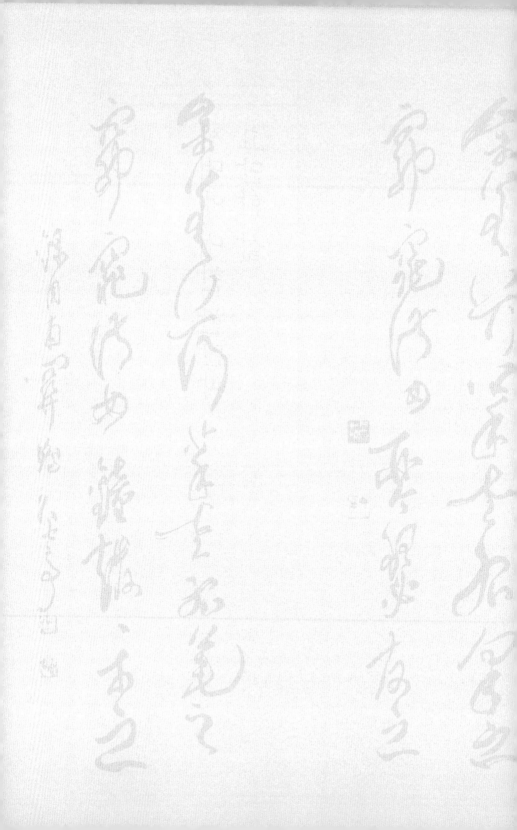

조정에는 간신들만 가득하고

〈북풍이 불어오더니(北風, 북풍)〉(「패풍(邶風)」 수록)

이 장에서는 주나라 사람들의 시대 한탄과 고단한 삶을 다룬 노래들을 소개한다. 백성들의 시각으로 그 시대의 삶을 읊은 노래들은 눈물 없이는 읽기 어렵다. 활자 속에서 튀어나오는 그들의 모습과 목소리는 그 시대의 자화상이 되고, 후세 사람들에게 교훈이 된다. 그런가 하면 바로 지금 시대의 이야기가 되기도 한다.

〈북풍이 불어오더니(北風, 북풍)〉는 그런 노래들을 대표하는 작품이다. 정국을 어지럽힌 정치인들은 도저히 개과천선할 것 같지 않다. 이미 조정에는 임금의 비위만을 맞추기에 급급한 간신들이 득세하고 있다. 임금도 그들에게 휘둘려서 백성들의 삶은 안중에도 없다. 북쪽에서 불어오는 바람은 차다. 눈구름을 몰고 오는 바람이다. 북풍과 펄펄 내리는 눈은 노래하는 이가 어찌할 수 없는 정국의 어지러움을 상징한다. 그 상황을 더 이상 감내할 수 없어서 조국을 떠나고자 한다. 자신도 언제 이 어지러운 소용돌이 속으로 빠져들지 알 수 없다. 사랑하는 이의 손을 꼭 잡고 이곳을 탈출하여야 한다. 더 늦기 전에.

조정에 백성을 사랑하는 관리는 한 사람도 없다. 오로지 자신의 안위만을 생각할 뿐이다. 임금에게 잘 보이기만 하면 일신의 안위를 보전하는 것은 그리 어렵지 않다. 말로는 백성들을 위하는 척하지만, 실상을 들여다보면 모두가 여우(狐, 호)요 까마귀(烏, 오)이다. 털이 붉지 않다(莫赤, 막적)고 해서 여우가 아닌 것이 아니며, 깃털이 까맣지 않다(莫黑,막흑)고 해서 까마귀가 아닌 것이 아니다. 털이 희고 고울지라도 속마음은 교활한 여우이며, 반짝이는 흰 깃털을 뽐내지만 그 속은 검은 까마귀일 수 있다.

서늘한(凉, 량) 북풍(北風, 북풍)이 부는가 싶더니 눈이 펄펄 내린다(雱, 방). 북풍은 휘몰아치며 쉬이익 새소리(喈, 개)를 내며 불어 닥친다. 바람과 함께 몰려온 시커먼 눈구름은 눈을 굵은 비처럼 쏟아 붓듯이(霏, 비) 내려 보낸다. 조금만 지나면 지금 보이는 이 길도 눈에 잠겨 어디가 길인지 논밭인지 구분이 되지 않을 것이다. 조금이라도 지체하면 이 거대한 눈구덩이 속으로 영영 파묻힐지도 모른다. 어서 빨리 이곳을 탈출하여야 한다. 사랑하는 사람의 손을 꼭 부여잡아 이끌고(攜, 휴) 이곳을 떠나야 한다. 조금이라도 지체하면 타고 가는 수레가 눈 속에서 갇혀 버려 영원히 탈출하지 못하리라. 한시바삐 서둘러야 한다. 머뭇거릴 시간이 없다(其虛其邪, 기허기사).

조정의 간신들은 임금의 눈을 가리고 속여 자신들의 권력을 키움으로써 일신의 이익만을 도모하는 무리들이다. 그들은 절대 권력을 선호한다. 왕의 권력이 커질수록 자신의 권력 또한 커지기 때문이다. 다른 의미로는 왕의 권력이 커져야 자기들에게 돌아올 몫이 커지는 것이다. 따라서 왕의 권력을 키우는 데 동조하는 동시에 자기들의 권력 확대를 위해 왕의 권력을 축소시키는 이중적인 행태를 보인다. 권력을 나누는 일에 걸림돌이 되는 세력은 언제든 제거 대상이 된다. 그런 역할을 주도하는 자들이 여우요 까마귀인 것이다. 노래하는 이는 간신 무리를 간신이라고 똑바로 지적한 셈이다. 그러니 간신들이 그를 그냥 둘 리가 없다. 곧 그를 제거하기 위한 작업에 들어갈 것이다. 그 교활한 음모가 실행되기 전에 하루빨리 안전한 곳으로 가야 한다.

이러한 절박한 상황을 생각하며 이 노래를 감상해 보자.

북풍이 불어오더니

북풍이 차갑게 불어오더니 눈이 펄펄 내리네.
나를 사랑하는 이와 손을 잡고 함께 가리라.
머뭇거릴 시간이 없네, 빨리 서둘러야 하네.

북풍이 쉬익 소리 내며 불어오더니 눈이 펄펄 내리네.
나를 사랑하는 이와 손을 잡고 함께 가리라.
머뭇거릴 시간이 없네, 빨리 서둘러야 하네.

털이 붉지 않다 하여 여우 아닌 것이 아니고,
깃털이 까맣지 않다 하여 까마귀 아닌 것이 아니네.
나를 사랑하는 이와 손을 잡고 함께 가리라.
머뭇거릴 시간이 없네, 빨리 서둘러야 하네.

北風(북풍)

北風其凉 雨雪其雱 惠而好我 攜手同行 其虛其邪 旣亟只且
북풍기량 우설기방 혜이호아 휴수동행 기허기사 기극지차

北風其喈 雨雪其霏 惠而好我 攜手同歸 其虛其邪 旣亟只且
북풍기개 우설기비 혜이호아 휴수동귀 기허기사 기극지차

莫赤匪狐 莫黑匪烏 惠而好我 攜手同車 其虛其邪 旣亟只且
막적비호 막흑비오 혜이호아 휴수동거 기허기사 기극지차

北風其涼雨雪其雱
惠而好我攜手同行
其虚其邪既亟只且

▲ 北風其凉雨雪其雱
惠而好我攜手同行
其虛其邪既亟只且

北風其喈
雨雪其霏
惠而好我
攜手同歸
其虛其邪
既亟只且

莫赤匪狐
莫黑匪烏
惠而好我
攜手同車
其虛其邪
既亟只且

어지러운 세상, 차라리 잠에서 깨지나 말았으면

〈토끼는 느긋하게 돌아다니고(兎爰, 토원)〉(「왕풍(王風)」 수록)

앞의 〈북풍이 불어오더니(北風)〉가 어지러운 정국과 간신들이 들끓는 세상을 한탄하며 그곳을 벗어나고자 하는 노래라면, 〈토끼는 느긋하게 돌아다니고(兎爰, 토원)〉는 아예 그대로 잠들어 깨어나지 않기를 바라는 가슴 아픈 노래이다.

살다 보면 자신이 처한 상황을 헤쳐 나가기가 버거울 때 잠시나마 그 일이 일어나기 전으로 돌아가기를 갈망하거나, 오늘밤 잠들어서 영원히 깨어나지 않기를 바라는 경우가 있다. '현실로부터의 도피'라는 유혹은 때로는 아주 강력해서 일부 사람들은 자살을 실행에 옮기고 만다. 어려운 시대일수록 이런 비보가 신문이나 방송을 장식하는 것을 자주 보게 된다. 안타깝지만 이게 현실이다.

지금으로부터 3,000년 전의 상황도 별반 다를 게 없었다. 이 노래를 부른 자는 현실의 상황을 이겨내지 못하고 그런 허망한 꿈을 꾸고 있다.

노래의 주인공은 그물에 걸린 한 마리 꿩(雉, 치)이다. 꿩은 날 수 있으면서도 사냥꾼이나 사냥개에게 쫓기면 목만 수풀 속에 숨기고 꼬리와 몸통은 드러내어 그만 잡혀 버리는 속성이 있다. 이처럼 아둔해서 항상 손해를 볼 뿐만 아니라 부당한 대우에도 대꾸 한마디 못하는, 모든 손해를 오롯이 감수하는 사람을 상징한다. 이는 노래하는 이의 자화상이다.

반면에 토끼(兎, 토)는 절대 그물(羅, 라)에 걸리는 일이 없다. 요리조리 잘도 빠져나간다. 아무리 그물(罦, 부)을 촘촘히 설치해도 느긋하게(爰爰, 원원) 빠져나간다. 영민함의 상징이다. 꾀가 많고 절대 손해 보지도 않을 뿐만 아니라, 꿩처럼 아둔한 사람을 속여서 이득을 착실히 챙기는 사람을 비유한다.

노래하는 이는 꿩이고, 그의 주위에는 별다른 노력도 하지 않으면서 잔꾀로 이득을 챙기는 토끼 같은 사람들이 가득하다. 그런 세상인 것이다. 힘든 일은 그가 다 했는데 실속은 다른 사람들이 챙기고, 일이 잘못되면 오히려 모든 잘못을 떠안기 일쑤이다. 그런 부당한 처사를 당해도 누구도 그의 편을 들어 주지 않는다. 오히려 그의 책임과 그의 목숨을 옥죄는 그물(罿, 동)만이 그를 기다리고 있을 뿐이다. 더 이상 항변해도 소용이 없다. 애초에 일을 하지나 말 것을! 명령에 따라 충실하게 일을 마치고 나자 돌아오는 것은 죽음의 올무라니!

어린 시절에는 할(爲, 위) 일이 없었기 때문에 근심할 게 없었다. 성취할(造, 조) 일, 해내야 할 일이 없었으므로 근심이 있을 리 없다. 오히려(尙, 상) 그 시절에는 본인이 어떤 일에 부름을 받아 기용(庸, 용)될 일도 없었으므로 당연히 책임질 일도, 근심할 일도 없었을 수밖에. 그러나 차츰 나이가 들자, 백 가지의 근심(罹, 이)이 닥쳐온다(逢, 봉).

그가 미련하나마 묵묵히 해낸 일들이 백 가지 우려(憂, 우)로, 백 가지 흉한(凶, 흉) 근심으로 다가오는 것이다. 자신이 해 온 일들 때문에 그는 분명 커다란 곤욕을 치를 것이다. 아마도 목숨을 잃을지도 모른다. 지금까지 이루어 온 모든 영예와 재산 그리고 가족마저도 잃을 수 있다. 예전에도 정국이 혼란스러울 때는 늘 그래 왔기 때문이다. 지금까지 쌓아 온 모든 것이 한순간에 물거품이 되고, 그의 명예 또한 땅바닥에 내동댕이쳐질 것이 분명하다. 영민한 무리들은 이미 제 살 길을 도모하여 다 빠져나갔다. 이제 남아서 온갖 불명예를 뒤집어써야 하는 것은 그만의 몫이다. 그날이 이제 며칠 남지도 않았다. 곧 닥쳐올 운명이다.

그는 생각한다. 이러한 질곡에서 빠져나갈 길은 무엇인가? 현실적인 도피로는 없다. 그럼 어떻게 해야 하는가? 번민은 하나에서 둘이 되고, 둘은 열이 되고, 백은 천이 되며, 천은 곧 만이 되어 온 몸을 감싼다. 두려움과 근심이 두터운 누에고치처럼 몸을 감싸더니 이제 앞이 보이지 않을 정도로 퉁퉁 불어 버렸다. 아무것도 보이지 않는다. 스르르 잠이 밀려온다. 그래, 자자. 잠을 자면 잊히겠지. 이 번민도 눈을 뜨고 있을 때의 일이다. 그렇게 생각하며 잠 속으로 빠져든다. 차라리 영원히 깨지 않기를 바라면서 그렇게 눈을 감는다. 잠(寐, 매)은 움직이지 않음(無吪, 무와)이요, 느끼지 못함(無覺, 무각)이요, 듣지 못함(無聰, 무총)이다. 이 잠에서 영원히 깨어나지 않으면 현실로 다가온 고난은 더 이상 자신의 것이 아니리라.

이러한 절박한 심정을 담아 이 노래를 들어보자.

토끼는 느긋하게 돌아다니고

토끼는 느긋하게 돌아다니고 대신 꿩이 그물에 걸렸네.
내 어렸을 적엔 오히려 할 일이 없어 근심이 없었지만,
나이 드니 백 가지 근심이 다 내게 다가오네.
차라리 이 잠에서 깨어나지 않았으면.

토끼는 느긋하게 돌아다니고 대신 꿩이 그물에 걸렸네.
내 어렸을 적엔 오히려 해낼 일이 없어 근심이 없었지만,
나이 드니 백 가지 근심이 다 내게 다가오네.
차라리 이 잠에서 깨어나지 않았으면.

토끼는 느긋하게 돌아다니고 대신 꿩이 그물에 걸렸네.
내 어렸을 적엔 오히려 기용될 일이 없어 근심이 없었지만,
나이 드니 백 가지 근심이 다 내게 다가오네.
차라리 이 잠에서 깨어나지 않았으면.

兎爰(토원)

有兎爰爰 雉離于羅 我生之初 尙無爲 我生之後 逢此百罹
尙寐無吪
유토원원 치리우나 아생지초 상무위 아생지후 봉차백이
상매무와

有兎爰爰 雉離于罦 我生之初 尙無造 我生之後 逢此百憂
尙寐無覺
유토원원 치리우부 아생지초 상무조 아생지후 봉차백우
상매무각

有兎爰爰 雉離于罿 我生之初 尙無庸 我生之後 逢此百凶
尙寐無聰
유토원원 치리우동 아생지초 상무용 아생지후 봉차백흉
상매무총

有兎爰爰雉
離于羅我生
之初尙無爲
我生之後逢
此百罹尙寐
無吪 ◀

有兎爰爰雉
離于罦我生
之初尙無造
我生之後逢
此百憂尙寐
無覺 ◀

有兎爰爰雉
離于罿我生
之初尙無庸
我生之後逢
此百凶尙寐
無聰 ◀

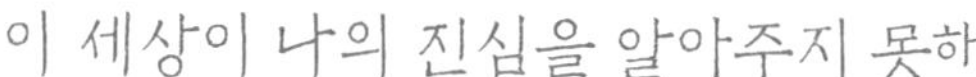

이 세상이 나의 진심을 알아주지 못해

〈뒤뜰의 복숭아나무(園有桃, 원유도)〉(「위풍(魏風)」 수록)

〈뒤뜰의 복숭아나무(園有桃, 원유도)〉를 부른 사람은 누구일까? 아마도 위나라 조정에서 중요한 일을 맡아 일을 수행하던 대신이었을 것이다. 그는 현실에 적당히 타협하는 평범한 이는 아니었으리라. 바른말을 잘하는, 이른바 불의를 보면 참지 못하는 그런 성정을 가졌음에 틀림없다. 그는 이미 4, 5년 전에 스스로 관직에서 물러나 고향으로 돌아왔다. 그때 심은 복숭아나무가 벌써 열매를 맺기 시작하였고, 함께 심어 놓은 대추나무도 몇 해 전부터 제법 도톰한 열매를 맺기 시작하였다.

그는 지금 뒤뜰 언덕에 심어 놓은 복숭아나무와 대추나무를 바라보고 있다. 복숭아나무는 올해부터 열매를 맺었다. 그리 크진 않지만 제법 먹음직스럽게 한 가지에 열매가 수십 개 달렸다. 민간 신앙에서 복숭아나무는 귀신을 쫓는다고 알려져 있다. 그는 자신과 함께 일했던 조정의 간신들이 귀신과도 같다고 여겼다. 그래서 그들의 사악한 기운이 이곳에 얼씬거리지 못하게 하려고 복숭아나무를 심은 것이다. 함께 심었던 대추나무에도 가지마다 주렁주렁 열매가 열렸다.

바야흐로 가을, 만물이 결실을 맺는 계절이다. 아침저녁으로는 제법 쌀쌀한 기운마저 감돈다. 복숭아와 대추는 바로 그 자신을 상징한다. 복숭아는 이미 적당히 먹을 수 있을 만큼 익었다. 대추 또한 알이 제법 굵어졌다. 그 열매들처럼 그의 급한 성질도 어느덧 익어서, 이제는 웬만한 상황에서도 화내거나 격하게 반응하지 않을 정도로 수양이 되어 있다. 그 나무들을 바라보며 그는 조정에 있었던 때를 떠올린다.

그때 소신껏 할 말을 다 하고 나서 낙향하기로 한 결정은 지금 생각해도 잘한 일이다. 누가 뭐라 해도 용기 있게 왕에게 진언한 것은 백 번 양보해도 잘한 일이라고 스스로를 위안해 본다. 하지만 그런 그의 충정을 누구도 알아주지 않는다. 아니, 알려고 하지도 않는다. 오히려 교만하다고 그를 비난한다. 방자하고 사리분별을 못한다고까지 욕을 한다. 비난의 목소리들이 귓가에 들리는 것만 같다. 자신을 두고 오가는 조정 대신들의 대화가 바람결에 들리는 것만 같다.

호 대부(狐大夫): 자네, 소식 들었는가?

오 대부(烏大夫): 무슨 소식 말인가?

호 대부(狐大夫): 글쎄, 몇 해 전 봄에 폐하께서 궁궐을 새로 지으라고 명하시지 않았는가. 그때 공사를 담당한 대부 도극(挑棘)이 입바른 소리를 해서 조정이 발칵 뒤집어지지 않았는가. 그는 명령을 받고 그 공사는 어렵다고 진언하지 않았는가 말일세. 농번기에 무리하게 백성들을 노역으로 끌어들이는 것은 백성의 원성을 사서 결국 왕께도 좋을 게 없다고 하던 말, 기억나나? 그때 대부들은 모두 꿀 먹은 벙어리였지. 분위기가 한

마디로 북풍한설이 몰아치는 한겨울 같지 않았나. 그 일로 도극은 자리를 던지고 지금 고향에 내려가서 책만 읽고 두문불출한다지 아마.

오 대부(烏大夫): 그런가? 나도 그 당시 그 자리에 있었네만, 대부가 반대한다고 폐하께서 궁궐 공사 명령을 거두어들이겠는가? 되지도 않을 일에 그자가 무리하게 나선 게지. 이미 완공된 궁궐을 보면 모르는가. 누가 반대했어도 궁궐 공사는 이루어졌을 걸세.

어차피 이루어질 일에 반대하고 나선 것은 너무 앞뒤 분간을 못한 경솔한 처사가 아닌가 하네. 그 사람만큼 똑똑하지 않은 사람은 또 어디 있겠는가. 일의 사리가 그러하면 그에 따를 줄도 알아야 하거늘, 자기 생각만 옳다고 고집하는 것은 교만이고 방자함이 극에 다다른 게 아닌가 말일세. 그 대부는 가끔 도성에 나와 이리저리 방황한다지, 아마.

호 대부(狐大夫): 그러게나 말일세. 도극은 도통 남의 말을 듣질 않아. 자기 생각만 옳다고 고집을 부린 것 아닌가 말일세. 교만하고 방자하기 이를 데 없지.

오 대부(烏大夫): 그렇지. 그 사람 말은 맞지만, 맞는 말도 자꾸 하면 듣기 싫은 법이지 않나? 그 대부는 그걸 모르니 인생을 허투루 산 건 아닌지 모르겠네.

호 대부(狐大夫): 그렇지. 우리처럼 입 막고 눈 감고 살면 아무런 화도 입지 않지. 그러면 이렇게 편하게 살 수 있는데. 이렇게 처신하는 것이 현명하지 않은가, 허허.

오 대부(烏大夫): 그 말이 맞고말고, 허허.

함께 일했던 대신들의 비웃음이 상념에 빠진 그를 현실로 돌아오게 만들었다. 누가 자신의 충정을 알아주랴. 그들은 교만하고 방자하다며 오히려 자신을 비난한다. 이런 생각에 이르자, 그의 근심이 가득해진다. 어찌 보면 그 말이 맞을지도 모른다. 다른 사람들도 '그들의 말이 맞다'고 수군거린다. 나는 사실대로 말했을 뿐인데, 그들은 나를 비난한다. 그런 생각이 들자 더욱 더 근심이 가득이다. 다른 이들은 왕이 아닌 자기를 교만하고(驕, 교) 방자하다(罔, 망)고 말한다. 나랏일을 백성의 입장에서 진언했을 뿐인데, 강성이라고 치부해 버린다. 자기들의 약점이 들추어지는 것 같아서인지, 평소 나를 잘 아는 동료 대신들이 비난에 앞장을 선다. 그래서 더욱 괴롭고 힘들다.

괴로운 마음에 모처럼 집을 나섰다. 누가 시키지도 않았는데, 발걸음이 도성 쪽으로 향한다. 가는 길에 답답한 마음을 달래려고, 자신의 심정을 시로 엮어 노래 불러 본다. "누가 내 마음을 알랴(其誰知之, 기수지지), 누가 내 마음을 알랴(其誰知之, 기수지지)." 그러자 마음이 좀 가라앉는 듯하다. 노래를 읊조리며 걷다 보니 어느덧 도성 안이다. 오른편으로 저 만치 보이는 그가 일하던 관청은 아직 옛날 모습 그대로이다. 무심히 그곳을 지나친다. 아직도 동료들은 저곳에서 자기를 비난하며 시시덕거릴 것이다. 눈을 들어 산언덕을 보니 웅장한 모습의 궁궐이 떡 버티고 서 있다. 세상을 압도해 버리겠다는 듯이 아래를 거만하게 굽어보고 있다. 그가 그토록 건립을 반대했던 궁궐이 눈앞에 모습을 드러낸 것이다. 저기에는 수많은 백성의 피땀이 서려 있으리라. 그 생각을 하니 가슴 한쪽이 저려 온다. 백성들의 한숨이 저 하늘 위로 구름이 되어 떠가는 듯하다. 그가 없어도 세상은 여전히 그대로 흘러가는 것만 같다. 어쩌면 다른 사람들처럼 세상의 잘잘못을 이야기하지 않는 것이 순리일지도 모른다고 생각해 본다. 하지만 답답한 마음을 가눌 길이 없다. 그는 잘못을 잘못이라고 말하는 것이 순리라고 굳게 믿고 있는데 세상은 그렇지 않으니, 아예 말을 말자며 자포자기하는 심정이 된다. 아예 생각조차 하지 않는(勿思, 물사) 것이 마음이라도 편해지는 방법이리라.

그의 노래를 들어보자.

뒤뜰의 복숭아나무

뒤뜰에 복숭아나무 있네. 그 열매 먹음직하게 열렸네.
마음의 근심이여.
나는 노래 부르며 읊조리네. 누가 나를 알아주랴.
사람들은 날 교만하다 말하네.
그 사람 말이 맞다 하니 그대는 그 이유를 묻네.
근심이 가득이네.
누가 내 맘 알랴, 누가 내 맘 알랴.
차라리 생각 말자.

뒤뜰에 대추나무 있네. 그 열매 먹음직하게 열렸네.
마음의 근심이여.
나는 도성으로 발걸음을 옮기네. 누가 나를 알아주랴.
사람들은 날 방자하기 그지없다 말하네.

그 사람 말이 맞다 하니 그대는 그 이유를 묻네.
근심이 가득이네.
누가 내 맘 알랴, 누가 내 맘 알랴.
차라리 생각 말자.

園有桃(원유도)

園有桃 其實之殽 心之憂矣 我歌且謠 不知我者
원유도 기실지효 심지우의 아가차요 부지아자

謂我士也驕 彼人是哉 子曰何其 心之憂矣 其誰知之 其誰知之
蓋亦勿思
위아사야교 피인식재 자왈하기 심지우의 기수지지 기수지지
개역물사

園有棘 其實之食 心之憂矣 聊以行國 不知我者
원유극 기실지식 심지우의 요이행국 부지아자

謂我士也罔 彼人是哉 子曰何其 心之憂矣 其誰知之 其誰知之
蓋亦勿思
위아사야망 피인식재 자왈하기 심지우의 기수지지 기수지지
개역물사

▲ 園有桃其實
之殽心之憂
矣我歌且謠
不知我者謂
我士也驕彼
人寔哉子曰何
其心之憂矣
其誰知之其
誰知之蓋亦
勿思

◀ 園有棘其實之食心之憂
矣聊以行國不知我者謂
我士也罔彼人寔哉子曰
何其心之憂矣其誰知之
其誰知之蓋亦勿思

고향으로 돌아가리

〈밭 사이의 뽕밭에는(十畝之間, 십묘지간)〉(「위풍(魏風)」 수록)

〈밭 사이의 뽕밭에는(十畝之間, 십묘지간)〉은 어지러운 정치판을 떠나 사랑하는 이와 함께 고향으로 돌아가고 싶은 마음을 읊은 것으로 추측된다. 그 단서는 돌아간다는 뜻의 '환(還)'과 '서(逝)'에서 찾을 수 있다. 환(還)은 원래 떠나온 곳으로 되돌아가는 것을 의미하는 반면, '서(逝)'는 현재 머물고 있는 곳을 떠나는 것을 뜻한다. 결국 목적은 현재 있는 곳을 떠나서 당초 떠나왔던 곳으로 되돌아가는 것이다.

노래하는 자는 왕의 그늘에서 녹을 먹던 대부이거나 지방의 호족이었으리라. 도성에 올라와 조정에서 정치적인 시련을 겪고 집으로 돌아가던 길에, 우연히 뽕밭에서 한가롭게 뽕을 따는 사람들을 보고 정치판의 이전투구에 찌들어 있는 자신을 되돌아보았을 것이다.

사람들은 자신이 승승장구할 때는 과거를 돌아보지 않는 경향이 있다. 자신의 앞길은 언제까지나 창창하리라고 믿는 나머지, 과거는 까마득히 잊고 살아가는 것이다. 그러나 항상 좋은 일만 지속될 수는 없는 법이다. 누구에게든 어려움은 찾아오게 마련이다. 이 노래를 부른

이도 마찬가지다. 그의 앞길에도 어두운 그림자가 찾아온다. 고향을 떠나온 뒤로 조정에서 그의 앞길은 그야말로 탄탄대로였다. 능력이 출중하고 든든한 배경도 있었기에 아무런 거리낌 없는 출셋길이었다.

하지만 정치적 상황이 변하자, 자신의 뒷배라고 굳게 믿었던 사람은 딴 배를 타고 이제는 그를 본체만체한다. 그 이후로 늘 조정에서 온갖 음해에 시달렸다. 배경 덕분에 조정에 발을 디딜 수 있었기에, 그 배경이 사라지고 나자 사퇴하라며 그를 짓누르는 압박은 견디기 힘들었다. 이제 그만 떠날 때가 되었다고 마음을 정리하고 조정에서 나와, 귀향을 준비하기 위해 집으로 가던 길이다. 그런 상황이었기에 오가는 길에 항상 있었을 뽕나무밭이 그날따라 눈에 들어왔고, 뽕을 따는 사람들의 여유로운 모습도 새삼스럽게 눈에 띈 것이다.

떠나온 고향에도 뽕밭이 많았다. 어릴 적에 부모님을 따라 뽕밭에 가서 바구니를 들고 졸졸 따라다녔던 기억이 되살아나 혼자 쓴웃음을 지어 본다. 신록이 우거지고 한여름에 접어드는 유월 초순이다. 낮에는 땀이 날 정도로 덥지만, 저 뽕나무 아래 그늘은 제법 시원하리라. 고향에서도 지금쯤 뽕 따는 작업이 한창이겠지 하고 생각만 해도 고향이 그리워진다.

밭이랑이라는 뜻의 '묘(畝)'는 밭의 넓이를 표시하는 면적의 단위이다. 100걸음(步, 보)이 1묘(畝)이니, 1묘는 가로세로 100걸음, 대략 30평(坪)쯤 된다. 그러므로 10묘(畝)는 약 300평쯤 되는 밭이다. 그 밭과 밭 사이, 다시 말해 밭으로 일구기에는 조금 척박한 곳에 뽕나무를 심어 누에를 치고 뽕도 따면 생계에 보탬이 된다. 노래하는 이의 고향에도 그런 뽕밭이 여기저기 흩어져 있다. 그가 도성 생활을 접고, 사랑하는 임과 함께 돌아가기로 결심한 바로 그곳.

도성의 정치판을 떠나 낙향하기로 결심한 이가 한가로이 뽕을 따는 사람들을 보면서 읊조린다고 상상하며 이 노래를 감상해 보자.

밭 사이의 뽕밭에는

작은 밭 사이의 뽕밭에, 뽕 따는 이 한가하네.
그대와 함께 고향으로 돌아가리라.

작은 밭머리 뽕밭에, 뽕 따는 이 여유롭네.
그대와 함께 고향으로 돌아가리라.

十畝之間(십묘지간)

十畝之間兮 桑者閑閑兮 行與子還兮
십묘지간혜 상자한한혜 행여자환혜

十畝之外兮 桑者泄泄兮 行與子逝兮
십묘지외혜 상자설설혜 행여자서혜

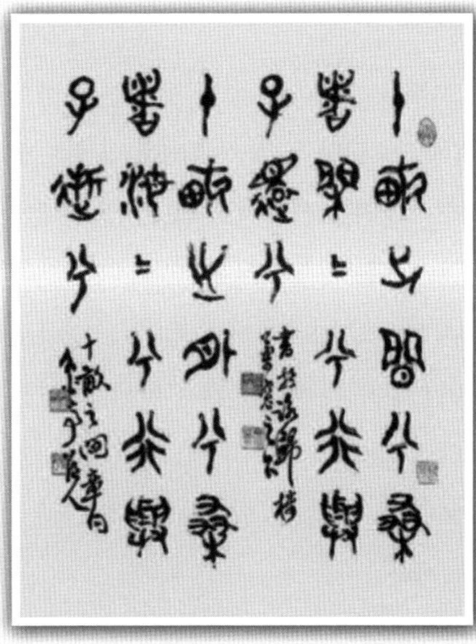

◀ 十畝之間兮桑者閑閑兮行與子還兮
十畝之外兮桑者泄泄兮行與子逝兮

나무야, 차라리 네가 부럽구나

〈진펄의 고욤나무(隰有長楚, 습유장초)〉(「회풍(檜風)」 수록)

회(檜)나라는 주나라가 수도를 호경에서 보다 동쪽인 뤄양으로 옮길 즈음인 기원전 770년경에 정(鄭)나라 무공에 의해 멸망하였다. 회나라는 영토가 작아서 살기 어려웠을 뿐만 아니라, 춘추 시대가 시작되기 전에 주변 정세가 혼란스러울 때 영토를 빼앗기는 등, 열세에 놓인 약소국의 운명을 타고난 비운의 나라이기도 했다. 그럼에도 위정자들이 선정을 베풀기는커녕 무거운 세금을 거둔 탓에, 백성들은 매우 힘겨운 생활을 이어 갔다. 나라가 작을수록 세금의 무게는 훨씬 크게 다가온다. 이러한 이율배반적인 상황은 현대를 살아가는 우리들이 교훈을 얻어야 할 대목일 것이다.

〈진펄의 고욤나무(隰有長楚, 습유장초)〉는 약소국인 데다, 정국이 혼란스럽고 세금도 나날이 무거워져 백성들이 세금을 안 내도 되는 초목들을 부러워하는 지경에까지 이른 회나라의 상황을 비유적으로 표현하고 있다.

고욤나무(萇楚, 장초)는 감나뭇과의 활엽 교목이다. 봄철에 꽃이 피는데 꽃받침은 초록, 꽃 몸통은 연한 연두색으로 그 끝이 점차 다섯

갈래로 벌어지면서 진분홍색으로 물들어 가듯이 피어난다. 활짝 핀 꽃들이 가지를 따라 작은 크리스털 장식품처럼 앙증맞게 줄지어 달려 있는 모습이 아름답기 그지없다.

고욤나무는 10미터까지 자라지만, 가지가 가늘어서 그 열매가 매실보다 약간 작다. 열매는 진한 초록빛을 띠다가 익어 가면 점점 노랗게 되고, 10월경에 다 익으면 진한 자줏빛으로 변한다. 고욤나무 열매는 완전히 수분이 빠져나가 쭈글쭈글해진 모습으로 가지에 매달린 상태에 이르기까지 누구도 먹을 수가 없다. 열매도 작고 떫은맛이 강하여 쉽게 먹을 수 없을 뿐만 아니라, 사람들이 쉽게 접근하기 어려운 진펄에서 자라기 때문에 사람들의 손을 타지 않는다.

노래하는 이가 살고 있는 세상은 나라로부터 어김없이 날아오는 세금이라는 화살을 피해 갈 수 없다. 대상이 집이든 땅이든 땅에서 나는 곡물이든 밭에서 나는 과실이든 가리지 않고 세금이 부과된다. 하지만 여기에 항변하거나 대항할 방법은 없다. 위정자들은 호화로운 생활을 영위하고자 하는 욕망을 포기하지 않기에, 백성들의 세금 부담은 나날이 무거워진다. 저 고욤나무가 감나무였다면 그것도 세금을 피해 갈 수 없었으리라.

노래하는 이가 지금 바라보고 있는 고욤나무는 물가의 진흙 밭에서 자라고 있다. 나뭇가지는 가늘고 길며 작지만 윤기가 흐른다. 처음에는 회색 잔털로 덮여 있지만, 날이 갈수록 매끈해진 줄기는 보기에도 아름답다. 꽃은 청사초롱을 매단 것처럼 아침 햇살을 받아 영롱하게 빛나고 있다. 진한 분홍빛 꽃잎을 머금고 가지에 줄지어 달려 있는 꽃들은 물가의 등불이 된다. 작지만 윤기가 흐르는 노란색 열매는 올망졸망 가지에 뭉치듯 달려 있다. 아름다운 꽃이 지고 난 뒤, 시간의 손으로 빚어 낸 그림 같은 작품이다.

노래하는 이는 밭이 아니라 버려진 진흙 물가에서 자유롭게 나서 자라는 고욤나무를 부러워한다. 그곳에는 세금을 내야 하는 집도 없다. 살아가는 거처인 집이 있기에 세금을 피해 갈 수 없는 백성들의 처지는 참으로 고통 그 자체이다.

세금은 호랑이보다도 무섭다고 공자가 제자 자로에게 말했다지만, 그런 공자도 주나라 백성들의 고통을 어디 짐작이나 했겠는가? 세금을 피해서 세금 없는 나라로 떠나고 싶다고 한 〈큰 쥐(碩鼠)〉의 화자도, 세금을 내지 않는 허접한 고욤나무가 차라리 부럽다고 읊조리는 이 노래의 화자도 3,000년이 지난 오늘날에도 여전히 무거운 세금의 부담을 져야 할 것이라고는 생각하지 못했으리라. 비록 현재의 세금이 오로지 위정자들의 사치와 향락을 위해서만 쓰이는 시대는 아니라고 할지라도, 국민들이 느끼는 감정은 그때나 지금이나 별반 다르지 않다. 세금을 누가 어떻게 쓰든지 그 무게가 부담스러운 현실은 변함이 없기 때문이다.

역사를 자세히 들여다보면, 국민에게 과도한 세금 부담을 지게 했던 나라가 머지않아 멸망의 길을 걷게 된 사례가 결코 적지 않다. 일반 국민들의 세금 부담이 곧 국가의 명운을 좌우하는 핵심 요인이라는 말이다.

그런 의미에서 세금을 무조건 늘리는 것이 옳은 방향은 아니다. 이것이 『시경』 속 노래의 주인공들이 현재를 살아가는 우리들에게 전하고자 하는 메시지가 아닐까? 이는 역사를 통해 교훈을 얻으라는 엄중한 명령이며, 또한 노래를 통해 전해 주고 싶어 하는 진실의 목소리인 것이다.

민중의 고통을 외면해서는 안 된다는 역사의 엄중한 교훈을 생각하며 이 시를 감상해 보자.

진펄의 고욤나무

진펄의 고욤나무 너의 줄기가 가늘구나.
작고도 윤기 흐르니 아무것도 모르는 네가 부럽구나.

진펄의 고욤나무 너의 꽃이 아름답구나.
작고도 윤기 흐르니 집 없는 네가 부럽구나.

진펄의 고욤나무 너의 열매가 아름답구나.
작고도 윤기 흐르니 집 없는 네가 부럽구나.

隰有萇楚(습유장초)

隰有萇楚 猗儺其枝 夭之沃沃 樂子之無知
습유장초 아나기지 요지옥옥 낙자지무지

隰有萇楚 猗儺其華 夭之沃沃 樂子之無家
습유장초 아나기화 요지옥옥 낙자지무가

隰有萇楚 猗儺其實 夭之沃沃 樂子之無室
습유장초 아나기실 요지옥옥 낙자지무실

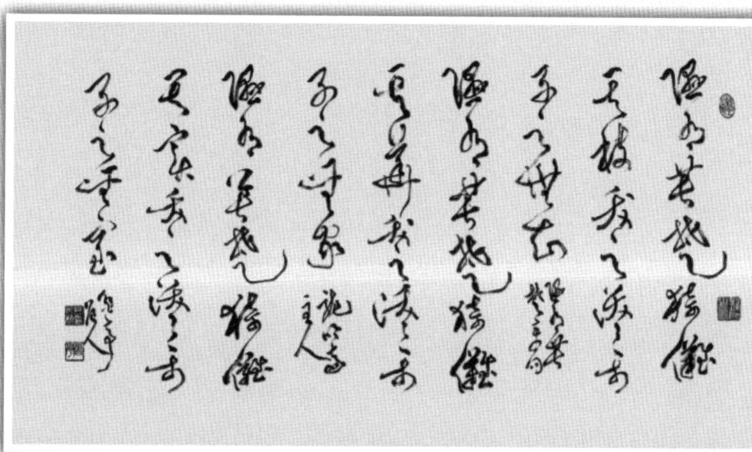

▲ 隰有長楚猗儺
其枝天之沃沃樂
子之無知隰
有長楚猗儺
其華天之沃沃樂
子之無家
隰有長楚 猗儺
其實天之沃沃樂
子之無室

넘실대며 흐르는 물, 바다로 모여들고

〈넘실대며 흐르는 물(沔水, 면수)〉(「소아(小雅)」 수록)

『시경』의 작품들은 주나라 초기에서 중기 또는 전국 시대 초기에 이르기까지 노래로 불리었다고 추측된다. 주나라는 건국 이후 형제나 신하들에게 지속적으로 봉토를 주어 나라를 세우게 하고, 제후국으로 끌어들여 군신의 관계를 설정하는 정책을 폈다. 강물이 흘러서 바다로 흐르듯 모든 권력의 정점은 주나라 왕에게 있었다. 〈넘실대며 흐르는 물(沔水, 면수)〉에 등장하는 '흐르는 물(流水, 유수)'은 곧 제후국들을 상징하고 바다(海, 해)는 주나라 임금을 나타낸다. 모든 강물은 바다로 흐르듯 모든 제후국은 봄(朝, 조)과 여름(宗, 종)에 천자(天子)인 주나라 임금을 알현하여 충성을 맹세하였다.

그러나 시간이 흐르면 세상도 변하는 법이다. 평왕이 수도를 호경에서 낙읍으로 옮긴 기원전 8세기 말 이후에 주나라의 국력이 급격히 쇠퇴하자, 강성한 제후국들이 등장하여 인근 약소국들을 호시탐탐 노리는 춘추 시대 말, 전국 시대 초기로 들어섰다. 아마도 이 노래는 인근 제후국들이 강성해져 약소국들을 위협했던 주나라 중기에 불린 것으로 추정된다. 콸콸 흐르는(沔, 면) 강물과 산등성이(中陵, 중릉)를 쏜살같이 날아 비상하거나 내려앉는 새매(隼, 준)는 세력이 강성해진 인근 제후국들을 암시한다.

새매는 하늘 높이 유유히 날개를 펴고 날다가 먹잇감을 발견하면 급강하하여 날카로운 발톱으로 사냥감을 낚아챈 다음, 산등성이를 날아 안전한 곳에서 먹어 치운다. 한번 목표물을 정하면 실패하는 법이 거의 없다. 지금 그 새매가 쏜살같이 날아올랐다가 급강하하면서 사냥감을 노리고 있다. 위급하고 급박한 모습이 곧 인근 강성한 제후국이 약소국인 노래하는 이의 나라를 위협하는 상황이다. 노래하는 이는 곧 전쟁이 일어나서 나라가 곤경에 빠질 것임을 알고 있는 것이다.

평화로운 기간이 길어지면 사람들은 전쟁의 위기를 잊어버린다. 긴 평화 탓인지 전쟁의 위협을 느끼는 사람들이 거의 없다. 다들 아무런 노력 없이도 평화가 계속 이어질 것이라고 믿는다. 기나긴 세월 동안 주나라 임금과 제후국들 간의 권력 관계가 공고히 이어져서 제후국들끼리는 서로 전쟁이 없었던 까닭이다. 전쟁이 일어나면 젊은이들이야 어떻게든 대처를 하겠지만, 고향에 계신 연로하신 부모님들은 가장 먼저 희생양이 될 것이다. 누군들 부모가 없으랴. 그럼에도 전쟁의 가능성을 털끝만큼도 고려하지 않는 기간이 한동안 이어져 왔다.

그러나 나라를 둘러싸고 있는 정세가 심상치 않다. 전란이 임박한 것이다. 저 새매가 하늘높이 솟구쳐 비상하고 있듯이 이윽고 목표물을 향해 쏜살같이 내려와 발톱을 내리꽂을 것이기 때문이다. 빨리 대비해야 한다. 대비책을 말했음에도 거기에 따르는 사람이 없다. 나 하나라도 그 길을 가야 하리라. 이렇게 생각하니 걱정이 앞선다. 누구도 나라를 걱정하지 않는 이 상황이 안타까울 따름이다. 이러한 근심을 떨칠 수 없다. 현실로 닥쳐오는 전란을 어찌 방관할 수 있겠는가. 나 혼자라도 갈 길을 가야 한다.

전쟁에 대한 대비는커녕, 전쟁이 임박했다는 사실조차 깨닫지 못했다면 그 나라가 어찌 망하지 않겠는가? 저 새매는 먹잇감을 낚아채서 유유히 산 중턱을 날아가고 없다. 나라는 이미 망한 것이다. 다만 국민들이 그것을 모를 뿐이다. 임진왜란이 일어난 1592년 4월, 일본 수군 15만 명이 부산포를 향해 오고 있는 것을 알아차린 관료는 조선 조정에 없었다. 그 이후에도 청나라 군대가 임금이 피신할 여유도 없이 한양 도성으로 그렇게 신속히 쳐들어올 것이라고 예상한 사람 또한 아무도 없었다. 1910년에 일본이 조선을 합병하리라는 것을 예견하여 대비한 사람도 없었기는 마찬가지이다. 지금 노래하는 이의 심정도 그렇다. 나라가 위기에 처해 있다고 아무리 말해도 누구 하나 들어주는 사람이 없다. 그의 나라는 이미 망해 있었기 때문이다.

오히려 그런 말을 하는 그를 사람들은 비난하고, 근거 없는 말로 나라를 어지럽힌다고 참소한다. 형제나 친구들은 물론, 다른 백성들 역시 마찬가지이다. 전쟁이 일어날지 모르니 이에 대비해야 한다고 말하면 사회 불안을 야기한다며 비난하고, 나라가 힘이 있어야 다른 나라로부터 안전을 보장할 수 있으니 군사력을 강화하자고 주장하면 전쟁광이라고 욕을 한다. 백성들의 그릇된 믿음과 말들이 난무한다.

노래하는 이는 친한 벗들이 자신의 말을 믿어 주지 않고 비난하는 것이 더욱 참기 어려웠으리라. 그들은 호응은 고사하고 친구를 비난하고 심지어 참언(讒言)하는 데 앞장선다. "왕의 수하들에게 영웅은 없다."라는 서양 속담처럼, 백성들의 그릇된 유언비어(訛言, 와언)를 징계하여(懲, 징) 그치게 하여야 함에도 오히려 가까운 이들이 이를 부추겨 노래하는 이를 비난하고 나선다. 여론을 주도하는 계층이 거짓으로 여론을 왜곡하는 나라는 이미 망한 것이나 다름없다. 이 노래는 그러한 역사의 준엄한 교훈을 말해 주고 있는 듯하다. 잘못된 여론을 바로잡기 위해서는 그들에게 꾸준히 진실만을 말해 주어야 한다. 그런 노력을 기울여도 국민들의 그릇된 믿음을 바로잡기가 어려운 것이 현실인데, 하물며 거짓으로 사실마저 왜곡해 버리는 나라가 망하지 않는다면 이 세상에 망하지 않을 나라가 어디 있겠는가?

노래하는 이의 절박한 외침을 떠올리며 이 노래를 감상해 보자.

넘실대며 흐르는 물

넘실대며 흐르는 물, 바다로 모여들고,
쏜살같이 나는 매는 솟구쳐 올랐다가 내려앉네.
내 형제와 온 나라의 친구들마저 전쟁이 일어나리란 것을 생각조차 하지 않네.
누군들 부모 없으랴만.

넘실대며 흐르는 물, 출렁거리며 흘러가고,
쏜살같이 나는 새매 날다가 솟구치네.

나의 뜻을 따를 생각조차 없으니, 나 혼자 일어나 길을 가네.
마음의 근심이여 어찌 잊을 수 있으랴.

쏜살같이 나는 새매, 산등성이 따라 날아가고,
백성들의 유언비어, 어찌 징계하여 그치게 하지 못하는가.
나의 친구들이 서로 언행을 삼가고 절제한다면,
참소하는 일은 일어나지 않을 텐데.

沔水(면수)

沔彼流水 朝宗于海 鴥彼飛隼 載飛載止 嗟我兄弟 邦人諸友
莫肯念亂 誰無父母
면피유수 조종우해 율피비준 재비재지 차아형제 방인제우
막긍염란 수무부모

沔彼流水 其流湯湯 鴥彼飛隼 載飛載揚 念彼不蹟 載起載行
心之憂矣 不可弭忘
면피유수 기류탕탕 율피비준 재비재양 염피부적 재기재행
심지우의 불가미망

鴥彼飛隼 率彼中陵 民之訛言 寧莫之懲 我友敬矣 讒言其興
율피비준 솔피중릉 민지와언 녕막지징 아우경의 참언기흥

◀ 沔彼流水朝宗于海
鴥彼飛隼載飛載止
嗟我兄弟邦人諸友
莫肯念亂誰無父母

◀ 沔彼流水其
流湯湯鴥彼
飛隼載飛載
揚念彼不蹟
載起載行心
之憂矣不可
弭忘

◀ 鴥彼飛隼率彼
中陵民之訛言
寧莫之懲我友
敬矣讒言其興

내 나라로 다시 돌아가리

〈꾀꼬리야, 꾀꼬리야(黃鳥, 황조)〉(「소아(小雅)」 수록)

〈꾀꼬리야, 꾀꼬리야(黃鳥, 황조)〉는 고단한 삶을 이유로 고향을 등지고 새로운 나라로 이주한 유랑인들의 슬픔을 다루고 있다. 노래하는 이가 정든 삶의 터전을 버릴 수밖에 없었던 것은 위정자들의 폭정과 과도한 세금, 노역의 부담을 견디지 못했기 때문이다. 그러나 새로 정착한 곳에서도 그들은 유랑인에 지나지 않았기에, 그곳에서의 삶도 그리 녹녹치 않았다.

노래하는 이는 돌투성이인 산등성이 한 자락을 일구어서 겨우 조(粟, 속)와 수수(粱, 양), 기장(黍, 서) 등을 심었다. 하지만 워낙 땅이 척박한지라 알갱이도 드문드문 열려 있다. 저 곡식들을 전부 거두어 봤자 식구들이 한 달 먹을 양식도 되지 못한다. 시름에 겨워 밭을 물끄러미 바라본다.

언덕 한쪽에는 닥나무(穀, 곡)와 뽕나무(桑, 상), 상수리나무(栩, 허) 숲이 있다. 그 진초록 잎사귀들 사이로 매끈한 회색빛 나뭇가지에 노란 꾀꼬리 무리가 앉아 있다. 초록과 노랑의 대비는 그 자체로도 아름답다. 그러나 그것은 밝고 명랑한 아름다움이 아니라 처연한 아름다움이다. 먹고살기 힘든 이들에게는 초록과 노랑의 보색 대비가 선명할수록 그 아픔도 짙어지기 때문이다. 그 진노랑 꾀꼬리가 푸드덕 날아서 알갱이가 몇 알 달리지도 않은 조와 수수, 기장의 알갱이들을 쪼아 먹는다. 아름다움의 상징이 노래하는 이와 그 가족들의 생명 줄을 끊고 있는 것이다. 그것을 무력하게 바라보아야 하는 사람의 심정은 어떨까?

그는 낯선 이국땅에 와서 이곳 사람들과 함께 어울려 살고자 노력했지만 다 허사였다. 이곳 사람들도 하루하루 살아 내기가 버거운 판에, 이웃 나라에서 온 유랑인들까지 받아들여 농사지을 땅과 거처를 마련해 주는 것은 꿈에도 불가능한 일이었기 때문이다. 자기 나라를 떠나올 때는 그래도 한 가닥 희망을 안고 왔지만, 현실은 이방인에 대한 냉대 그 자체였다.

이곳 사람들은 그가 농사를 지어 먹고사는 일을 달가워하지 않았다(不我肯穀, 불아긍곡). 그래서 화전을 일구어 조와 수수와 기장을 심어서 근근이 살아가는 터였다. 그들은 그가 자기들과 함께 밝고 떳떳하며 사람답게 살아가는 일을 허락하지 않았다(不可與明, 불가여명). 그들도 힘든 까닭이다. 또한 자기들과 함께 거처를 정하고 살아가는 것도 용인하지 않았다(不加與處, 불가여처). 그러기에는 그들 자신의 거처를 마련하는 일도 버거웠기 때문이다.

그는 이제 더 이상 이곳에서 힘든 나날을 버틸 힘도, 이유도 사라지고 없었다. 실낱같은 한 자락 희망도 더 이상 찾아볼 수 없는 지경에 이른 것이다. 차라리 어려웠지만 고향으로 돌아가는 것이 더 나으리라 생각한다. 그래도 그곳에는 부모 형제가 있고 함께 피를 나눈 동족이 있지 않은가? 이곳보다는 그래도 나을 것 같다. 이렇게 생각하니 한시라도 이곳에 머무를 이유가 없다. 그래, 돌아가자. 내 맹세코(言, 언) 돌아가리라. 한시라도 빨리(旋, 선) 돌아가리라(歸, 귀), 고향으로. 내가 떠나왔던 그곳으로. 거기에는 부모 형제가, 친척들이, 동족(邦族, 방족)들이 있다.

고향을 떠나 유랑하는 사람의 마음으로 이 노래를 들어보자.

꾀꼬리야, 꾀꼬리야

꾀꼬리야, 꾀꼬리야. 닥나무에 앉지 마라. 내 조를 쪼아 먹지 마라.
이 나라 사람들은 내가 농사짓고 살아가는 것을 꺼린다네.
어서 빨리 고향으로 돌아가리라. 우리 동족들이 살고 있는 고향으로 돌아가리라.

꾀꼬리야, 꾀꼬리야. 뽕나무에 앉지 마라. 내 수수를 쪼아 먹지 마라.
이 나라 사람들은 나와 함께 즐겁게 살아가는 것을 싫어한다네.
어서 빨리 고향으로 돌아가리라. 형제들이 살고 있는 고향으로 돌아가리라.

꾀꼬리야, 꾀꼬리야. 상수리나무에 앉지 마라. 내 기장을 쪼아 먹지 마라.
이 나라 사람들은 나와 함께 살아가는 것을 싫어한다네.
어서 빨리 고향으로 돌아가리라. 부모, 친척들이 살고 있는 고향으로 돌아가리라.

黃鳥(황조)

黃鳥黃鳥 無集于穀 無啄我粟 此邦之人 不我肯穀 言旋言歸 復我邦族
황조황조 무집우곡 무탁아속 차방지인 불아긍곡 언선언귀 부아방족

黃鳥黃鳥 無集于桑 無啄我梁 此邦之人 不可與明 言旋言歸 復我諸兄
황조황조 무집우상 무탁아양 차방지인 불가여명 언선언귀 부아제형

黃鳥黃鳥 無集于栩 無啄我黍 此邦之人 不可與處 言旋言歸 復我諸父
황조황조 무집우허 무탁아서 차방지인 불가여처 언선언귀 부아제부

▶ 黃鳥黃鳥無集于
穀無啄我粟此邦
之人不我肯穀言
旋言歸復我邦族

▲ 黃鳥黃鳥無
集于桑無啄
我梁此邦之
人不可與明
言旋言歸復
我諸兄

▲ 黃鳥黃鳥無集
于栩無啄我黍
此邦之人不可
與處言旋言歸
復我諸父

소인들의 국정 농단

〈정월을 맞아(正月, 정월)〉(「소아(小雅)」 수록)

때는 기원전 775년 10월 초순, 주(周)나라 수도인 호경의 장터 마당에서는 한바탕 소동이 일었다. 주막 벽면에 커다란 벽보가 붙었기 때문이다. 이름 없는 누군가가 새벽에 붙여 놓았을 벽보 주변에는 마침 점심때가 되어 모여든 인파로 북적거렸고, 벽보를 읽으며 고개를 끄덕이는 사람들이 많았다. 벽보의 내용을 보자.

어젯밤 때아닌 된서리가 내렸습니다. 기껏 심어 놓은 푸성귀들이 서리에 맞아 한 포기도 건지지 못할 것을 생각하니 가슴이 답답합니다. 하지만 가슴이 더 답답한 것은 서리로 인해 수확을 못 하는 것 때문이 아닙니다. 못살겠다는 백성들의 외침과 나라가 곧 망할 것이라는 소문들이 날이 갈수록 널리 퍼지고 있기 때문입니다. 이런 소문은 저를 괴롭히고 안타깝게 만들어 마음이 소심한 저로서는 실로 병이 날 지경입니다. 하지만 걱정만 할 수는 없어 나라의 위태로움을 알리고자 이렇게 용기를 낸 것입니다. 부디 뜻이 있는 사람들은 이를 읽어 주시고, 어지러운 나라에서 백성들을 구할 수 있도록 힘을 모아 주시기를 간곡히 호소합니다.

이 어지러운 세상에 살고 있다는 것이 실로 한스럽습니다. 여러분도 마찬가지 심정일 것입니다. 가끔은 저를 낳은 부모님을 원망도 해 봅니다. 차라리 좀 더 일찍 낳으시거나 좀 더 뒤에 낳으셨더라면 이런 험한 세상을 살지 않았을 텐데 하고 말입니다. 그러나 이 세상에 제 마음대로 태어난 것이 아니니 어찌하겠습니까? 저는 용기를 내어 그동안 잘못된 것을 잘못되었다고 목소리를 계속 높여 왔습니다만, 이제는 제 힘만으로는 역부족입니다. 함께 같은 목소리를 내지 못하고 각자의 입으로만 주장하면 힘이 실리지 않기 때문입니다. 저에 대해 좋은 말도, 격려하는 말도 들었지만, 대부분은 저를 비난하고 모욕하는 말들입니다. 이미 소인배들이 언로를 차단했기 때문입니다.

이제는 소인배들이 국정을 장악해서 온갖 폭정을 일삼고 있습니다. 여러분들도 다 겪고 있는 일입니다. 죄 없는 백성들을 잡아다가 자기 사람으로 만들거나 종으로 부리고 있습니다. 애처롭고 분통 터지는 일입니다. 오늘은 어느 집에 그런 일이 닥칠지 알 수 없습니다. 날아가는 까마귀가 비극의 주인공이 누군지를 점지할 뿐입니다. 오늘 저 까마귀가 바로 여러분의 집에 내려앉을지도 모릅니다.

그뿐만이 아닙니다. 우리가 살고 있는 마을의 주변 숲을 둘러보십시오. 온 천지에 허접스러운 땔나무만 무성하지 않습니까? 왜 그렇습니까? 소인배들이 포사에 미친 임금님의 비위를 맞추려고 포사를 위한 별궁을 짓는다고 쓸 만한 나무들을 죄다 베어 가지 않았습니까? 이제 백성들의 삶이 위태로운 지경에 빠졌습니다. 이제 먹고살 방도가 없습니다. 모두가 끼니를 걱정하는 위급한 상황입니다. 하늘을 보아도 앞날이 캄캄하기만 합니다. 미래가 없습니다. 이미 나라의 운명을 하늘이 정한 듯, 사람이 할 수 있는 일이 아닙니다. 이미 그런 지경에 이르렀습니다.

산이 낮다 한들 산마루와 능선인들 없겠습니까? 제아무리 가리려 해도 진실은 진실입니다. 지금 백성들 사이에서는 온갖 유언비어가 난무하고 있습니다. 세상이 어지러운 까닭입니다. 명확한 진실을 밝혀 난무하는 유언비어를 바로잡을 생각은 왜 하지 않는지 실로 알 수 없습니다. 지나가는 노인을 불러들여 방도를 물어보고, 점몽관(占夢官, 천재지변, 전쟁 등 나라의 중대사에 대해 점을 쳐서 의사 결정에 조언을 하는 관직)에게 물어도 대답은 찾을 수 없습니다. 서로 자기들이 올바르다고 말하니 누가 까마귀의 암수를 가릴 수 있겠습니까? 지금 정치하는 소인배들은 모두 자기들만이 선이고 정의라고 말하며 자신의 말만을 좇아오도록 백성들에게 강요하고 있습니다. 그러나 누구 말이 맞는지, 누가 진짜로 백성을 사랑하는지는 누구도 모릅니다. 여러분들이 침묵하고 있기 때문입니다.

하늘이 높다 한들 몸을 굽히지 않을 수 없고, 땅이 두텁다 한들 조심조심 발걸음을 떼어야 하는 세상에 우리는 살고 있습니다. 하지만 이렇게 보신만 하는 비겁한 삶을 살면 이 어지러운 세상이 바뀌겠습니까? 그래서 저는 목소리를 계속 내는 것입니다. 제 말이 이치에 맞지 않거나 도리에 맞지 않는 것이 없음에도 소인배들은 제 입을 막으려 온갖 독사 같은 짓도 서슴지 않고 있습니다. 오히려 저를 죽이지 못해 온갖 계략을 꾸미고 있습니다. 그들의 치부가 드러날까 두려워서입니다.

저기 언덕 비탈에 홀로 자라고 있는 이름 모를 저 들꽃처럼 저는 그렇게 진실을 외치고 있습니다. 하지만 소인배들이 흔들어 대니 당할 재간이 없습니다. 저는 혼자요, 그들은 뜻을 같이하는 무리들이기 때문입니다. 처음에는 바른말 하는 저를 한편으로 만들기 위해 안달하더니, 이제는 그 바른말 때문에 저를 원수처럼 여깁니다. 이제 저는 더 이상 힘을 쓸 수가 없습니다.

이제 걱정으로 저의 마음이 응어리지는 것만 같습니다. 지금의 정치는 왜 이리도 사나운지 모르겠습니다. 바른말 하는 사람들을 끌어안지 못하고 계속 핍박만 하는 현실이 걱정입니다. 나라를 걱정하는 민심이 횃불이 되어 활활 타오르는데도 누구 하나 이를 끌 사람이 없습니다. 지금 상황에서 누가 그 화난 민심을 잠재울 수 있겠습니까? 찬란히 빛나던 주나라의 운명을 포사가 다 망가뜨리고 있지 않습니까?

항상 그치지 않는 마음의 걱정에 하늘도 응답하는 듯 음울한 장맛비가 내리고 있습니다. 지금 나라의 형국은 그야말로 앞뒤 분간이 없습니다. 수레에 물건을 싣고 수레가장자리에 덧대는 나무를 떼어 내는 형국이니 어찌 짐이 쓸려 떨어지지 않겠습니까? 덧댄 나무를 그대로 둘 뿐만 아니라 수레바퀴에도 보강하는 나무를 덧대고 마부들이 수시로 이것들을 살펴보면, 아무리 험한 길이라도 예상 외로 수월하게 지날 수 있지 않겠습니까? 기존의 사회 구조를 보강하여 다른 나라보다 발전하게 할 생각은 하지 않고 기존의 사회 구조마저도 허물어뜨리는 지금의 정치를 어찌하면 좋겠습니까, 여러분!

연못에 물고기는 있지만 그 물고기는 전혀 즐겁지 않습니다. 깊은 물에 숨어 있지만 다 들여다보여서 무슨 해를 입을지 알 수 없기 때문입니다. 백성들의 일거수일투족이 모두 감시당하는 세상이기 때문입니다. 실로 참혹하기 그지없는 세상입니다. 이러한 학정을 어찌 참고만 있을 수 있겠습니까?

나라의 소인배들은 맛있는 음식과 술뿐만 아니라 또한 맛있는 반찬과 술안주까지도 즐기고 있습니다. 더군다나 이를 이웃들에게 분배하여 그들의 인심을 사는 데에 혈안이 되어 있습니다. 자기 돈으로 장만한 것이 아니기 때문입니다. 그렇게 인심을 써서 사람들을 미혹시키고 있는 것입니다. 나라 걱정에 괴로울 지경입니다. 이런 생각이 저 혼자만의 것이 아니기를 호소합니다.

소인배들도 집을 가지고 있습니다. 여기에 동조하는 천한 사람들도 모두 나라의 녹을 받고 있습니다. 하지만 바른말 하는 우리들만이 먹을 것이 없습니다. 실로 하늘이 내린 재앙입니다. 원래부터 부자인 자들이야 괜찮지만, 홀아비와 고아 같은 사람들은 애처롭기만 합니다. 읽어 주셔서 감사합니다.

주나라는 몇 년 뒤에 멸망했고, 동주 시대가 시작되었다. 이 벽보를 쓴 사람이 누구이든지, 나라의 운명은 소수의 선각자들만이 예감할 수 있다는 데 주목할 필요가 있다. 다수의 사람들은 나라가 곧 망할 것이라는 사실을 알지 못할 뿐만 아니라 아예 관심조차 없다. 오직 하늘만이 그 운명의 시계를 돌리고 있을지도 모른다. 그 시계의 초침 소리를 극소수만이 들을 수 있을 따름이다.

나라의 미래를 걱정하는 사람의 마음을 생각하며 이 노래를 감상해 보자.

정월을 맞아

정월에 된서리, 내 마음 애달프네. 백성의 뜬소문 매우 널리 퍼지네.
나 홀로 생각하니 근심만 깊어 가네. 내 마음 소심하고 애처로워 근심이 병이 되네.

내 부모 왜 날 낳았나. 좀 일찍 낳든가, 좀 늦게 낳았으면.
좋은 말도 입에서 나오고, 추한 말도 입에서 나오거늘, 근심도 깊어라, 말로 날 모독하네.

근심이 깊어라, 내 복 없다 생각하네. 백성들을 잡아다가 종 만들고, 애처롭다 우리들은,
어디 가서 복 받을까. 저 까마귀 바라보네, 누구 집에 앉을까.

산중을 바라보니 보이는 건 땔나무뿐. 백성의 삶이 위태로워, 하늘도 어둡네.
이미 하늘이 정한 일, 사람이 어찌 그를 이기랴. 높으신 상제께서 누구를 미워하랴.

산이 낮다 한들 산마루와 능선 없겠는가. 백성의 뜬소문 어찌 가라앉히지 못하는가.
노인을 데려다가 물어봐도, 점몽관에게 물어봐도 모두 자기가 성인이라네,
누가 까마귀의 암수를 구별하겠는가.

하늘이 높다 한들 감히 굽히지 않을 수 없고, 땅이 두텁다 한들 조심조심 디뎌야 하네.
외치는 이 말이 일리 있고 조리 있거늘, 지금의 사람들 처량하구나, 어찌 독사같이 구는지.

저 비탈진 밭을 바라보니, 개미취풀 홀로 있네. 천지가 날 흔드니, 내가 당할 재간 없네.
처음엔 나를 얻지 못해 안달하더니, 지금은 날 원수로 여기네.
나 또한 대항할 힘이 없네.

마음의 근심이 응어리진 것 같아. 지금의 정치는 왜 이리도 사나운지. 타오르는 횃불을 어찌 끌 수 있으려나. 빛나는 주나라를 포사가 다 망쳤네.

오랫동안 슬퍼하니, 또한 음울한 장맛비 내리네. 수레에 짐을 싣고 수레 덧댄 나무 떼어 내니,
실은 짐이 떨어지네. 어찌 너를 도울 자가 나타나리.

덧댄 나무 그냥 두고 수레바퀴에 덧댄 나무 추가하며, 마부가 수시로 점검하면, 아무리 험한 길도 예상 외로 쉽게 넘으리.

연못의 물고기도 또한 즐겁지 않네. 깊이 숨어 있지만 또한 매우 환히 드러나네.
걱정이 참담하여 나라의 학정을 생각하네.

저들은 음식과 술, 맛있는 안주까지 있네. 이웃들도 흡족하고 친척들도 미혹하네.
나 홀로 근심이 깊어 가네.

소인배들도 집이 있고, 천한 사람들도 녹을 받는데, 백성들은 먹을 것이 없네.
하늘의 재앙이요 형벌이네. 부자들은 상관없지만 홀아비와 고아들은 애처롭기 짝이 없네.

正月(정월)

正月繁霜 我心憂傷 民之訛言 亦孔之將 念我獨兮 憂心京京
哀我小心 癙憂以痒
정월번상 아심우상 민지와언 역공지장 염아독혜 우심경경
애아소심 서우이양

父母生我 胡俾我瘉 不自我先 不自我後 好言自口 莠言自口
憂心愈愈 是以有侮
부모생아 호비아유 불자아선 불자아후 호언자구 유언자구
우심유유 시이유모

憂心惸惸 念我無祿 民之無辜 并其臣僕 哀我人斯 于何從祿
瞻烏爰止 于誰之屋
우심경경 염아무록 민지무고 병기신복 애아인사 우하종록
첨오원지 우수지옥

瞻彼中林 侯薪侯蒸 民今方殆 視天夢夢 旣克有定 靡人不勝
有皇上帝 伊誰云憎
첨피중림 후신후증 민금방태 시천몽몽 기극유정 미인불승
유황상제 이수운증

謂山蓋卑 爲岡爲陵 民之訛言 寧莫之懲 召彼故老 訊之占夢 具曰予聖 誰知烏之雌雄
위산개비 위강위릉 민지와언 녕막지징 소피고로 신지점몽 구왈여성 수지오지자웅

謂天蓋高 不敢不局 謂地蓋厚 不敢不蹐 維號斯言 有倫有脊 哀今之人 胡爲虺蜴
위천개고 불감불국 위지개후 불감불척 유호사언 유륜유척 애금지인 호위훼탕

瞻彼阪田 有菀其特 天地抓我 如不我克 彼求我則 如不我得 執我仇仇 亦不我力
첨피판전 유완기특 천지올아 여불아극 피구아즉 여불아득 집아구구 역불아력

心之憂矣 如或結之 今玆之政 胡然厲矣 燎之方揚 寧或滅之 赫赫宗周 褒姒滅之
심지우의 여혹결지 금자지정 호연려의 료지방양 녕혹멸지 혁혁종주 포사멸지

終其永懷 又窘陰雨 其車旣載 乃棄爾輔 載輸爾載 將伯助予
종기영회 우군음우 기거기재 내기이보 재수이재 장백조여

無棄爾輔 員于爾輻 屢顧爾僕 不輸爾載 終踰絶險 曾是不意
무기이보 원우이폭 루고이복 불수이재 종유절험 증시불의

魚在于沼 亦匪克樂 潛雖伏矣 亦孔之炤 憂心慘慘 念國之爲虐
어재우소 역비극락 잠수복의 역공지소 우심참참 염국지위학

彼有旨酒 又有嘉殽 洽此其鄰 昏姻孔云 念我獨兮 憂心慇慇
피유지주 우유가효 흡차기린 혼인공운 염아독혜 우심은은

佌佌彼有屋 蔌蔌方有穀 民今之無祿 天夭是椓 哿矣富人
哀此惸獨
차차피유옥 속속방유곡 민금지무록 천요시탁 가의부인
애차경독

正月繁霜我心憂
傷民之訛言亦孔
之將念我獨兮憂
心京京哀我小心
癙憂以痒

父母生我胡俾我
瘉不自我先不自
我後好言自口莠
言自口憂心愈愈
是以有侮

憂心惸惸念我無
祿民之無辜并其
臣僕哀我人斯于
何從祿瞻烏爰止
于誰之屋

瞻彼中林侯薪侯
蒸民今方殆視天
夢夢既克有定靡
人不勝有皇上帝
伊誰云憎

謂山蓋卑爲岡爲陵民
之訛言寧莫之懲召彼
故老訊之占夢具曰予
聖誰知烏之雌雄

謂天蓋高不敢不局謂
地蓋厚不敢不蹐維號
斯言有倫有脊哀今之
人胡爲虺蜴

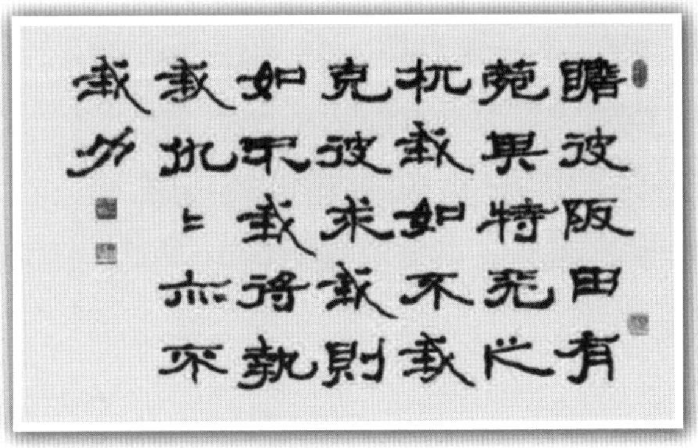

瞻彼阪田有
菀其特天地
扤我如不我
克彼求我則
如不我得執
我仇仇亦不
我力

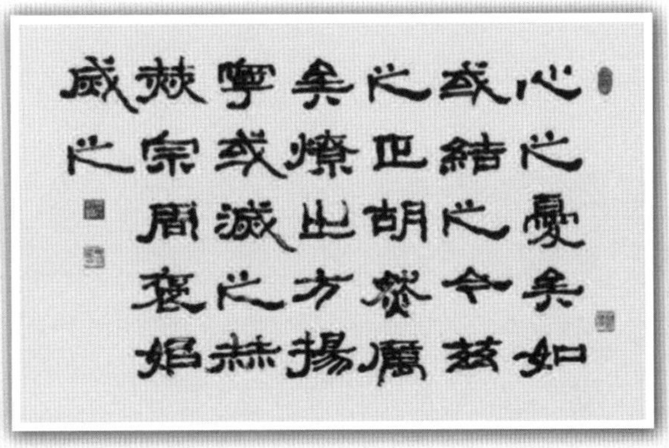

心之憂矣如
或結之今茲
之政胡然厲
矣燎之方揚
寧或滅之赫
赫宗周褒姒
滅之

▲

終其永懷又
窘陰雨其車
既載乃棄爾
輔 載輸爾
載將伯助予
無棄爾輔員
于爾輻屢顧
爾僕不輸爾
載終踰絶險
曾是不意

◀

魚在于沼亦
匪克樂潛雖
伏矣亦孔之
炤憂心慘慘
念國之爲虐

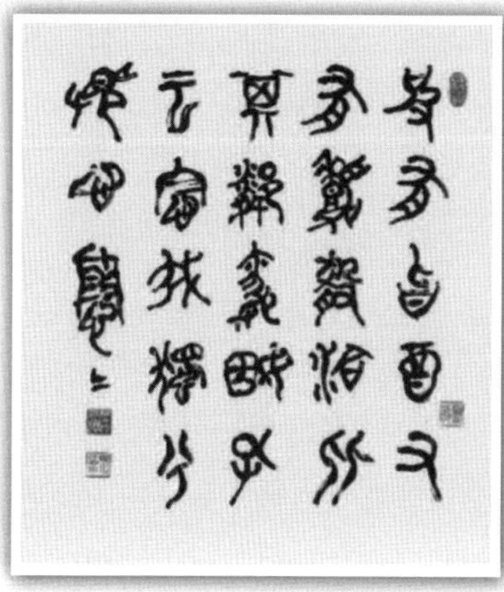

◀ 彼有旨酒又
有嘉殽洽此
其鄰昏姻孔
云念我獨兮
憂心慇慇

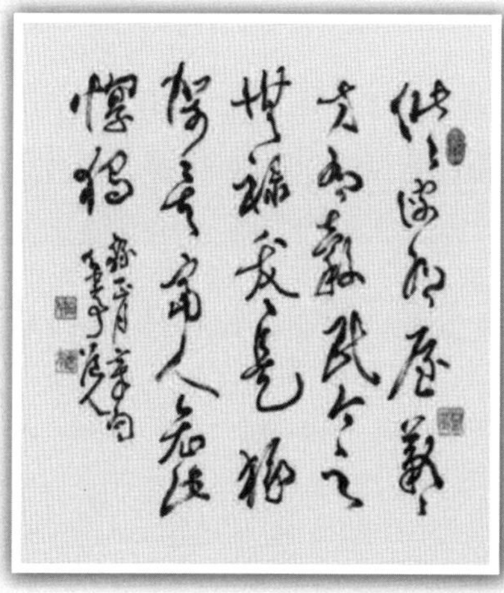

◀ 佌佌彼有屋蔌蔌
方有穀民今之
無祿天夭是椓
哿矣富人哀此
惸獨

어지러운 세상, 희망은 오로지 자식 교육

〈저 작은 비둘기(小宛, 소완)〉(「소아(小雅)」 수록)

현재 자신이 살고 있는 나라를 걱정하는 사람들의 불안감의 근원은 무엇일까? 그들의 마음속 깊은 곳에 자리하고 있는 불안감은 미래가 현재보다 나아지지 않을까 봐 염려하는 데에서 비롯된다. 미래가 현재보다 나아질 것이라는 기대는 희망을 갖게 한다. 이와 반대로 미래가 현재보다 더 어두울 것이라는 전망은 불안감과 절망감을 갖도록 만든다.

이 같은 판단의 바탕을 이루는 것은 지금 살고 있는 세상에서 겪은 부정적인 경험들이다. 이러한 경험들이 쌓여 미래에 대한 부정적인 전망을 갖도록 만든다. 대부분의 사람들은 이럴 경우에 어떤 행동을 보일까?

이와 관련된 사례를 보여 주는 것이 바로 〈저 작은 비둘기(小宛, 소완)〉이다. 노래하는 이는 자신이 겪은 부정적 경험들을 바탕으로 현재를 살아가는 바람직한 행동과, 미래 세대에 대한 불안감에서 비롯된 해답을 보여 주고자 한다.

그 해답이 바로 자녀 교육이다. 노래하는 이는 현재 자신이 놓여 있는 상황이 힘들기 때문에 부모를 염려하고, 아울러 자녀들에게 한 가닥 희망을 건다. 그만큼 현재의 상황은 절망적이다. 지금보다 더 나아질 것이라는 기대는 버린 지 오래이다. 그 상황에서 기댈 수 있는 것은 자녀 교육을 잘 시켜 그들만이라도 자신보다 더 나은 삶을 살도록 하는 일뿐이다.

작은(宛, 완) 저(彼, 피) 비둘기(鳩, 구)가 꾸르륵 꾸르륵 울며(鳴, 명) 날아간다. 높이(翰, 한) 날아서, 하늘(天, 천)에 이르도록(戾, 려) 날아간다(飛, 비). 사람들 주변에서 살아가는 비둘기는 언제라도 눈만 돌리면 볼 수 있는 흔한 새이다. 그 비둘기들이 울며 하늘 높이 날아간다. 사람들 주변에 별로 먹을 것이 없어서, 먹고살려면 더 높이 더 멀리 날아서 다른 곳으로 가야 하는 것이다.

그런 모습을 바라보는 노래하는 이의 마음(我心, 아심)이 서글프다(憂傷, 우상). 먹고살기 위해 이리저리 날아다녀야 하는 비둘기를 바라보니 옛(昔, 석)사람, 먼저 가신 이들(先人, 선인)이 생각나는 것이다. 돌아가신 부모님(二人, 이인)이다. 부모님 생각에 날이 새도록(明發, 명발) 잠을 못 이룬다(不寐, 불매). 뜬눈으로 밤을 새운 것이다.

돌아가신 부모님이 그리워서 잠을 이룰 수 없다. 천수를 누리다 돌아가셨다면, 부족한 것 없이 살다 가셨다면 이토록 그립지는 않으리라. 어려운 시절에 고생만 하다 가신 부모님이 생각나서 안타깝고, 그렇게 살 수밖에 없도록 만든 위정자들에게 화가 나고, 그런 나라가 걱정이 되어 잠을 이루지 못하는 것이다. 실로 백성이 나라를 걱정하는 시대인 것이다.

이런 어지러운 세상에서 살아남으려면 어떻게 해야 하는지, 어떻게 처신해야 살아남을 수 있는지가 가장 중요한 문제가 되어 버렸다. 살아남는 방법은 각자의 몫이다. 스스로가 하늘의 운명(命, 명)은 한 번 오지, 두 번은 오지 않음(不又, 불우)을 명심하고 행동을 삼가고 경계해야 한다. 공손하고(敬, 경) 바르게(儀, 의) 살아야 한다. 혹여 다른 이들의 비위나 기분을 상하게 하면 예기치 않은 화를 면하기 어려운 세상인 것이다. 그것을 꼬투리 삼아 그를 옥죄일 수도 있기 때문이다. 단정하여(齊, 제) 흠을 보이지 않고, 슬기롭게(聖, 성) 처신하는 사람은 술을 마실 때에도 틈을 보이지 않는다. 술을 마셔도(飮酒, 음주) 자신의 속마음을 겉으로 드러내지 않으려고 온순한 상태를 유지하는(溫克, 온극) 것이다. 그러나 무지하고 혼미한(昏, 혼) 사람은 취할수록 그 혼미함이 나날이 쌓여(日富, 일부) 빈틈을 드러내고, 그로 인해 기어코 화를 당한다.

평범한 사람들(庶民, 서민)은 먹고사는 일이 가장 큰일이다. 언덕을 바라보니 말라비틀어진 콩이 군데군데 보인다. 콩을 까 봐야 몇 알 남아 있지도 않을 것 같다. 그것이라도 따서 허기를 면해야 한다. 언덕(中原, 중원)에서 콩(菽, 숙)을 따는(采, 채) 사람들의 모습이 보인다.

노래하는 이는 부모와 자신의 세대는 비록 어지럽고 혼돈스럽지만, 그럴수록 자녀들만은 자신보다 더 나은 삶을 살도록 가르쳐야 한다며 교육열에 불탄다. 이는 마지막에 남겨진 유일한 희망이다. 세상살이가 어려울수록 그 어려움을 자식들에게까지 물려줄 수는 없다. 그리하여 눈을 질끈 감고 이렇게 다짐한다.

'명령유자(螟蛉有子), 과라부지(蜾蠃負之)라는 말도 있지 않은가? 뽕나무벌레(螟蛉, 명령)도 새끼를 낳으면 그 새끼를 나나니벌(蜾蠃, 과라)이 업어다가(負, 부) 키워서 일주일 만에 어엿한 자식으로 길러 낸다는 말이 있지 아니한가?'

그 당시 사람들은 나나니벌이 뽕나무벌레 새끼를 데려다가 키워 낸다고 믿었다. 실제는 나나니벌이 뽕나무 애벌레를 자기 굴속으로 가져간 다음, 애벌레 속에 자기 알을 집어넣어 그 알이 애벌레의 영양분을 먹고 부화하는 것임을 그 당시 사람들은 몰랐을 것이다. 그들은 나나니벌이 자기 새끼가 아닌데도 데려다 키우는 착한 동물이라고 여겼음이 분명하다.

'이처럼 미물인 벌마저도 누구 자식이든 가리지 않고 어엿한 자식으로 키워 내는데, 하물며 사람인 우리들이야 어찌 자식 교육을 등한시할 수 있겠는가? 자식들을 가르치고(教, 교) 인도하여야(誨, 회) 한다. 법도(式, 식) 있게 길러야(穀, 곡) 한다. 그래서 나나니벌이 자식을 키워 낸 것처럼 어엿하고 착하게 길러야 한다.'

자식 교육에 대한 열정은 노래하는 이에게 마지막 남은 희망의 끈이다. 그 자식들이 지녀야 할 삶의 자세와 생활 태도 또한 걱정이다. 그는 그들의 행동거지에 대해 교훈이라도 남기고 싶은 것이다.

할미새(脊令, 척령)가 날아간다. 할미새는 날며 울며 잠시도 쉴 틈이 없이 분주하게 행동한다. 할미새처럼 부단히 노력해야 한다. 날아가며(載飛, 재비) 울어 대듯이(載鳴, 재명) 그렇게 쉼 없이 자신의 실력을 길러야 한다. 내(我, 아)가 날(日, 일)로 나아가듯이(邁, 매), 자식들은 나보다 한발 앞서 달(月, 월)로 가야(征, 정) 한다. 그래야 성취할 수 있다.

내가 갔던 걸음만큼만 나아간다면 이 험한 세상에서 이룰 수 있는 것은 아무것도 없다. 우선, 일상의 태도에서부터 건전한 습관을 길러야 한다. 늦게 자고(夜寐, 야매), 일찍(夙, 숙) 새벽에 일어나서(興, 흥) 부모님(所生, 소생)을 욕되게(忝, 첨) 하지 말라고 훈계한다. 지금에야 일찍 자고 일찍 일어나는 것이 미덕이지만, 당시에는 잠자는 시간이 길면 게으르고 불성실한 사람으로 여겼던 모양이다.

또 하나의 교훈은 세상을 살아가는 마음가짐이요 행동거지이다. 나무 위에(于木, 우목) 앉은 사람처럼 조심하고(恭, 공) 온순하게(溫, 온) 행동하여야 한다. 나뭇가지에 오르면 자칫하다가는 나무 아래로 떨어져 다칠 수 있기 때문이다. 골짜기(谷, 곡)를 걸어가는 사람처럼 조심스럽게 두려워(惴, 췌)하듯이 경계하며 행동하여야 한다. 잠시라도 한눈을 팔면 깊은 계곡에 빠질 우려가 있기 때문이다.

이것이 바로 '전전긍긍(戰戰兢兢), 여리박빙(如履薄冰)'에 담긴 마음가짐이자 행동거지이다. 살얼음을 밟듯이 두려워하고 삼가야 한다. 어지러운 세상을 살아갈 자식들을 위한 삶의 체험으로부터 나온 현실적인 교훈이요 충고인 것이다.

청작새(桑扈, 상호)가 마당(場, 장)으로 날아든다(交交, 교교). 일명 '고지새'라고도 하는 청작새는 '청조(靑鳥)'라고도 불리는 파랑새이며, 벌레를 잡아먹고 사는 육식성 조류이다. 하지만 그런 청작새도 마당에 널어놓은 조(粟, 속)를 쪼아(啄, 탁) 먹는다.

노래하는 이는 이제 마당의 조를 쪼아 먹는 새들을 쫓아낼 힘도 없다. 병들고 지친 까닭이다. 가난(寡, 과)에 시달리고 병들어(塡, 전) 더 이상 기력이 없다. 자식 교육을 잘 시킬 수 있다는 희망도 한낱 백일몽일지도 모른다. 차라리 감옥(岸獄, 안옥)에 갇혀 있는 것이 더 나을지도 모른다. 감옥살이를 하면 밥은 굶지 않으리라. 답답한 마음에 조를 한 줌 쥐어(握, 악) 점(卜, 복)을 쳐 본다. 언제부터(自何, 자하) 좋아질지(能穀, 능곡) 답이 없다. 한숨만 나온다.

이 모두가 꿈인 듯하다. 아니, 차라리 꿈이라면 좋겠다. 현실에서 그는 병들고 지쳐 있다. 탈출구를 찾을 수 없다. 더 나은 미래를 기대할 수 없는 세상은 현실의 감옥보다 지독한 지옥일 것이다. 답답하고 어지러운 이 세상은 3,000년 전이나 지금이나 별반 다르지 않다. 이는 역사가 '돌아가는 수레바퀴'인 까닭이다.

역사의 수레바퀴를 돌리며 이 노래를 감상해 보자.

저 작은 비둘기

저 작은 비둘기, 울며 하늘 높이 날아가네. 내 마음 서글프다, 돌아가신 이 생각하네.
부모님 그리워 날이 밝도록 잠 못 이뤄.

단정하고 슬기로운 사람 술 마실 때 온순하고, 무지하고 혼미한 사람 날로 취해 심해지네.
각자 조신하고 바르게 행동 삼가라, 천명은 두 번 다시 오지 않으니.

언덕 위에 열린 콩을 사람들이 따고 있네. 뽕나무벌레 새끼 낳으면 나나니벌이 업고 가네.
가르치고 인도하여 그처럼 법도를 길러 주어라.

할미새 바라보니, 부산하게 울며 나네. 내가 날로 나아가면 너는 달로 나아가라.
일찍 일어나고 늦게 자서 부모님을 욕되게 하지 마라.

청작새 날아들어 마당의 조를 쪼아 먹네. 병들고 가난하니 옥살이가 더 나으리.
조를 한 줌 쥐어 점을 쳐도, 언제부터 나아질까 가망 없네.

온순하고 공손하게 나무 위에 오른 것 같이, 조심하고 두려워하여 계곡에 가는 것같이.
살얼음을 밟듯이 두려워하고 삼가리.

小宛(소완)

宛彼鳴鳩 翰飛戾天 我心憂傷 念昔先人 明發不寐 有懷二人
완피명구 한비려천 아심우상 염석선인 명발불매 유회이인

人之齊聖 飮酒溫克 彼昏不知 壹醉日富 各敬爾儀 天命不又
인지제성 음주온극 피혼부지 일취일부 각경이의 천명불우

中原有菽 庶民采之 螟蛉有子 蜾蠃負之 教誨爾子 式穀似之
중원유숙 서민채지 명령유자 과라부지 교회이자 식곡사지

題彼脊令 載飛載鳴 我日斯邁 而月斯征 夙興夜寐 無忝爾所生
제피척령 재비재명 아일사매 이월사정 숙흥야매 무첨이소생

交交桑扈 率場啄粟 哀我塡寡 宜岸宜獄 握粟出卜 自何能穀
교교상호 솔장탁속 애아전과 의안의옥 악속출복 자하능곡

溫溫恭人 如集于木 惴惴小心 如臨于谷 戰戰兢兢 如履薄冰
온온공인 여집우목 췌췌소심 여임우곡 전전긍긍 여리박빙

宛彼鳴鳩翰飛
戾天我心憂傷
念昔先人明發
不寐有懷二人

人之齊聖飲酒
溫克彼昏不知
壹醉日富各敬
爾儀天命不又

中原有菽庶民
采之螟蛉有子
蜾蠃負之教誨
爾子式穀似之

◀ 題彼脊令載
飛載鳴我日
斯邁而月斯
征夙興夜寐
無忝爾所生

◀ 交交桑扈
率場啄粟
哀我塡寡
宜岸宜獄
握粟出卜
自何能穀

◀ 溫溫恭人
如集于木
惴惴小心
如臨于谷
戰戰兢兢
如履薄冰

화사한 꽃 뒤에 가려진 민중의 눈물

〈능소화, 황금빛으로 피었는데(苕之華, 초지화)〉(「소아(小雅)」 수록)

능소화(凌霄華)는 7월부터 9월 사이에 핀다. 하늘을 업신여기듯 나무나 담장 또는 벽을 타고 높이 올라가서 황금빛 꽃을 기어코 피워 낸다. 한여름부터 늦가을까지 피었다 지고 또 피어나는 능소화는 나팔 모양의 황금빛 꽃으로 화사하게 피어나 보는 이의 시선을 사로잡는다. 진초록의 무성한 잎들은 황금빛 꽃들을 더욱 붉게 만드는 그림판이다. 초록색과 황금색의 보색 대비. 꽃으로 인해 잎의 초록은 더욱 파래지고, 잎으로 인해 꽃의 황금빛은 더욱 짙어진다. 이러한 대비가 사람들의 시선을 확 끈다. 능소화는 그 빛깔이 황금을 떠올리게 하여 '금등화(金藤華)'라고도 부르고, 양반집 마당에만 심었다고 해서 '양반화(兩班華)'라는 별명도 지니고 있다.

그런데 능소화는 눈에 띄는 아름다움으로 인해 더 큰 슬픔을 느끼게 한다. 너무도 아름다운 겉모습은 오히려 처연함을 낳고, 너무도 짙은 황금빛은 꽃을 바라보는 이가 자신의 처지를 되돌아보게 만든다. 이 노래를 부르던 3,000년 전의 사람들도 이 꽃을 바라보며 화려한 아름다움 속에서 애절한 슬픔을 보았으리라.

지금부터 3,000년 전, 주나라의 한 마을에서 삶에 지친 한 사람이 길가에 서서 무언가를 바라보고 있다. 이웃 고관대작 집의 담장에 피어 있는 능소화이다. 푸른 잎사귀가 담장 전체를 뒤덮고 있어 흑갈색의 담장은 더 이상 보이지 않는다. 푸른 잎사귀는 사대부집 높은 담장을 끝까지 타고 올라가, 담장 옆의 회화나무 가지를 타고 그 꼭대기까지 오를 기세다. 푸른 잎들은 회화나무의 회색빛 나뭇가지마저 덮어 버렸다. 능소화는 푸른 잎사귀들 사이에서 솟아오르듯 피어 있다. 일찍 핀 꽃들은 바닥에 떨어져 그곳마저도 황금빛으로 물들인다. 그는 지금 그 꽃들을 보며 자신의 처지를 되돌아보고 있다.

능소화는 그 꽃잎이 황금빛(黃, 황)이다. 돈의 상징이요 부유함의 상징인 노랗고도 붉은 오묘한 색으로 피어난다. 노래하는 이가 그토록 바라고 원하는 황금은 눈앞에 보이지만 가질 수 없다. 오히려 그가 아무것도 가진 것이 없다는 사실을 저 황금빛 능소화는 알려 주려는 듯, 담장 위에서 처연하게 빛나고 있다. 꽃의 아름다움에 마음을 빼앗겨, 잠시나마 자신이 처한 현실을 잊고 있었다. 자신의 처지를 생각하니 가슴이 저려 온다. 마음의 근심(憂, 우)과 상처(傷, 상)로 다가온다.

황금빛 꽃들을 받치고 있는 것은 푸르고 푸른(靑靑, 청청) 잎(葉, 엽)들이다. 담장이 온통 진초록의 선명한 빛으로 뒤덮여 있다. 푸른 잎들은 싱싱함이요, 젊음이요, 건강함이다. 잎들을 바라보는 그는 이제 기력이 없다. 잎들은 싱싱하기 그지없지만, 자신은 힘든 세상살이에 더 이상 버틸 재간이 없다. 언제까지 살아남을지도 알 수 없으니 암담하다. 가난과 굶주림은 이제 일상이 되어 버렸다. 내가 이렇게 될 줄 알았다(知我如此, 지아여차)며 혼잣말을 내뱉는다. 이 어지러운 세상에 그에게 닥친 가난과 곤궁은 어찌 보면 그 혼자만의 일도 아니다. 다른 이들도 그와 마찬가지로 하루하루 간신히 버텨 내듯 살아가고 있으리라. 세상에 태어나서 살아가고 있다는 사실이 한탄스럽고 원망스럽다. 내가 왜 이 세상에 태어났는지, 차라리 태어나지 말았을 것을(不如無生, 불여무생)! 답답한 마음에 한숨만 나온다. 탄식하는 목소리는 허공에 떠돈다.

그래도 살기는 살아야 한다. 고기라도 잡을 양으로 앞 시냇가 여울목에 통발을 설치하러 나간다. 대오리로 얼기설기 엮어 만든 고기 잡는 통발(罶, 류)도 이젠 해져서 조금이라도 힘을 주면 부스러질 것만 같다. 통발을 들고 가는 길목 언덕에 암양(牂羊, 장양)이 보인다. 먹을 것이 없어 몸통이 삐쩍 마른 그 암양은 머리만 가분수로 보인다. 양들도 이 세상에 태어나서 고생이다.

통발을 쳐 놓은 지 여러 시간이 지나고 밤이 되었다. 혹시나 해서 통발에 걸린 물고기는 없는지 확인하려고 여울로 향한다. 통발엔 물고기가 한 마리도 안 걸렸다. 애초에 기대하지도 않았다. 이미 해진 통발에 물고기가 걸리겠는가? 그래도 실망이다. 물고기 대신 걸려 있는 것은 물에 비친 별빛 그림자이다. 서쪽 하늘에 떠오른 삼성(三星)의 별빛만이 통발에 걸려 있을 따름이다. 바라던 물고기는 걸려 있지 않고 별빛만이 통발에 비치고 있다. 무엇을 먹고 사나. 통발에 비친 별빛이 잔물결에 이지러진다. 그의 마음도 따라 흔들리며 스러져 어지럽다.

무엇을 먹고 살아야 한다는 것은 매일매일 다가오는 형벌과도 같다. 먹지 않으면 더 이상 생명을 부지할 수 없기에 그 자체가 전쟁이 되어 버린 세상이다. 하루하루 어찌 어찌 살아가고 있는 이상 무언가로 끼니는 겨우 잇고 있지만(人可以食, 인가이식), 배불리 먹어 본 적이 단 한 번도 없다(鮮可以飽, 선가이포). 배불리 한번 먹어 보는 것이 소원인 시대였다.

춘추 전국 시대에 불리던 백성들의 노래를 모은 『시경』 중에서도 〈능소화, 황금빛으로 피었는데(苕之華, 초지화)〉는 당시 민중이 살기 어려운 세태를 한탄하며 부른 애달픈 노래이다. 백성들은 삶 자체가 고난의 연속이었다.

그저 유일한 희망이 있다면 배고픔을 면하고 국가로부터의 고된 노역에서 해방되는 것이었다. 먹고살기 위해 키우는 가축인 양마저도 먹을 것이 없어 몸이 삐쩍 말라 버려 양의 머리가 가분수처럼 커 보인다. 물고기를 잡기 위해 설치해 놓은 고기잡이 통발에는 밤늦도록 고기는 걸리지 않고, 그 위에 속절없이 별만 비추는 현실은 참으로 암담하다.

배 터지도록 한번 실컷 먹어 보는 것이 소원이었던 시절. 그 시절은 중국의 춘추 전국 시대의 이야기만은 아닐 것이다. 지금도 일반 국민들의 삶은 고단하고 팍팍하다. 그들에게 푸른 잎들 사이에 아름다운 황금빛으로 노랗게 피어 있는 능소화가 자신들의 궁핍한 삶과 대비되어 눈에 들어왔을 것이다. 능소화의 화사한 아름다움을 그들은 처절한 삶의 무게로 받아들였으리라.

민중이 느끼는 삶의 무게는 기원전과 기원후에도, 오늘날까지도 그다지 가벼워지지 않았다. 물론 예전과 같은 절대적인 빈곤은 많이 줄어들기는 했지만, 그들의 가슴에는 항상 상류층을 향한 응어리진 마음이 존재한다. 그것이 무엇이든 중요하지 않다. 그들은 국가에게 바라는 것이다. 궁핍한 삶에서 벗어나게 해 달라고. 국가가 지운 과도한 짐을 벗게 해 달라고. 그들의 요구는 그리 큰 것도 아니었다. 먹고살 걱정을 하지 않게 해 주는 것이 소원의 전부요, 현재보다 미래가 더 희망적임을 느끼게 해 주는 것이 유일한 바람일 것이다.

우리는 눈에 보이는 것을 더 믿는 경향이 있다. 오감으로 확인할 수 있기 때문이다. 손으로 만져 볼 수 있고, 코로 냄새 맡아 볼 수 있으며, 눈으로 생김새나 색깔이나 형태를 가늠할 수 있는가 하면, 귀로 소리를 듣고 알아차릴 수 있기 때문이다. 보이는 것은 우리에게 보이는 대로의 정보를 전달하고 그에 따른 만큼만의 판단을 요구한다. 그래서 더 믿기 쉽다. 하지만 보이지 않는 것은 오감의 작동을 통한 판단이 불가능하여 쉽게 믿기 어렵다.

능소화의 아름다움은 오감을 통해 느낄 수 있고 그것이 아름답다는 사실을 믿는 데는 하등의 걸림돌이 없다. 하지만 그 꽃을 바라보면서, 삶에 찌들고 지친 사람들의 보이지 않는 아픔까지 오롯이 느끼기는 힘들다. 어쩌면 능소화의 아름다움이 그 뒤에 숨어 있는 민중의 아픔을 가리고 있는지도 모를 일이다. 사물을 꿰뚫어보는 내면의 눈이 없다면, 보이는 것만이 세상의 전부일 거라고 믿기 쉽다. 보이지 않는 것을 볼 수 있는 능력은 타고나는 것이 아니라서, 끊임없는 자기 성찰과 수양을 통해서만 길러진다. 진리는 보이지 않는 곳에 존재하기에 더 두렵고 무서운 것이다.

사람이 걸어 온 길은 각자에게 어떤 의미로 다가오는가? 선과 악의 구분으로 해석될 수 있는 것은 아니지만, 각자의 존재에 부합하는 길인가?

지금 우리가 걷고 있는 길은 각자의 존재를 이 세상에 바르게 세워놓기에 합당한 행보인가? 눈에 보이지 않는, 그래서 더 두려운 길, 바로 각자의 과거와 현재, 그리고 다가올 미래의 길이다.

흐드러지게 핀 황금빛 능소화를 착잡한 심정으로 바라보던 사람의 눈으로 이 노래를 들여다보자.

능소화, 황금빛으로 피었는데

능소화, 황금빛으로 피었는데, 근심만 깊어 가네.

능소화, 그 잎도 푸르구나.
내 이럴 줄 알았다면, 태어나지나 말았을걸.

암양은 말라 머리만 크고, 빈 통발엔 별빛만 가득하네.
근근이 살지만, 배불리 먹어나 보았으면.

苕之華(초지화)

苕之華 芸其黃矣 心之憂矣 維其傷矣
초지화 운기황의 심지우의 유기상의

苕之華 其葉青青 知我如此 不如無生
초지화 기엽청청 지아여차 불여무생

牂羊墳首 三省在罶 人可以食 鮮可以飽
장양분수 삼성재류 인가이식 선가이포

▲ 苕之華芸其黃矣心之憂矣維其傷矣

▲ 苕之華其葉青青知我如此不如無生

◀ 牂羊墳首三省在罶人可以食鮮可以飽

[illegible]

家鄉寶藏何[illegible]之

[illegible]

家鄉寶藏何如[illegible]之

[illegible]

제5장

고난 속에 그래도 피어나는 사랑

절제된 사랑의 미학

〈꾸륵꾸륵 물수리는(關雎, 관저)〉(「주남(周南)」 수록)

『시경』 첫머리에 등장하는 〈꾸륵꾸륵 물수리는(關雎, 관저)〉은 사랑을 노래하는 한 폭의 풍경화와도 같다. 이 풍경화의 주인공은 물수리이다. 황허〔黃河〕의 모래톱에서 물수리 한 쌍이 서로를 바라보며 사랑스런 눈길로 꾸르륵대고 있다.

원문에서 말하는 '저구(雎鳩)'는 어떤 새일까? 이를 둘러싼 논란은 3,000년간 이어져 오고 있다. 원앙이라는 설에서부터 흰꼬리수리라는 설에 이르기까지 실로 다양하다. 그렇기는 해도 하천 유역에서 물고기를 잡아먹고 사는 물수리라는 설이 가장 유력하다. 이 노래가 불린 3,000년 전의 황허 유역에서 그 새를 목격하지 않은 이상 그 생김새를 정확히 알 수는 없으나, '저구'라는 말에서 유추해 볼 때 비둘기(鳩, 구)처럼 흰 깃털을 가진 매목 수릿과의 맹금류임에는 틀림없다. 지구상에는 수천 종의 매가 있는데, 황허 유역의 얕은 물가에서 구부러진 발톱으로 물고기를 낚아채면서 흰 깃털이 풍성한 물수리, 즉 흰꼬리수리일 가능성이 가장 높다. 노래를 지을 당시의 사람들이 보기에는 비둘기처럼 흰 깃털이 많았기에 새 이름에 비둘기라는 말을 넣어 불렀으리라.

물수리는 그 당시 사람들의 눈에 어떻게 보였을까? 물살이 약한 황허의 물가에는 모래톱이 만들어지고 그 주변에는 수초들이 자란다. 가장 얕은 지역에는 마름풀(荇菜, 행채; 노랑어리연꽃을 가리킨다고 보기도 함.)들이 빽빽이 자라고 있다. 물속 진흙 바닥에 뿌리를 내리고 물속에서부터 줄기를 어지럽게 사방으로 뻗어 톱니처럼 마름모꼴의 잎을 수면 위로 드러내는 수초이다. 그 마름풀 사이에는 큰 물고기들이 많다. 물수리는 이를 잘 알고 있기에, 마름풀이 무성한 황허의 얕은 물가는 물수리에게는 놓칠 수 없는 중요한 사냥터이다. 마름풀이 자라는 곳에 물고기가 많이 있다는 사실은 그 당시 사람들도 잘 알고 있던 터였다.

『시경』의 「소아」에 실려 있는 〈어조(魚藻)〉라는 노래에 다음과 같은 구절이 나온다.

"마름풀에 물고기는 크고 큰 머리구나〔魚在在藻(유재재조) 有頒其首(유분기수)〕."

그 물가의 모래톱에서 날카로운 눈으로 사냥감들의 움직임을 살피는 물수리의 모습을 당시 사람들은 자주 목격했을 것이다.

하천이나 호수, 바닷가 등의 탁 트인 개활지에 둥지를 틀고 가족을 이루어서 10년 이상을 그 지역에서 살아가는 물수리. 그 지역 생태계에서는 최상위 포식자이다. 그 누구도 경쟁 상대가 될 수 없는, 천적이 없는 새이다. 따라서 물수리는 용맹함과 씩씩함, 힘과 권위의 상징이다. 날카로운 부리와 뾰족한 갈고리 같은 발톱, 한껏 펼치면 2미터가 훨씬 넘는 거대한 날개를 가진 물수리는 그 외양만으로도 상대에게 두려움을 준다. 그 힘에서 의연함이 묻어나는 것이다. 사람들은 물수리의 모습에서 진정한 사나이다움, 즉 군자의 모습을 본다.

그런 용맹함의 내면에는 흐트러짐이 없는 지조가 담겨 있다. 한번 짝을 맺은 물수리는 죽을 때까지 상대를 바꾸지 않는다. 게다가 상대가 죽어도 결코 다른 짝을 구하지 않는다. 용맹함뿐만 아니라 절제의 미덕까지도 갖춘 것이다.

원앙과는 구별되는, 성에 대한 절제이다. 원앙은 항상 짝을 지어 다닌다. 사람들 보기에는 다정해 보이지만, 실상은 그렇지 아니하다. 짝을 이루고 있을 때에도 기회만 있으면 한눈을 판다.

인간 세상에도 다정하게 보이는 부부일수록 기회만 있으면 다른 생각을 품고 한눈을 파는 경우가 많다고 하면 성급한 일반화일까? 무엇이든 지나치지 않아야 오래 지속될 수 있다는 것은 인간들에게도 그대로 적용되는 이치일지도 모른다.

원앙과 달리 물수리 부부는 그리 다정해 보이지는 않아도 평생 상대를 배신하지 않는다. 일단 짝을 이루면 커다란 둥지를 짓고 두서너 개의 알을 낳는다. 주로 암컷은 알을 품고, 수컷은 둥지를 지키며 먹이를 사냥하여 새끼들을 먹여 키우는 역할을 담당한다. 죽을 때까지 충실한 가정을 이루는 성실함을 보여 주는 것이다. 암수 모두 용맹하고 가정적이기까지 한 물수리는 사람들이 보기에 훌륭한 배필감이 아니고 무엇이겠는가?

수컷 물수리는 진정한 군자요, 암컷 물수리는 진정한 요조숙녀이므로 서로가 비할 데 없는 좋은 짝이라고 할 수 있다. 이처럼 서로 사랑하고 짝을 구하되 지나침이 없는 '절제와 중용의 미덕'을 그 당시 사람들은 물수리에게서 찾은 것이다. 이런 깨달음은 3,000년간 지속해서 이어져 내려오고 있다.

공자와 그의 제자 자하와의 대화이다. 자하가 공자에게 묻는다.

자하: 왜 『시경』의 첫머리에 〈꾸륵꾸륵 물수리는〉이라는 작품이 있습니까?

당연한 궁금증은 예나 지금이나 마찬가지이다. 공자가 답한다.

공자: 이 작품은 지극하여 더할 나위가 없다.

자하: (무엇이 지극합니까?)

지극하다니 무엇이 지극하다는 것인지 알 수 없는 자하이다. 스승께 직접 물어볼 수도 없다. 다만, 마음속으로만 물어본다.

공자: 이 작품을 지은 자는 위로는 하늘을 따르고 아래로는 땅을 본받은 것이다. 그윽하고 깊음 속에는 덕이 가득하고, 어지러운 용솟음 속에는 정의가 실현되어 있으니, 그 표현은 지극히 선명하고 크다. 이 작품의 도리는 만물이 이에 매어져 있고 뭇 생명의 명운이 달려 있다.

자하: (점점 모를 말만 하신다. 좀 쉽게 설명하시지!)

잠자코 스승의 다음 말씀만을 기다릴 수밖에 없는 자하이다.

공자: 이 작품이 보여 주는 도리는 충실하고 성대하여 천지사방에 따르지 않을 자가 없다. 모든 백성과 왕도의 근원이 모두

이 시가 보여 준 일의 이치에서 벗어나지 않는다.

자하: 이 작품은 천지의 바탕입니다. 시에서 '북을 치며 즐긴다(鐘鼓樂之, 종고락지)' 하였습니다.

정확히 그 뜻을 알아차렸는지는 모르지만 자하는 스승의 말을 반복하는 것으로 마무리한다. 하지만 자하는 이 시가 보여 주는 도리란 중용의 덕으로 받아들였다. 치우치지 않음이 바로 모든 사물의 이치임을 깨달은 것이리라.

– 한영(韓嬰)의 『한시외전(韓詩外傳)』에서

〈꾸륵꾸륵 물수리는〉을 평가할 때 '치우치시 않은 중용의 넉'을 언급한 옛 선현들은 수없이 많다. 물론 그 대표는 공자이다. 공자는 『논어』의 「팔일(八佾)」 편에서 이 노래를 가리켜, '즐거우나 음란하지 않다(樂而不淫, 낙이불음)'고 평가한다. 그 후 서한(西漢)의 공안국(孔安國)은 『논어집해(論語集解)』에서, 주희(朱熹)는 『시집전서(詩集傳序)』에서 '이 시는 즐거우면서도 음란하지 아니하고, 슬프지만 마음이 상하는 데까지 이르지 않아(哀而不傷, 애이불상) 조화로움(和)을 잃지 않았다'고 평했으며, 이런 해석은 지금까지 주류적 해석으로 자리하고 있다. 공자의 힘이다.

공자도 물수리가 용맹하지만 원앙처럼 난삽한 사랑을 하지 않음을, 배우자 한 사람과 평생 지조를 지키면서 가정에 충실한 새임을 알았으리라. 그래서 천지의 도리가 크고 충실하고 성대한 것이라고 표현했을 것이다. 『모시서(毛詩序)』는 이 시가 문왕의 후비(后妃)인 태사(太似)의 덕을 칭송하는 노래라고까지 단정하였지만, 문왕의 덕을 최고의 가치로 받들었던 유교적 관점에서의 해석은 또 하나의 치우침일 수도 있다. 〈꾸륵꾸륵 물수리는〉은 당연히 연가(戀歌)이다. 물수리의 행태를 보고 이에 감흥을 얻은 이들이 읊은 남녀 간의 절제된 사랑의 시인 것이다. '낙이불음'이라는 공자의 말은 그런 점에서 유효하다.

황허의 모래톱에 의연히 서 있는 물수리, 물가에서 마름풀 덤불을 이리저리 헤치며 물고기를 사냥하는 물수리는 씩씩한 사나이요, 둥지에서 알을 품는 물수리는 요조숙녀(窈窕淑女)이다. 서로의 역할이 지나침이 없이 절제하는 가운데 구분이 되고, 사랑으로 가정을 꾸려 가는 물수리 부부는 사내와 아가씨의 미래의 희망이요 바람이다. 짝을 지어 가정을 이루고 오래오래 함께 살아가는 물수리 부부는 처녀, 총각들이 닮고 싶어 하고, 얻고 싶어 하는 짝의 모델인 것이다.

황허(河, 하)의 모래톱(洲, 주)에 물수리(雎鳩, 저구)가 꾸르륵(關關, 관관)거리며 서로 짝을 향해 노래한다. 비둘기의 꾸르륵 소리와는 다르게 정이 듬뿍 담긴 청명하고 단아한 소리다. 이들은 짝을 맺고 모래톱 언덕에 있는 큰 나무의 가지에 커다란 둥지를 지을 것이다. 용맹하고 씩씩한 수컷 물수리의 짝은 물론 암컷 물수리이다. 얌전하고(窈, 요) 조용하고 아리따운(窕, 조) 암컷 물수리의 자태이나. 그런 그윽하고 아리따운(窈窕, 요조) 아가씨(淑女, 숙녀)야말로 진정한 사내(君子, 군자)의 배필이요 짝(逑, 구)이다. 저 물수리와 같은 배필을 젊은 남녀들은 구하고 싶은 마음이다.

수컷 물수리가 마름풀(荇菜, 행채)이 들쭉날쭉(參差, 참치) 솟아올라 빽빽이 들어찬 얕은 물가로 다가선다. 물고기를 잡기 위해서이다. 마름풀 사이에는 큰 물고기들이 숨어 있다. 그 마름풀을 좌우(左右)로 헤치며 이리저리 누빈다(流, 류). 이런 모습을 사람들은 짝을 구하기 위한 행동이라 여긴다. 짝을 구(求)하기 위해 자나 깨나(寤寐, 오매) 정성을 들이는 행동이다. 그러나 쉬운 일이 아니다. 좋은 짝을 구하는 일이 쉽겠는가? 짝을 구하나 얻지 못한다(求之不得, 구지부득). 사랑하는 사람의 마음을 얻는 일은 생각처럼 쉽지 않다. 상대가 마음을 열 듯하면 멀어지고, 멀어지나 싶으면 다시 가까워지는 영원한 줄다리기이다. 그래서 자나 깨나(寤寐, 오매) 그리움만 깊어 간다(思服, 사복). 아득하고 아득하다(悠, 유). 그립고 그립다. 그리운 마음에, 아득한 마음에 잠 못 이루고 밤새 몸을 뒤척인다(輾轉反側, 전전반측). 사랑이 몰고 오는 불면이다. 그리움은 깊지만, 아득함이 밀려오지만 희망의 뒤척임이다. 그녀도 분명 나를 싫어하지는 않을 거라는 믿음이 있기 때문이다. 그래서 그리움에 애타는 슬픔도 함께 안고 가야 할 소중한 사랑의 과정이다. 그러나 마음이 상한 건 아니다. 그녀에 대한, 그 남자에 대한 사랑의 믿음은 변하지 않았기 때문이다.

저기 보이는 물수리는 마름풀 덤불을 헤치며 물고기를 찾아 나아간다. 이리저리 마름풀을 뜯어내고(采, 채) 골라내며(芼, 모) 나아간다. 물고기를 날카로운 발톱으로 휘저으며 찾는 행동이다. 물수리는 덤불 속의 물고기를 발견하면 껑충 뛰어서 날카로운 발톱으로 낚아챈다. 발톱이 움켜쥐기에 알맞도록 길고 날카롭게 안쪽으로 구부러져 있기 때문이다. 물수리는 결국 물고기를 낚아챌 것이고, 마찬가지로 그도 그녀의 마음을 휘어잡을 것이다.

요조숙녀를 배필로 삼은 사내의 기쁨은 이루 말할 수 없다. 그 부부의 사랑은 거문고(琴, 금)와 비파(瑟, 슬)의 어울림처럼 우정 같은 사랑을 나눌 것이다. 거문고는 사내의 둔탁하지만 믿음직함이요, 비파는 아가씨의 섬세하고 아련함이다. 본능에 몰입하는 사랑이 아니라 서로 존중하고 아끼는 친구의 우정 같은 사랑으로 평생을 살아갈 것이다. 생각만 해도 입가에 흐뭇한 미소가 떠오르는 사랑이다. 절제된 사랑, 치우침이 없는 사랑, 편벽되지 않은 사랑이야말로 인간이 누릴 수 있는 최상의 사랑이다. 이런 사랑을 얻는 것은 즐겁고 즐거운 일이다. 북(鐘, 종)을 두드리며(鼓, 고) 즐거워할 일이다. 그 정도로 지극한 사랑이다.

참사랑을 갈망하는 청춘 남녀의 희망을 담아 이 노래를 들어 보자.

꾸륵꾸륵 물수리는

꾸륵꾸륵 물수리는 황허의 모래톱에, 얌전하고 아리따운 아가씨는 사내의 좋은 짝.

들쭉날쭉 마름풀 덤불을 이리저리 헤집으며 물고기를 찾는 듯이, 아리따운 아가씨를 자나 깨나 찾아 나서네.

그대 마음 얻지 못해 하루 종일 근심이네. 그리움을 잊지 못해 밤새워 뒤척이네.

들쭉날쭉 마름풀을 뜯어내어 찾는 듯이, 그대를 만나서 금슬 같은 우정을 나누리라.

들쭉날쭉 마름풀을 골라내어 찾는 듯이, 그대를 만나서 북을 치며 즐거움을 나누리라.

關雎(관저)

關關雎鳩 在河之洲 窈窕淑女 君子好逑
관관저구 재하지주 요조숙녀 군자호구

參差荇菜 左右流之 窈窕淑女 寤寐求之
참치행채 좌우류지 요조숙녀 오매구지

求之不得 寤寐思服 愈哉愈哉 輾轉反側
구지부득 오매사복 유재유재 전전반측

參差荇菜 左右采之 窈窕淑女 琴瑟友之
참치행채 좌우채지 요조숙녀 금슬우지

參差荇菜 左右芼之 窈窕淑女 鐘鼓樂之
참치행채 좌우모지 요조숙녀 종고락지

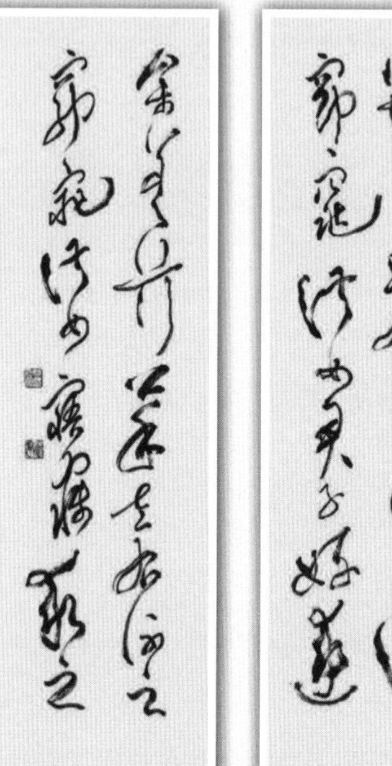

▲ 關關雎鳩在河之洲
窈窕淑女君子好逑

▲ 參差荇菜左右流之
窈窕淑女寤寐求之

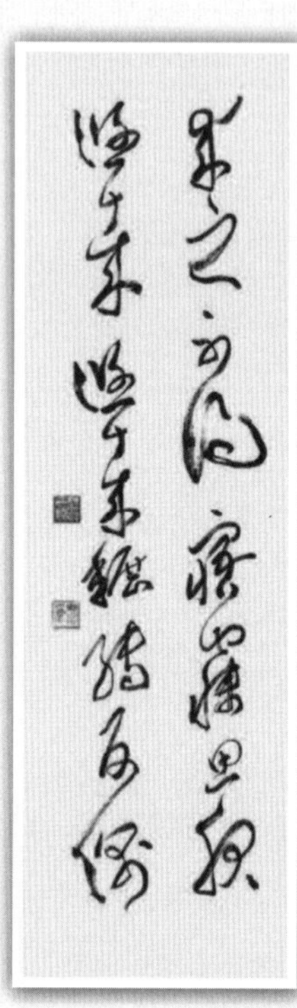

▲ 求之不得寤寐思服
愈哉愈哉輾轉反側

▲ 參差荇菜左右采之
窈窕淑女琴瑟友之

▲ 參差荇菜左右芼之
窈窕淑女鐘鼓樂之

마음은 다른 곳에

〈나물을 캐며(卷耳, 권이)〉(「주남(周南)」 수록)

한 여인이 근처 양지바른 언덕으로 나물을 캐러 나간다. 곱게 차려입은 분홍빛 치마는 산을 붉게 물들인 단풍보다 아름답다. 하지만 여인의 마음은 허전하기만 하다. 나라의 명령으로 집을 떠난 남편 때문이다. 결혼한 지 얼마 되지도 않았는데, 남편은 나라에서 젊은이들에게 부과하는 노동인 노역을 나갔다. 노역은 거부할 수 없는 나라의 명령으로, 한번 동원되면 수년에 걸쳐 노동을 해야 했다. 언제 끝날지 기약도 없다. 국가가 국민에게 부과하는 노역이 개인에게는 일생을 좌우하는 폭력이 되고, 그 배우자에게도 커다란 상처가 된다. 그런 폭력에도 백성들은 순응한다. 개인의 힘으로는 어찌할 수 없는 숙명으로 받아들였기 때문이다.

그런 숙명 속에서 이 여인은 바구니를 들고 집 앞 언덕으로 나왔다. 눈물이 앞을 가려, 나물을 캐는 것인지 잎사귀만 따는 것인지 알 수 없다. 바구니에는 좀처럼 나물이 차지 않는다. 사실 나물을 얼마만큼 따든 그녀에게는 상관없는 일이다. 애초에 나물을 캐는 것이 목적이 아니라 허전한 마음을 추스르려고 집을 나섰기 때문이다.

권이(卷耳)는 지금도 그 열매를 한약재로 쓰는 풀이다. 열매의 모양이 귀고리를 닮았다고 해서 '귀 이(耳)' 자를 써서 권이라 하는데, 도꼬마리라고도 부른다. 9월경에 열리는 열매는 솜털이 있어서 옷에 착 달라붙는다. 이 노래가 불린 당시에 황허 중류 지역의 낙수로부터 촉나라로 이동하는 양들의 털에 붙어서 전래되었다고 해서 '양부래(羊負來)'라고도 불린다. 가장 흔히 불리는 이름은 '창이(蒼耳)'이고, 그 열매는 '창이자(蒼耳子)'이다. 지금도 한약재로 쓰이지만, 그 당시에도 권이 열매는 긴요하게 쓰였을 것이다. 돈이 되는 나물을 캐어 와서 시장에 내다팔아 생계를 유지했을지도 모른다. 이는 남편이 노역을 나가지 않았다면 굳이 하지 않아도 될 일이었다.

여인은 나물 캐기를 그만두고 바구니를 큰길(周行, 주행) 가에 내려놓는다. 주행은 주(周)나라 때 전국을 이어 주던 큰길을 말한다. 그 길은 사랑하는 남편이 어쩔 수 없이 노역을 하러 떠날 때 헤어졌던 길이다. 저 길을 따라 남편은 멀리 떠났고, 보이지 않을 때까지 하염없이 바라보던 그때가 다시 생각나 눈시울이 붉어진다. 그러다가 남편이 겪고 있을 고단함에 생각이 미친다. 험준한 산과 높은 언덕을 오르면서 지쳐 있을 남편을 떠올린다.

노역 나간 남편 또한 그리움과 근심으로 탄식한다. 꿈속에서라도 남편이 화답하는 모습을 그려 본다. 돌산을 오르면서 몸과 마음이 지쳤을 뿐만 아니라, 함께 오르던 말도 숨이 가빠서 헐떡인다. 하인도 맥이 풀리고 고단하여 늘어져 버렸다. 지쳐서 더 이상 걸을 수가 없다. 한숨과 탄식만이 밀려온다. 이 노역이 언제 끝나서 사랑하는 부인이 기다리는 집으로 돌아갈지 기약조차 없다. 그저 탄식할 따름이다. 이런 생각에 술 한잔으로 시름을 잊고자 노력해 본다. 금으로 만든 고급 잔이든 쇠뿔로 만든 술잔이든, 아무리 좋은 잔에 따라 마신들 이 그리움을 어찌 달랠 수 있으랴? 오히려 서글픈 마음만 깊어진다.

국가의 의미를 생각해 본다. 국가는 국민 개개인의 삶을 책임지는 존재가 아니다. 한 사람을 책임지기 위해서는 또 다른 사람의 삶에 개입해야 하기 때문이다. 그것을 빌미로 국가를 구성하는 개인들이 사사로이 이익을 누릴지도 모른다. 국가는 개인이 누리는 자유를 침해하지 않는 존재여야 한다. 개인의 자유를 침해하려는 위협으로부터 그를 보호해 주면 그것으로 충분하다.

〈나물을 캐며(卷耳, 권이)〉는 국가가 오히려 개인의 자유를 침해하는 존재임을 보여 준다. 지금 시대에 노역이라는 제도는 존재하지 않지만, 국가가 부과하는 노역은 현재 시점으로 말하자면 과다한 세금 부과에 해당한다고 할 수 있다. 과다한 세금을 다른 말로 하면 개인의 재산권 축소를 의미한다. 넓은 의미로 개인의 사적 자치 영역 침해에 해당된다. 개인의 사유 재산권을 침해함으로써 개인이 누릴 수 있는 자유의 영역을 침해하는 것이다.

국가의 개입 때문에 원치 않는 이별을 한 부부의 심정으로 이 노래를 다시 음미해 보자.

나물을 캐며

나물을 캐고 캐지만 바구니는 차지 않네. 노역 떠난 임이 그리워 바구니를 길가에 내려놓네.

저 험한 산 오르려니 내 말도 병이 났네. 잠시 쉬어 술 한잔 마시면 그리움 잊힐까.

저 높은 언덕 오르려니 내 말도 기진했네. 잠시 쉬어 술 한잔 마시면 서글픈 맘 달래질까.

돌산을 오르려니 내 말도 지치고, 내 하인도 지쳤네. 이제는 어찌하나 한숨만 나오네.

卷耳(권이)

采采卷耳 不盈頃筐 嗟我懷人 寘彼周行
채채권이 불영경광 차아회인 치피주행

陟彼崔嵬 我馬虺隤 我姑酌彼金罍 維以不永懷
척피최외 아마훼퇴 아고작피금뢰 유이불영회

陟彼高岡 我馬玄黃 我姑酌彼兕觥 維以不永傷

척피고강 아마현황 아고작피시굉 유이불영상

陟彼砠矣 我馬瘏矣 我僕痡矣 云何吁矣

척피저의 아마도의 아복부의 운하우의

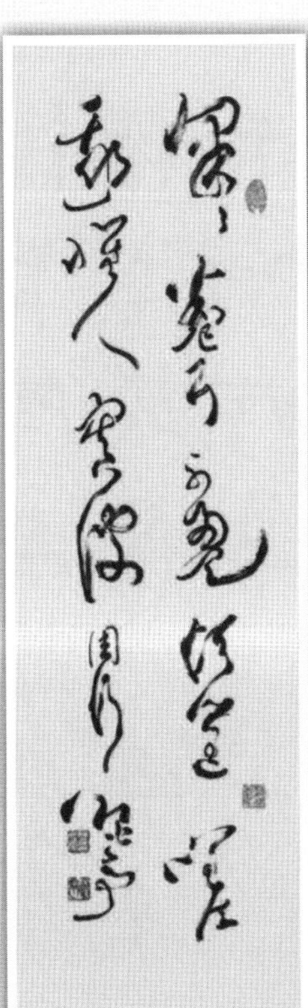

▲ 采采卷耳不盈頃筐嗟
我懷人寘彼周行

▲ 陟彼崔嵬我馬虺
隤我姑酌彼金罍
維以不永懷

▲ 陟彼高岡我馬玄
黃我姑酌彼兕
觥維以不永傷

▲ 陟彼砠矣我馬
瘏矣我僕痡矣
云何吁矣

그댈 보니 내 마음 숨길 수 없어

〈여수의 강둑에서(汝墳, 여분)〉(「주남(周南)」 수록)

완연한 봄이다. 때는 사월 중순. 봄바람이 살랑살랑 강둑으로 불어온다. 바람에 날리는 치맛자락도 여밀 생각이 없다. 그저 좋은 날이기 때문이다. 그리워하던 남편이 노역에서 돌아온 것이다. 강둑을 따라 바구니를 든 여인이 사뿐히 걸음을 옮기고 있다. 나무들의 새순을 따기 위해 다시 이곳으로 나온 것이다. 강둑에는 참옻나무, 개옻나무, 가죽나무들이 버드나무 사이에 섞여서 자라고 있다. 어서 빨리 새순을 따서 사랑하는 남편을 위해 맛있는 저녁을 준비해야 한다. 발걸음이 바빠진다.

지난해 겨울에는 땔감을 마련하기 위해 이곳으로 나왔다. 강둑을 따라 나뭇가지를 베어 내면서, 노역을 떠난 남편이 그리워 하염없이 눈물을 흘리곤 했다. 그리운 임(君子, 군자)을 보지 못해(未見, 미견), 아침밥(調, 주)을 먹지 못해 굶주린(飢, 기) 것처럼 마음이 허해진(惄, 녁) 상태였다. 그리운 남편 생각에 굶주려 허기진 것처럼 마음이 아프고 아려 왔다.

그때는 남편이 언제 돌아올지, 살아서 올 수나 있을지 앞날을 전혀 알 수 없는 암담한 시기였다. 우울한 마음에 나뭇가지(條枚, 조매)만 베어 냈을(伐, 벌) 따름이다.

하지만 오늘 그 남편이 살아서 집으로 돌아온 것이다. 그리운 임을 볼 수 있을까. 막연히 걱정도 했었다. 혹여 남편이 자신을 잊지는 않았는지 내심 불안하기도 했다. 나를 멀리하기(遐, 하) 위해, 나를 버리기(棄, 기) 위해 돌아올 수 있는데도 안 오는 것은 아닌지 쓸데없는 걱정을 했었다.

그러나 모두가 기우였다. 남편은 다치지도, 자신을 잊거나 버리지도 않았고, 멀쩡히 살아서 돌아왔다. 그런 남편을 보니 이제는 마음에 따스한 봄바람이 불어, 근심과 걱정이 훌쩍 날아가 버렸다. 그 봄바람을 맞으며 맛있는 나무(條, 조) 새순(肄, 이)을 따기 위해 여수(汝水)의 강둑(墳, 분)으로 나온 것이다. 그 새순을 따는(伐, 벌) 일은 더 이상 힘들지 않다. 남편이 그것을 맛있게 먹을 생각만 해도 입가에 미소가 번진다. 바구니에 쌓여 가는 새순은 남편에 대한 사랑이다.

방어(魴魚)는 속이 붉은 생선이다. 평소에는 암청색이지만 잡히지 않으려고 애쓰다가 지치면 꼬리(尾, 미)가 붉어진다(赬, 정). 어찌 보면 스트레스가 본색을 드러내게 하는지도 모른다. 이처럼 국가도 힘들고 지치고 스트레스를 받으면, 잠재해 있던 나쁘고 붉은 기운이 드러나 벌건 불꽃을 내며 붉게 타오를 수 있다.

지금이 바로 그런 시대이다. 왕실(王室)이 붉게 타오르고 있는(燬, 훼) 시기인 것이다. 백성은 물론 나라 전체가 지치고 힘든 시기에, 그래도 부모만큼은 곁에서 지켜야 한다고 다짐해 본다. 비록(雖, 수) 나라 전체가 붉게 타오르는 것처럼 스러져 가도 가족을 지키리라고 다짐한다. 부모를 매우(孔, 공) 가까이에서(邇, 이) 남편처럼 정성을 다해 모시겠다고 다짐하고 또 다짐한다.

아니, 당연히 그럴 것이다. 사랑하는 남편이 지금 곁에 있다. 누구든 한 사람을 사랑하면 그와 연관이 있는 모든 사람이 다 사랑스러워 보인다. 하물며 남편의 부모야 더 말해 무엇 하겠는가? 나라의 어지러움과 세상의 환난도 사랑을 당해 낼 수는 없음을.

남편을 향한 여인의 지극한 사랑을 생각하며 이 노래를 감상해 보자.

여수의 강둑에서

여수의 강둑 따라 나뭇가지를 베어 내네.
그리운 임 보지 못해, 굶주림에 허기진 것처럼 사무치게 그리워라.

여수의 강둑 따라 나뭇가지 새순을 따네.
그리운 임 돌아오니, 날 멀리하거나 버린 것이 아니네.

방어는 꼬리가 붉어지고, 왕실이 불타는 듯 세상이 어지러워도,
나는 임과 함께, 임의 부모님과 함께 살아가리.

汝墳(여분)

遵彼汝墳 伐其條枚 未見君子 惄如調飢
준피여분 벌기조매 미견군자 역여주기

遵彼汝墳 伐其條肄 旣見君子 不我遐棄
준피여분 벌기조이 기견군자 불아하기

魴魚赬尾 王室如燬 雖則如燬 父母孔邇
방어정미 왕실여훼 수즉여훼 부모공이

▲ 遵彼汝墳伐其條枚
未見君子惄如調飢

▲ 遵彼汝墳伐其條肄
既見君子不我遐棄

▲ 魴魚赬尾王室如燬
雖則如燬父母孔邇

씩씩한 그대가 그리워

〈뒤뜰에 망우초를 심으며(伯兮, 백혜)〉(「위풍(衛風)」 수록)

한 여자가 한 남자를 사랑하는 마음의 끝은 어디일까? 여자는 남자의 어떤 모습에 매력을 느끼고 사랑하게 될까? 이는 영원한 인류의 수수께끼이며 풀 수 없는 난제이다. 한마디로 설명할 수 없는 문제이다. 그러나 일반적으로 말할 수 있는 사랑은 그 사람의 눈이 무엇에 홀린 듯, 상대방의 외모로부터 사랑하는 감정들이 살아나는 것이 아닐까?

〈뒤뜰에 망우초를 심으며(伯兮, 백혜)〉의 주인공은 아마도 결혼한 지 얼마 되지 않은 신혼 부부였으리라. 그러나 신혼의 단꿈이 채 깨기도 전에 나라의 부름을 받고 전쟁터로 나간 남편이다. 그 남편은 여인이 생각하기에 매우 풍채가 좋고 의기가 당당하며 힘이 있고 씩씩하다. 다른 남자들이 눈에 들어오지 않을 정도로 준수하고 의젓하고 씩씩하다(朅, 흘). 부인의 눈에는 남편만 한 출중한 인재가 없다. 나라(邦, 방)의 뛰어난 인재요, 영걸(桀, 걸)이다. 그런 남편이 지금 전쟁터에 있다. 커다란 긴 창(殳, 수)을 손에 움켜쥐고(執, 집) 임금을 위해, 나라를 위해 전선의 최전방으로 앞장서서 말을 달린다(驅, 구). 용감하고 늠름한 모습이다.

남편이 동쪽의 전장으로 나간 이후로 그녀의 삶은 달라졌다. 남편과 함께 있을 때는 머리도 얼굴도 옷도 남편이 좋아하도록 단장하고, 꾸미고, 차려 입었다. 하지만 지금은 그렇지 않다. 아니, 그럴 필요가 없다. 사랑스러운 눈으로 자신을 바라봐 줄 남편이 없는데, 제아무리 열심히 꾸민들 무엇 하겠는가? 남편이 떠난 뒤, 그녀의 머리카락은 날리는(飛, 비) 바람에 흔들리는 쑥(蓬, 봉)처럼 흐트러져 있다. 더부룩하게 솟은 머리이다. 어찌 머리를 감고(沐, 목) 기름(膏, 고)을 발라 머리카락을 단정하게 꾸밀 생각이 나겠는가? 누구(誰, 수)에게 잘 보이기 위해(適, 적) 몸단장(容, 용)을 하겠는가? 아름답고 단정하게 꾸민들, 이를 보며 아름답다고 말해 줄 임이 여기 없다. 그저 무사히 돌아오기를 기다릴 뿐이다.

여인은 비가 오기를 두 손 모아 기다린다. 비가 오면 떠났던 남편이 돌아올 것만 같다. 비 내리는 소리와 그리운 사람이 돌아오는 소리를 동일시하는 것이다. 그리움이 사무치면 그리움에 지친 마음이 빗물이 되어 내린다. 그런 마음으로 비를 기다린다. 올 듯 올 듯 먹구름이 동쪽으로부터 밀려온다. 비구름이다. 비가 올 듯 말 듯하다(其雨其雨, 기우기우). 애가 탄다. 시원하게 쏟아지는 비와 함께 떠난 남편이 돌아오기를 학수고대하는 것이다.

그러나 여인이 그토록 기다리던 비는 내리지 않는다. 오히려 구름이 걷히고 해가 드러나(出, 출) 날이 맑기만 하다(杲杲, 고고). 구름을 타고 세찬 비와 함께 그리운 남편이 올 것만 같았는데, 이제 구름도 걷히고 오히려 날이 맑으니 남편은 오늘도 돌아오지 않으리라. 그러자 남편에 대한 그리움이 더욱 깊어져만 간다. 두통(首疾, 수질)이 밀려온다. 그리움이 깊어지면, 남편에 대한 생각에 몰두하다 보면 두통이 밀려온다. 그리움은 고통이다. 하지만 그 아픔을 달게 이겨 내고(甘, 감) 받아들여야 한다.

남편이 떠난 지 벌써 한 해가 지났다. 산과 들에는 이름 모를 꽃들이 피어나기 시작한다. 그 꽃들은 아름답지만, 그녀의 눈에는 아무런 즐거움을 주지 못하는 잡초에 불과하다. 남편이 없으니, 산과 들의 꽃이 더 이상 아름답지도 사랑스럽지도 않다. 오히려 그리움만 깊어지고, 혹여나 남편이 잘못될까 근심만 커져 간다.

근심이 커지면 병이 된다. 그녀도 그것을 알기에 그 고통을 달게 받아들이려 노력하는 중이다. 어떻게 이 그리움과 근심을 견디는 방법은 없을까? 차라리 망우초(諼草, 훤초)를 얻어다가(得, 득) 뒤뜰(背, 배)에 심어 볼까?

망우초(忘憂草)는 백합과 비슷한 주황색 야생화로, 원추리라고도 부른다. 단 하루만 꽃을 피우고 나면 열매를 맺는 망우초는 산과 들에 군락으로 자란다. 봄철에 여린 잎은 나물국으로도 끓여 먹는데, 그 맛이 달고 시원해서 근심을 잊을 만하다 하여 망우초이다. 여인은 이 망우초를 집 북쪽 뒷마당에 심어서라도 남편에 대한 그리움을 달래고 싶은 것이다.

하지만 그럴수록 그리움은 깊어만 간다. 너무도 사랑하기 때문이다. 그리움이 지나치면 마음에 병이 든다. 남편이 돌아오기 전에는 못 고치는 불치병이다.

남편을 사무치도록 그리워하는 여인의 마음을 생각하며 이 노래를 읊어 보자.

뒤뜰에 망우초를 심으며

씩씩한 그대여, 나라의 기둥이네.
창을 쥐고 왕을 위해 앞서 말을 달리네.

그대가 동쪽으로 떠난 후, 내 머리는 흐트러진 쑥대 같네.
어찌 머리 감고 기름 발라 머리를 꾸미겠는가, 누굴 위해 몸단장을 하겠는가.

비가 올 듯 말 듯, 오히려 해 뜨고 맑기만 하네.
그대 생각 사무쳐, 두통마저 달게 견디리.

망우초를 얻어다가 뒤뜰에 심어 볼까.
그대 생각 사무쳐, 마음 아파 병이 드네.

伯兮(백혜)

伯兮揭兮 邦之桀兮 伯也執殳 爲王前驅
백혜흘혜 방지걸혜 백야집수 위왕전구

自伯之東 首如飛蓬 豈無膏沐 誰適爲容
자백지동 수여비봉 기무고목 수적위용

其雨其雨 杲杲出日 願言思伯 甘心首疾
기우기우 고고출일 원언사백 감심수질

焉得諼草 言樹之背 願言思伯 使我心痗
언득훤초 언수지배 원언사백 사아심매

◀ 伯兮朅兮邦之桀兮
伯也執殳爲王前驅
自伯之東首如飛蓬
豈無膏沐誰適爲容

◀ 其雨其雨杲杲出日
願言思伯甘心首疾
焉得諼草言樹之背
願言思伯使我心痗

즐거워하는 그대 그리고 나

〈그대 돌아오니 즐거워라(君子陽陽, 군자양양)〉(「왕풍(王風)」 수록)

공자는 『시경』을 일컬어 '사무사(思無邪)'라는 말로 표현했다. 생각함에 사특하거나 어긋남이 없다는 뜻이다. 거짓을 말하지 않고 솔직하게 감정을 표현하였다는 말이다. 그런 점에서 〈그대 돌아오니 즐거워라(君子陽陽, 군자양양)〉는 여인의 감정을 진솔한 말로 드러내고 있다. 주희의 해석처럼 이 노래는 내용상 〈그대는 노역 나가(君子于役)〉의 후속 작품으로, 노역 간 남편이 돌아온 기쁨을 아내의 눈으로 묘사한 것이다.

그대, 즉 남편이 즐거워 보이는 것은 아내 자신도 즐겁기 때문이다. 본인이 즐겁지 않은데 무엇인들 즐거워 보이겠는가? 노역에서 무사히, 건강한 모습으로 돌아온 남편이 반갑고 기쁘기 그지없다. 남편은 왼손으로 피리(簧, 황)를 불면서 오른손으로는 부인을 향해 손짓한다. 침실(房, 방)로 그녀를 부르는 것이다. 왼손으로는 깃 일산(翿, 도)을 흔들며 오른손으로는 아내를 부른다. 즐거운 놀이요 희롱(敖, 오)의 세계로 부르는(招, 초) 것이다. 원초적인 기쁨을 즐기기 직전의 상황을 솔직하게 표현하고 있다. 남편이나 그를 따라가는 아내나 모두 즐겁다. 부부가 서로 사랑하여 함께할 생각에 콧노래가 절로 나온다. 아아, 즐겁다(其樂只且, 기락지차).

남편이 왼손에 들고 있는 피리나 깃 일산은 유희를 즐길 때 사용하는 소품이다. 피리는 노래 반주로 사용하거나 단독으로 연주해도 흥겨운 악기이다. 깃 일산은 굽은 자루가 달린 부채 모양의 도구로, 백로 깃털로 만들었는데 춤출 때 흥을 돋워 준다. 「진풍(秦風)」의 〈언덕에서(宛丘)〉에 보면, 귀족들이 언덕에서 계절을 가리지 않고 춤추며 노는 데 깃 일산을 사용한다는 언급이 나온다. 이상에서 보듯, 〈그대 돌아오니 즐거워라〉는 젊은 부부가 느끼는 사랑의 기쁨을 여과 없이 보여 주는 '사무사'의 노래다.

오랜만에 해후한 부부가 맛보는 기꺼움을 생각하며 이 노래를 감상해 보자.

그대 돌아오니 즐거워라

그대는 즐거워하네.
왼손에는 피리 들고,
오른손으로는 나를 불러 어서 방으로 들어가자며 손짓하네.
아아 즐거워라, 즐거워라.

그대는 즐거워하네.
왼손에는 부채 들고,

오른손으로는 나를 불러 어서 즐거운 세계로 가자며 손짓하네.
아아 즐거워라, 즐거워라.

君子揚揚(군자양양)

君子揚揚 左執簧 右招我由房 其樂只且
군자양양 좌집황 우초아유방 기락지차

君子陶陶 左執翿 右招我由敖 其樂只且
군자도도 좌집도 우초아유오 기락지차

▲ 君子揚揚 左執簧右 招我由房 其樂只且 君子陶陶 左執翿右 招我由敖 其樂只且

그대 오면 다 해 줄게

〈조개풀을 뜯으며(采綠, 채록)〉(「소아(小雅)」 수록)

주희는 〈조개풀을 뜯으며(采綠, 채록)〉를 '노역 나간 남편을 그리워하는 노래'라고 평가한다. 때는 잠자리에서 일어나서 아침밥을 먹기 전까지의 시간인 '종조(終朝)'이다. 아침 일찍 일어난 여인은 근처 언덕으로 옷감을 물들일 조개풀(綠, 록)과 쪽풀(藍, 람)을 뜯으러 나왔다. 바구니도 없이, 그저 일찍 일어난 김에 허전한 마음을 달래기 위해 나온 것이다. 언덕에 오르면 남편이 떠나갔던 큰길이 보인다. 아마도 남편은 그 길을 따라서 다시 올지도 모른다. 혹여나 그게 오늘인지 모른다는 생각이 들어서 일어나자마자 언덕에 오른 것이다.

조개풀은 키 낮은 풀로, 줄기가 지면을 기어가면서 마디마다 뿌리를 내려 가며 비스듬히 자란다. 그래서 줄기를 뜯기가 매우 어렵다. 또한 잎들도 대나무처럼 억세어서 잘못하면 손을 베일 지경이다. 잎과 줄기는 노란색 염료로 쓰이기 때문에 전체를 통째로 뜯어야 한다. 조개풀 뜯는 작업은 영 진도가 나가지 않는다. 뜯기 어려워서 그렇겠지만, 실상은 풀을 뜯으러 나온 게 아니기에 마음은 딴 데 가 있다. 한 줌도 뜯지 못했지만 상관없다.

건성으로 풀을 뜯는 둥 마는 둥 하던 여인은 남편이 오늘 돌아올지도 모른다는 생각이 들자, 헝클어진 머리가 마음에 걸렸다. 일어나자마자 이리로 온 터라, 머리를 감는 것은 고사하고 빗지도 못했기에 얼굴이 화끈 달아올랐다. 갑자기 돌아온 남편이 이 모습을 본다면 큰일이다. 빨리 집으로 가서 잠깐이라도 시간을 내어 구부러지고(曲, 곡) 말라 버려(局, 국) 볼품없는 머리를 감아야겠다(沐, 목)고 생각한다.

쪽풀(藍, 람)은 그 잎을 따서 절구에 찧은 다음, 모시 같은 천 주머니에 넣고 짜서 그 물로 옷감을 푸른색으로 물들이는 재료이다. 마음이 다른 곳에 가 있으니, 쪽풀 따는 일마저도 제대로 진행되지 않는다. 아침 내내 언덕에 앉아서 쪽풀을 따고 있지만, 행주치마(襜, 첨) 하나도 채우지 못했다. 그럴 생각도, 그럴 의욕도 없다. 그녀의 머릿속은 온통 노역 떠난 남편 생각뿐이다. 결혼한 지 얼마 되지 않아 떠난 사람이다. 남편은 떠나면서 곧 돌아온다고 했다. 닷새면 돌아올 거라고 들었던 것도 같다. 하지만 엿새째였던 어제도 돌아오지 않았다. 애타는 마음에 남편이 떠나간 길을 물끄러미 바라본다. 그러나 길은 텅 비어 있고, 그녀의 마음도 덩달아 비어 버렸다.

바라고 바라는 일이 실현되지 않으면 즐거운 상상이라도 해야 한다. 그래야 그리움을 조금이나마 달랠 수 있으리라. 그녀는 남편이 돌아왔다고 가정하고, 그를 위해 무엇을 하면 좋을지 생각해 보기로 한다. 평소에 남편은 사냥과 낚시를 즐겼다.

'그래, 남편이 돌아오면 그가 좋아하는 걸 다 해 줄 거야. 사냥을 가면 미리 활을 잘 닦아서 활집에 넣어 주고, 낚시를 가면 미리 낚싯줄

을 꼬아서 준비해 놓아야지. 돌아오기만 하면 무엇이든 다 해 주고 싶어.'

이런 상상만으로도 그녀는 기분이 좋아져서 입가에 미소가 번진다. 마치 남편이 곁에 있는 것처럼 느껴져서이다. 이는 분명 사랑의 힘이리라.

생각이 생각을 낳고, 그 생각은 곧 행동이 되어 여인의 발걸음을 움직인다. 낚시를 가면 무슨 고기를 낚을까? 아마 방어(魴, 방)와 연어(鱮, 서)일 것이다. 남편은 낚시를 가면 방어와 연어는 꼭 낚았고, 그러고 나서 소년처럼 그렇게나 좋아했다. 자신의 칭찬에 그의 볼이 방어 꼬리처럼 붉어졌었다는 게 기억나서, 그녀는 갑자기 연어와 방어가 보고 싶어졌다. 그 물고기들을 본다면 그때 미소 짓던 남편의 발그레한 얼굴이 떠오를 것만 같았다. 그러자 지금 바로 잠깐이라도 물가에 가서 다른 사람이 낚은 방어와 연어라도 눈으로 확인하지 않으면 견딜 수 없을 만큼 마음이 다급해진다. 그녀는 발걸음을 강가로 내딛는다. 이처럼 사랑은 상상을 곧바로 행동으로 옮기게 만드는 묘약이다.

남편을 향한 지고지순한 사랑이 엿보이는 이 노래를 아내의 심정으로 감상해 보자.

조개풀을 뜯으며

아침이 다 되도록 조개풀을 뜯었지만 한 줌도 차질 않네.
내 머리카락이 구부러지고 마르니, 잠깐 돌아가 머리를 감아야겠네.

아침이 다 되도록 쪽풀을 뜯었지만 행주치마를 채우지도 못했네. 닷새면 오신다던 임은 엿새가 지나도 오시질 않네.

그대 사냥을 나가면 활을 활집에 넣어 드리고, 낚시를 가시면 낚싯줄을 꼬아 드리리라.

낚시 가면 무슨 고기를 잡으실까. 방어와 연어이리라.
방어와 연어를 보러 잠깐이라도 가 봐야겠네.

采綠(채록)

終朝采綠 不盈一匊 予髮曲局 薄言歸沐
종조채록 불영일국 여발곡국 박언귀목

終朝采藍 不盈一襜 五日爲期 六日不詹
종조채람 불영일첨 오일위기 육일불첨

之子于狩 言韔其弓 之子于釣 言綸之繩
지자우수 언창기궁 지자우조 언륜지승

其釣維何 維魴及鱮 維魴及鱮 薄言觀者
기조유하 유방급서 유방급서 박언관자

▲ 終朝采綠不盈
一匊予髮曲局
薄言歸沐

▲ 終朝采藍不盈
一襜五日爲期
六日不詹

▲ 之子于狩言韔
其弓之子于釣
言綸之繩

▲ 其釣維何維魴
及鱮維魴及鱮
薄言觀者

글을 마치며

이 글을 쓰는 내내 마음이 아팠다. 사람으로 태어나서 평생 살아가는 동안, 끼니 한번 배불리 먹지 못했던 이들의 허기진, 힘없는 목소리가 3,000년의 세월을 뚫고 내 귀에 들려오는 것 같았기 때문이다.

국민들을 배불리 먹이는 건 고사하고, 굶주림에 시달리게 만든 숱한 위정자들은 더 이상 역사 속에서 단 한 줄의 찬사도 감히 받아서는 안 된다는 분노마저도 일었다. 국민들의 허기진 배를 외면하고 오히려 자신과 그 일당의 안락만을 추구했던 위정자들을 오늘에 드러내어 그들의 반인륜적 행위들을 낱낱이 고발해야만 한다는 의기마저 일었다. 하지만 힘없는 개인으로서 어찌하랴. 그저 글로써 징계할 수밖에 없음을.

문제는 개선의 여지가 없이 그저 역사의 수레바퀴가 반복해서 돌고 있다는 데에 있다. 과거의 경험이 현재의 교훈이 되고 미래의 바람직한 방향으로 나아가는 나침반이 되어야 하는데도, 실상은 똑같은 과오를 반복하고 있는 것이다. 인간의 본성이란 실로 선한 것인지, 악한 것인지 알 수 없는 노릇이다. 3,000년의 세월을 뛰어넘어 지금까지도 유사한 역사가 반복되고 있는 것을 어떻게 설명해야 할지, 난감하기 이를 데 없다.

그래도 한 가닥 희망은 살아 있다. 3,000년 전의 누군가가 이 노래들을 읊었고, 이들 노래가 장구한 세월을 이어 오면서 그들의 목소리로 그 잘못들을 고발하고 있지 아니한가? 그것만으로도 『시경』은 제 몫을 다하고 있음이리라. 그래서 나와 같은 우민도 이를 현대적으로 재해석하여 세상에 드러낼 용기를 가지지 않았겠는가? 그렇게 할 수 있는 용기를 3,000년 전의 이름 모를 한 여인이, 한 사내가 나에게 준 것이다. 그 용기의 결실이 바로 이 책이다.

또 하나, 이 책의 탄생 동기로 노정(魯亭) 윤두식(尹斗植) 선생의 서예 작품을 빼놓을 수 없다. 선생은 10여 년에 걸쳐 『시경』 전편을 다양한 서체로 생동감 넘치게 표현함으로써 문학을 서도(書道)의 경지로 승화시켰다. 이러한 각고의 노력은 올해 9월, 인사동에서 서예전으로 결실을 맺었다. 그 전시회에 부치는 글을 여기에 다시 옮긴다.

노정 윤두식 선생의 서예전에 부쳐

나는 서예에 문외한이다. 아니 초등학교 시절에 붓글씨를 제법 쓴다는 칭찬을 받은 기억 외에는 달리 말할 것이 없다. 하지만 노정 선생은 본인의 작품에 부치는 글을 부탁하였다. 이게 어찌 된 영문인가? 서예를 모르는 이에게 추천의 글을 부탁하다니. 처음에는 극구 사양하지 않을 수 없었다. 서예를 모르는 이가 『시경』 전편을 서예 작품으로 승화시킨 선생의 혼이 담긴 역작에 감히 추천사를 쓴다는 것은 서예는 물론, 선생에 대한 모독인 까닭이다. 하지만 하루 이틀 곰곰이 생각해 보니 노정 선생의 마지막 말이 계속 마음에 걸렸다. '그래도 『시경』을 끝까지 읽어 본 사람이 추천의 글을 써야 하지 않겠는가.'라는 말이었다.

어찌 보면 나와 노정 선생의 인연은 『시경』의 한 구절로부터 시작되었다. 어느 날 우연히 친구와 함께 동석하게 된 노정 선생과의 자리에서 나는 '공직을 은퇴하고 남는 시간들을 주체할 수 없어 『시경』을 접하게 되었고, 읽다 보니 그것들이 3,000여 년간 유유히 우리의 정신세계에 소리 없이 스며든 귀중하고 소중한 보물들임을 서서히 깨닫게 되었다'고 자랑삼아 이야기하게 되었다. 그때 노정 선생이 들려준 한마디는 충격이었다. 『시경』을 한 번 읽고는 읽었다고 말하지 말라는, 읽었다고 할 수 없다는, 단칼에 나무를 자르는 듯한 반응이었다. 실로 맞는 말이었다. 어찌 한 번의 주마간산으로 『시경』 속에 녹아 있는 무수한 민중들의 숨소리들을 이해하고 깨달을 수 있겠는가?

그날 내가 선생에게 자랑스럽게 읊었던 구절은 「국풍(國風)」 중에서도 「주남(周南)」의 〈규목(樛木)〉이었던 것으로 기억한다. 가지 늘어진 나무의 겸허함과 큰 가지가 늘어져 큰 그늘을 드리우듯 덕이 풍성함을 칭송하는 노래다.

하지만 그때는 큰 덕을 결코 자랑하지 않는 것까지는 깨우치지 못한 때문이었으리라. 그 이후 나는 『시경』을 다시 읽기 시작했다. 그리고 아직도 나는 『시경』을 외우듯 읽고 있다. 그 당시 민중들의 삶의 고통과 고난, 그리고 그 속에서도 피는 사랑의 숨결을 느끼려고 노력하고 있다. 통치자의 입장이 아닌 일반 백성의 호흡으로 시경의 노래를 마주하는 것은 『시경』을 통해 현대를 살아가고 있는 지금 우리들이 얻을 수 있는 최고의 교훈이 아닐까 한다. 3,000여 년 전이나 지금이나 인간의 욕심과 이로 인한 세상의 어지러움은 매한가지인 것이니, 이는 인간이 얻을 수 있는 가장 큰 깨달음이 아니겠는가?

지금도 선생이 들려준 『시경』의 한 구절이 생생히 기억난다. 「국풍」 중 「소남(召南)」 첫머리에 실린 〈작소(鵲巢)〉이다. 까치는 영물이어서 바람과 기후를 미리 알아차리고 그에 맞도록 둥지를 짓거나 그 둥지 위치를 정한다는 이야기이다. 까치 같은 날짐승도 천지의 이치를 이해하고 미래를 내다보는데, 많은 수의 인간들은 한 치 앞도 분간을 못하니 『시경』을 백 번 읽은들 무엇 하고, 최고의 공부를 한들 무슨 소용이 있으랴. 한 글자를 읽더라도 그 핵심과 본질을 놓치지 않고 묵상하는 것이 결국은 공부하는 이유일 것이다. 선생은 그를 지적하셨음이리라.

그렇지 않은가? 공부는 많이 하고 깊은 지식을 쌓는 것이 아닌, 왜 하는지를 분명히 깨닫는 것이 바로 배움의 시작이요 끝이리라. 『대학(大學)』 제1장에 “大學之道(대학지도) 在明明德(재명명덕) 在親民(재친민) 在止於至善(재지어지선)”이라는 말이 나온다. 큰 공부는 큰 정치를 위해서 하는 것이고 큰 정치는 곧 재친민(在親民), 즉 ‘국민을 구별하지 않는 것’에서부터 시작한다는 것이다. 그렇다. 국민을 내 편과 네 편으로 편 가르기 하지 않는 수양(修養)을 위해 수신(修身)하는 것이 공부였던 것이다. 그 깨달음을 공직을 내려놓은 뒤에야 선생으로부터 명확히 깨달았으니, 만시지탄이지만 그래도 다행으로 생각하며 위안을 삼아 본다.

옛글을 읽는 것이 바로 깨달음의 과정이라는 것을 비로소 알게 되었음은 선생을 만난 인연 덕분이다. 『시경』을 깊이 들여다보게 된 것 또한 선생의 가르침 덕분이다. 이처럼 공부의 새로운 깊이를 알게 해 주신 선생의 『시경』 전편을 아우르는 서예 작품에 부치는 서투른 글을 쓸 기회를 갖게 되어 매우 기쁘게 생각하며, 이 기회에 『시경』에 익숙하지 않은 분들도 이 작품들을 통해 새로운 즐거움을 한껏 누리시길 기대해 본다.

이처럼 이 책은 10여 년에 걸친 노정 윤두식 선생의 열정에 바치는 헌사라고 할 수 있다. 그러나 더욱 강조하고 싶은 것은 다름 아닌 이것이다. 이 책은 『시경』을 현재의 언어로 재해석해서 국민들에 보내는 나의 작은 외침이기도 하다. 지금 국민들이 말하고 싶어 하는 것들을 3,000년 전에도 똑같이 노래로 만들어 세상을 향해 부르짖었던 사람들의 목소리이기 때문이다. 나는 그저 그 외침을 전달하는 전달자 역할에 불과하다. 그 역할을 잘 해내고 있는지 그저 두려울 뿐이다. 그 역할을 노정 선생은 예술 작품으로, 나는 글로써 하고자 시도한 것이다. 부디 독자들이 이 책과 서예 작품들로부터 조금이라도 마음의 위안을 얻기를, 그리고 이 책에 대한 공감을 통해 보다 나은 세상이 만들어지기를 기대해 본다.

능소화 부럽구나

Foreign Copyright:
Joonwon Lee
Address: 10, Simhaksan-ro, Seopae-dong, Paju-si, Kyunggi-do, Korea
Telephone: 82-2-3142-4151
E-mail: jwlee@cyber.co.kr

능소화 부럽구나

2019. 9. 3. 초 판 1쇄 인쇄
2019. 9. 10. 초 판 1쇄 발행

지은이 | 목영만
펴낸이 | 이종춘
펴낸곳 | BM (주)도서출판 **성안당**
주소 | 04032 서울시 마포구 양화로 127 첨단빌딩 3층(출판기획 R&D 센터)
| 10881 경기도 파주시 문발로 112 출판문화정보산업단지(제작 및 물류)
전화 | 02) 3142-0036
| 031) 950-6300
팩스 | 031) 955-0510
등록 | 1973. 2. 1. 제406-2005-000046호
출판사 홈페이지 | **www.cyber.co.kr**
ISBN | 978-89-315-8831-6 (03150)
정가 | 18,000원

이 책을 만든 사람들
기획 | 최옥현
진행 | 오영미
교정 · 교열 | 신현정
본문 디자인 | 신인남
표지 디자인 | 박원석
홍보 | 김계향
국제부 | 이선민, 조혜란, 김혜숙
마케팅 | 구본철, 차정욱, 나진호, 이동후, 강호묵
제작 | 김유석

■ 도서 A/S 안내

성안당에서 발행하는 모든 도서는 저자와 출판사, 그리고 독자가 함께 만들어 나갑니다.
좋은 책을 펴내기 위해 많은 노력을 기울이고 있습니다. 혹시라도 내용상의 오류나 오탈자 등이 발견되면 "좋은 책은 나라의 보배"로서 우리 모두가 함께 만들어 간다는 마음으로 연락주시기 바랍니다. 수정 보완하여 더 나은 책이 되도록 최선을 다하겠습니다.
성안당은 늘 독자 여러분들의 소중한 의견을 기다리고 있습니다. 좋은 의견을 보내주시는 분께는 성안당 쇼핑몰의 포인트(3,000포인트)를 적립해 드립니다.
잘못 만들어진 책이나 부록 등이 파손된 경우에는 교환해 드립니다.